U0593906

教育部人文社会科学重点基地重大项目
“中国特色的大学内部治理结构与质量保障机制建设”（18JJD880005）

大 学 治 理 现 代 化 丛 书

丛书主编/王洪才

我国一流大学二级学院学术委员会功能研究

A STUDY ON THE FUNCTION OF ACADEMIC SENATE OF THE SCHOOL IN CHINA'S FIRST-CLASS UNIVERSITIES

田 芬◎著

厦门大学出版社
XIAMEN UNIVERSITY PRESS
国家一级出版社
全国百佳图书出版单位

图书在版编目（CIP）数据

我国一流大学二级学院学术委员会功能研究 / 田芬著. -- 厦门 ：厦门大学出版社，2022.11
（大学治理现代化丛书 / 王洪才主编）
ISBN 978-7-5615-8788-1

Ⅰ. ①我… Ⅱ. ①田… Ⅲ. ①高等学校－学术团体－科研管理－研究－中国 Ⅳ. ①G644

中国版本图书馆CIP数据核字(2022)第189649号

出 版 人 郑文礼
责任编辑 曾妍妍

出版发行 厦门大学出版社
社　　址 厦门市软件园二期望海路 39 号
邮政编码 361008
总　　机 0592-2181111　0592-2181406(传真)
营销中心 0592-2184458　0592-2181365
网　　址 http://www.xmupress.com
邮　　箱 xmup@xmupress.com
印　　刷 厦门集大印刷有限公司

开本 720 mm×1 000 mm　1/16
印张 19.5
插页 2
字数 341 千字
版次 2022 年 11 月第 1 版
印次 2022 年 11 月第 1 次印刷
定价 75.00 元

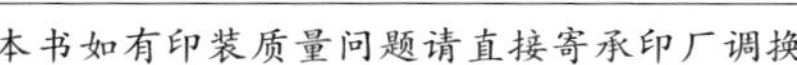

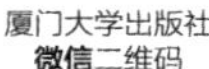
厦门大学出版社
微信二维码

厦门大学出版社
微博二维码

总　序

一、高等教育内涵式发展需要大学治理现代化护航

（一）中国高等教育质量提升需要治理结构调整

我们清晰地认识到，研究大学内部治理结构问题是推进国家治理体系与治理能力现代化的急迫需要，也是推进高质量高等教育体系建设的客观需要。

从历史发展规律看，中国高等教育发展必然要经历从量变到质变的转变。虽然高等教育发展任何时候都不能忽视质量建设，但质量是作为基准还是高水平状态却有本质的不同。我们知道，在高等教育精英阶段，由于高度的选拔性使得生源素质普遍较高，学生的学习自觉性比较强，从而基本质量是有保障的，故而不必太关心质量问题。随着高等教育大众化的发展，大批新建高校出现，质量就变成了一个突出问题。我国也适时地开展了高等教育评估，并且通过建立示范校方式来促进质量建设。但在效率优先原则的带动下，人们对质量的关注成为其次的选择。对于高职院校、民办高校而言，保证充足生源无疑是第一位的选择。对于多数高校而言，扩充规模仍然是一种第一位选择。在此背景下，质量建设主题往往被忽视，经常成为一种口号的存在，在实际中往往不发挥真正作用。只有当高等教育规模开始趋向稳定时，质量建设主题才开始凸显出来。

高等教育规模扩张的拐点出现是在 2008 年，这一年是适龄入学人口的峰值，之后适龄入学人口出现不同程度的递减，因而人口学专家认为，即使招生规模不再继续扩大，仅仅维持 2008 年的招生规模，我国高等教育毛入学率也将出现持续增长的趋势，因为按照数学公式计算，在分子不变的情况下，分母减小，分值必将增加。事实也如此，虽然在 2008 年之后我国高等教

育规模扩张速度开始大幅度降低，而高等教育毛入学率依然呈快速增长态势。所以在 2018 年就基本完成了大众化，到 2019 年就已经超越了大众化水平，即高等教育毛入学率已经超过 50%。这意味着高等教育大众化过程基本结束，量的扩展任务基本完成，高等教育发展重心将从量的扩展转向质的提升。正是 2018 年年底我们正式启动了“中国特色的大学内部治理结构与质量保障机制建设”研究课题。这看似一种巧合，实质存在一种必然的逻辑，背后是“量变质变规律”在发挥作用。

事实上，伴随着高等教育大众化的发动，高等教育质量问题就开始引起各方面的关注，人们经常用“多而劣”来形容高等教育规模扩张。虽然人们认识到了高等教育大众化应该采取多样化的质量观，但对多样化质量观究竟是什么样的，人们并无清晰的认识。正是如此，我国提出了“分类发展”政策，也即倡导研究型大学、应用型高校、职业技术型高校应该采用不同的发展模式并采取不同的评价方式。分类发展概念实际上是多样化高等教育质量观的具体应用。但时至今日，人们并未给出一个清晰的划分标准，只是给出一个粗浅的分析框架。原因在于，对于众多高校而言，无法给出一个统一的合理的标准。因为每个高校办学条件不同，面对的生源素质不同，所面向的就业市场不同，教师的来源不同，于是教学质量千差万别，采取统一的评价标准根本不可行。唯一可行的路线是加强高等教育主体责任建设，使高等教育行为主体对高等教育质量问题高度重视，把质量提升变成每个主体的自觉行动。这实际上就需要治理机制的变革，而非通过外在控制的手段来解决质量问题。

要使每个高等教育行为主体担负起质量建设的责任，就必须进行高等教育治理结构的调整。高等教育管理重心太高，必然使高等教育基层变得被动。而高等教育质量建设的重心恰恰是在底层，所以激活高等教育行为底层的活力才是高等教育质量建设的第一要务。很显然，高等教育质量建设的第一行动者是高校教师，只有他们充分认识到质量问题的重要性并且致力于探讨教学质量提升的路径，才能从根本上解决质量问题。教师是高等教育质量建设的第一大群体，只有他们真正行动起来，高等教育质量建设才有保障。这直接涉及治理结构的调整，首先是大学内部治理结构的调整，即高校真正赋权给教师，给他们教学探索权、教学创制权，如此才能激发他们的创造活力。这样就要求高等教育管理重心下移，使高校二级管理机构真正变成管理实体，而非简单的执行机构，而能够根据办学市场变化和生源条件变化以及社会发展变化进行主动决策，而且能够科学决策，同时善于民主决策，从而把广大教师的积极性、创造性调动起来，最终能够激发每个学生的学习积极性，主动地把自己塑造成适应时代要求的创新创业人才。

（二）大学内部治理结构调整是一个系统工程，需要重点突破

显然，大学内部治理结构问题与高等教育管理体制密切相关，与高等教育运行机制紧密呼应。高等教育宏观管理体制不变，大学内部治理结构就难以调整。但我们不能等到外部管理体制完全调整完成之后才开始内部调整。事实上，高等教育改革并没有严格的先后顺序，可以同步进行，即只要哪个地方认识到了改革的必要性，就可以率先行动。可以说，高等教育创造性寓于每个行动者行为之中，高等教育改革动力就在于人们认识的超前性和对改革急迫性的感受。“知而不能行”是知识分子的痛楚，“知而能行”是时代赋予高校教师的使命。高等教育改革也可以从基层开始，从教学改革做起。当然，真正能够从自身做起的仍然是少数教师，对于绝大多数人而言，行动依然依靠自上而下的动员，需要行政上的赋权。所以，教育改革既离不开少数人率先探索示范，又不能缺少顶层设计和行政支持。高等教育体制改革事情很难全面铺开，只能选点进行实验探索，待实验成功之后再总结经验并逐步推广。大学内部治理调整也是如此，只能从局部探索开始，无法事先设计一个完美方案去推行。

选择哪些点进行探索比较合适？很显然，选择治理的关键节点进行比较合适。我们知道，在大学内部普遍采用的是一种垂直式管理方式，大学管理权力集中在学校领导机构，集中在校长与书记手中，因为我们实行的党委领导下的校长负责制。书记主持党委工作，自然就拥有工作的主导权，校长负责学校全面工作，必然就具有治理学校的权力。党委负责组织和人事工作，校长负责计划和落实工作。因为大学是一个多学科的综合体，如何调动每个学科的创造性就是书记和校长的核心职责。显然，选拔好各个学院的院长是书记和校长要做好的首要工作。那么，如何选拔合适的院长就是书记和校长工作的课题。随着办学重心的下移，办学压力将逐渐转移到学院，那么选拔合适的二级学院院长显得越来越急迫。什么是合适的二级学院院长呢？我们认为具有教育领导力的院长才是合适的院长，如果不具备教育领导力，就不是合适的二级学院院长。那么我们的第一个研究重点就是二级学院院长领导力研究。

1.大学二级学院院长领导力研究

之所以谈二级学院院长的教育领导力，就在于大学不仅是一个学术机构，而且是一个教育机构，大学各个二级学院应该是一个实体性的办学机构，而培养合格人才是办学的第一位职责，那么，培养我们社会所需要的人才就是院长的基本职责，如果不能完成这个任务，就是院长的失职，这样的院长就不称职。那么，二级学院院长的教育领导力问题就是我们的第一个研究主题。

如何开展二级学院院长领导力研究？选择合适的研究方法非常重要。通过简单的调查或理论推演都没有什么实际意义，只有能够面向高校改革实践来研究问题才是最合适的。显然对高等教育改革具有直接推动作用的研究方法是行动研究，那么只有行动者才适合从事该项研究。如果是纯粹的理论家进行研究就容易沦为空谈。而主管过高校组织人事工作并且正在从事高校人事管理的高校领导是最佳人选。

选择什么样的研究对象也非常关键。在高校办学群体中，地方高校在二级学院院长教育领导力提升问题上遇到的困惑最多，也最具有典型性。我们不得不承认，学术地位与领导能力之间具有紧密的相关性，学术地位越高越可以增加无形的影响力，自然对领导力提升具有促进作用。教育领导力提升与个人的学术水平有关，也与个人的教育经历和教育信念有关。在这些方面，地方高校劣势明显。如此，研究地方高校二级学院院长的教育领导力就具有代表性，换言之，如果地方高校二级学院院长教育领导力问题可以顺利解决，那么对于那些资源和优势非常明显的部属院校而言可能就不成问题。

2.大学二级学院学术委员会研究

在重视大学作为教育机构的同时，也必须重视大学首先是一个学术机构，教育活动是依托学术而进行的，没有学术这个本体，教育功能就难以实现。要充分实现大学的学术功能，就必须充分发挥二级学院的作用，因为二级学院是大学的基层组织，是基本的学术功能实体。那么，遵循学术规律，就不能把学院当成行政组织来管理。所以我们在研究二级学院院长的教育领导力的同时，必须关注学术委员会的建设，只有建立强有力的学术委员会组织，才能有效地发挥学院的学术功能实体作用。可以说，在研究二级学院的教育领导力时，也必须关注院长对学术委员会工作的支持，关注如何尊重学术自由，充分发挥学术委员会的作用，这对于实践“教授治学”的办学方针具有直接的现实意义。

二级学院学术委员会问题研究显然更为复杂,因为学术委员会组织长期以来处于一个弱势地位,受到的关注比较少,从而研究起来难度比较大。国内普遍缺乏比较成功的经验,而重点大学的情况会相对好一些,因为在重点大学,学术权威更容易受到重视,学术氛围也更好,学术委员会运行机制也更顺畅,从而从重点大学学术委员会建设中摸索成功经验比较容易。换言之,在重点大学,学术立场更容易得到坚持,行政化力量会受到自觉限制,这在无形中就为学术委员会运转提供了便利条件。那么,从重点大学获取二级学院学术委员会建设的成功经验就比较有利。

在研究方法选择上,无疑质性研究方法是第一位选择。因为学术委员会制度在建设过程中面临着许多挑战,这些挑战会因学科不同、学校不同或具体组成人员不同而不同,这些不同点又与复杂的历史背景和现实的多样的冲突有关。如何把握学术委员会制度建设中的难点和重点是大学学术治理的困惑所在。作为局外人很难完全理解当事人的处境,只有长期共事才有可能有比较全面的理解,显然这对于研究者而言是不现实的。在研究者无法全程跟踪研究对象的情况下,只能在取得信任的基础上通过深度访谈获得研究资料,然后再从中抽取出学术委员会制度建设的经验、问题进行思考。如果对二级学院院长教育领导力的研究需要采用行动研究方法的话,那么对学术委员会制度建设的研究只能采用客观描述的方法,即研究者不带个人主观意见地呈现研究对象的思考和对现实问题的分析,并且通过对不同研究对象的叙述的比较,找到一种比较理想的学术委员会制度建设图式。

3.大学本科课程治理研究

教育质量提高,关键靠教师。而调动教师的积极性关键要先全面了解教师在课程建设中的投入程度。如果教师在课程建设中投入的时间和精力充分,则教学质量无疑是高的,相反,则教学质量就难以保障。为此就需要在课程治理上做文章,调动教师投入课程建设的积极性,使教师积极投身教学改革研究。本科教育是高等教育的基础工程,“本科不牢,地动山摇”。在本科教育质量保障机制建设中,本科课程治理是一个关键环节。我们培养专业人才,都是通过一门门课程实施的,通过教师在每门课程上投身教学实践来达成的。要使教师充分地投身教学,就必须做好课程治理工作。

课程治理是一项艰难的工作,如何促进大学课程治理需要科学的设计。

本科课程涉及面非常广,涉及研究型大学和应用型高校乃至职业本科院校,但所有的本科课程建设都必须遵循教育基本规律,即都必须从调动学生学习积极性出发,都需要从激发教师的教学热情入手,离开这两点,课程治理就不可能成功。具体而言,就是要从满足教师发展需要出发,只有结合教师发展需要实际,才能激发他们的教学热忱,使他们主动投身教学,主动改革教学内容、方法,以适应学生发展需要,满足社会对大学生发展的要求。对于各个院校实际而言,必须根据各自的实际情况制订具体的工作方案,当然这有赖于各级管理者的聪明才智的发挥,特别是院系一级管理者的主动作为,需要建立合适的体制机制。

无疑,并非所有教师都是被动的,一些教师本身就具有对教育工作的热爱,一直在坚持进行教学改革探索,也取得了一些教学改革成功经验,从而对如何扩大教学改革效果具有自己的设计。为此,了解并收集他们的改革经验,倾听他们对推进改革的建议,将对完善课程改革方案设计具有重要意义。如此就需要实地调研,运用质性研究的方法,获取一线教师和管理者的成功经验或失败教训,这对于提供全面的改革建议具有直接的促进意义。

4.研究生师生关系研究

高等教育要培养创新人才,研究生教育则是必须关注的重点。教育质量的提升,依赖于和谐的师生关系建设,如果缺乏和谐的师生关系,就无法达到立德树人要求,为此必须高度关注师生关系问题,促进师生关系的和谐。显然,促进师生关系的和谐需要因循依法治教的理路推进,不能寄托于传统的说教方式。从法律角度思考师生关系是一个重要的研究主题。目前,研究生师生关系问题比较突出,把完善研究生师生关系问题作为研究主题就是大学内部治理调整过程中需要关注的重点。

依法治教,必须从我国的教育法律法规的实际出发,了解国家对于研究生师生关系是如何规范的。不得不说,我国并未出台系统的研究生师生关系法案,关于研究生教育中的师生关系规定散见于不同的法律文件中,这就需要进行大量的法律文本分析,从中抽离出关于研究生师生关系的规定。其中的研究生导师权力规定和研究生所享受的教育权利规定应该是关注的重点,这也是我们在分析研究生教育过程中师生关系矛盾发生原因和处理办法的依据。将研究生教育所涉及的师生权益的文本进行系统梳理成为研究的基础工作。

法律文本规定并不等于现实状况,法律规定执行和依法治教习惯的培养都需要一个过程，教育活动在一定程度上独立于法律文本规定，它经常按照传统的习惯逻辑运行，人们对法律规定的理解程度和遵照法律规定办事程度都与法律规定的理想要求存在差距。所以，现实中人们究竟是如何理解研究生师生权力-权利关系状况需要进行一定范围的调查研究。

5.关注民办高校质量与效率关系

在关注公办高校的同时，我们也需要关注民办高校办学质量问题。民办高校往往把经济效益放在第一位，对与社会效益直接相关的质量问题关注相对不足。质量提升，离不开管理杠杆的撬动，离不开内部治理结构的调整，我们假定，合理的内部治理结构有助于民办高校质量提升。但如何促进民办高校改善内部治理结构就是一个需要解决的难题。根据民办高校对办学效益（特别是经济效益）高度关注的特性，我们尝试以绩效评价机制为突破口来研究民办高校的内部治理结构调整问题。我们知道，民办高校具有自己的特殊性，选择适当的研究视角非常关键。办学效益是民办高校考虑的核心问题，绩效评价是民办高校提升办学效益的重要手段，通过绩效评价杠杆来促进内部治理结构调整是一个不错的选择。

要进行绩效评价与内部治理结构关系研究，首先需要论证两者之间确实存在着逻辑的联系。为此就需要运用扎根理论方法，从那些实际从事民办高校管理工作的当事人经验中去提取，也需要从民办高校正在执行的管理文件中去验证。所以前期的扎根理论方法的研究与后期的案例研究缺一不可。当然，在中间还需要进行民办高校治理机制与治理结构关系模型的建构，虽然它是基于扎根理论研究材料的，但又不完全依赖于这些材料，毕竟这些材料是零碎的、不全面的，难以完整地描绘民办高校治理机制运行图式，也难以清晰地勾勒出理想的民办高校内部治理结构样式，为此就不得不依据研究者对民办高校治理过程的体验，经过反思之后再从理想角度进行构建，这样才能既具有理想性又具有现实性，从而可以指导未来民办高校治理结构调整。这就要求研究者本身必须对民办高校治理过程具有深度的体验。

二、高等教育作为国之重器，大学必须率先实现治理现代化

大学是高等教育活动的基本单元，高等教育现代化必须从大学治理现

代化做起，而且要伴随着高等教育现代化全过程。如前所述，在大学治理走向现代化的过程中，大学治理中面临的最突出问题是管理重心太高，无法发挥基层的积极性。如此就出现大学内部行政化状况久治难愈，甚至有愈演愈烈的倾向，所以大学走向治理的出路就要降低管理重心。显然，冰冻三尺，非一日之寒，大学内部治理结构非一朝一夕就可以解决的，必须一步步来。究竟如何开始就需要认真思考。我们认为，推进大学内部治理现代化有五步是必须的，第一步是把管理重心降到院级。所谓降到院级，意味着院级的管理责任必须增强，如此就会对院长的管理能力提出挑战，那么，院长应该具备什么样的管理能力就是高校内部治理研究首先需要解决的问题。第二步就是要壮大院级学术委员会的治理概念，从而与学院治理责任加强相一致，与院长管理能力提升相适应。可以说，与院长管理能力提升直接相应的就是强化院级学术委员会的功能，使之在教授治学过程中发挥积极的作用。第三步是优化治理机制，促进院系有效治理。所谓有效治理，就是要确立合理的治理目标，采用有效的执行机制，促进目标有效达成。有效治理的根本目的是调动教师的积极性，通过教师积极性调动来促进教育教学质量提升。教师积极性提升最终效果应该体现在课程建设和课堂教学质量上，为此大学内部治理机制优化最终需要落实在课程治理机制优化上，因为课程是联系教师与学生、教师与学校、学校与社会的桥梁，所以，课程治理是大学治理的落脚点。大学内部治理效果最终通过强化课程治理、调动教师的积极性来实现，可以说课程是影响教育教学质量的最直接的因素。第四步是顺应社会发展趋势，加强依法治教力度，强化师生关系的疏导和引导，特别是要注重化解研究生教育中师生关系不合适的状况，促进大学校园建立权力—权利适配的师生关系。第五步是有效地运用绩效评价杠杆，使之成为高校内部治理结构调整的平衡器。能够做好这五步，就建立了一个比较合理的大学质量保障机制。

我们认为，我国高校管理重心过高主要是传统管理体制造成的。我国传统上是计划体制，实行的是垂直式管理模式，即学校一级领导直接对应上级教育管理部门的领导，学校自主权集中体现在上级指示的执行者，而非主动的社会需要的反映者。要强化大学办学自主地位，就需要加强学校办学自主权。但大学是一个多学科的联合体，学校自主权不能集中在学校层面，因为集中在学校层面就无法反映各个学科的具体发展情况，就无法反映市场对专业人才需求的变化情况。所以，办学权力应该适当地分散到各个学院，由学院负责具体学术事务，掌管各个具体学科与专业的发展情况，促进学科与专业主动适应社会发展变化要求。显然，办学权力下放到学院，绝不是下放给某个人，无论是院长或是学术权威，都不行，必须是一个学术共同体。代表学术共同体的是学术委员会，因为它是学院学术力量的代表，集中了学院最具有学术影响力的教授，因为这些教授不仅学术贡献大，而且能够谨守学术规范，得到了同行的认可，从而被推举到学术委员会中负责学术事务评议工作。但作为一个相对独立的办学单位，要处理大量的学术事务和行政事务，就必须由一个有管理能力的院长负责全面事务以维持学院日常运转。这样的院长第一条需要有自己的教育理念，否则就难以担负起全院人才培养的重任和学术事务协调工作。所以，院长的领导力本质上是一种教育领导力。

那么，研究院长的教育领导力必须与研究学院学术委员会建设同步进行。在二级学院，院长虽然负责学院全面事务，但主要发挥的是一种行政管理职能，他虽然对学术事务具有很大的发言权，但必须尊重教授群体的意见，不能实行个人独裁。所以，学术权力既是一种精英权力，也是一种民主权力。所谓精英权力，指学术权力不是平均分布的，而是向学术权威倾斜，即谁的学术贡献大，谁的学术话语权就强。所谓民主权力，指学术决策不是某个人说了算，而是需要集体决定，无论是通过投票的方式还是通过辩论的方式，都是在让人们充分发表意见之后再进行决策。但学术权力又不是一个纯粹的民主权力，学术权力也需要采用一种集中制，如此才能进入执行环节，从而院长具有学术干预的权力。当学术决定不符合办学目标的时候就要运用行政手段进行干预，也即院长具有否决学术委员会决定的权力，如此才能获得一种学术权力与行政权力的基本平衡。我们知道，集体决定未必都是正确的，个人决定不一定都是主观臆断的，各自具有自己的优势，关键是两者之间达成一个合理的平衡，从而在不否定民主决策的同时又可以保证决策的效率。

课程与教学是决定教学质量的根本环节，教学质量从根本上说又取决于课程建设质量。课程就是对教学内容和方法的系统规划设计，是实现专业人才培养目标的基本载体。教学是课程的具体执行，是一种活的课程。课程并不等于教学计划和教学方案的设计，必须通过具体执行环节来体现。只有在课程正确设计的前提下才能出现高质量的教学，有高质量的教学，才有高质量的课程。进行有效的课程设计需要充分发挥教师的能动性，需要教师进行充分的教学研究,需要教师真正关心学生成长需求,同时必须认真关注社会发展需求的变化。只有教师的关注点与学生需求和社会发展需要有机地统一在一起,课程设计才可能是有效的。在正确关注学生需求和社会发展需要基础上,还必须采用恰当的方式进行教学才能促进学生发展,为此必须钻研学生的接受心理,激发学生从被动学习状态转向主动学习状态,只有把学生从被动的接受者的状态转变为主动探索者的状态,教学才是成功的。显然,激发教师教学主动性是关键,调动学生学习积极性是根本,如果学校管理策略不改变,学校不能针对不同学科使用不同的教学管理策略,就难以真正调动教师的积极性和学生的主动性。与教师的积极性直接相关的就是教师评价政策,这是影响课程治理成效的根本,因为评价就是指挥棒,指挥棒不变,其他就很难改变。所以,课程治理显然不只是课程本身的事情,而是整个高校管理机制的事情,这就与高校的绩效评价制度直接相关。

谈到绩效评价,就直接涉及高校内部部门利益的调整,因不同的考核意味着不同的权力分布,权重越大自然就越受重视,在考核中比重越小,自然就越不受重视。在课程领域,专业课比通识课受重视,必修课比选修课受重视,从而学生把更多的精力用在专业课和必修课上,这样就使课程出现了不同的等级,相应地也影响到教师的教学积极性。在绩效评价过程中,科研比教学权重更大,从而吸引教师把更多精力用于科研而非教学。由于科研业绩直接关系到学校排名和地位,从而管理层就越发重视科研,而对教学则采取应付策略。随着各项教学比赛纳入排名行列,这些比赛项目也受到了重视。这显示出大学办学受外部控制的影响太大,难以发挥自身的主动性与能动性。如何让管理部门把注意力向教学倾斜,特别是发挥科研对教学的促进作用,使科研定位与自身的办学定位相一致,是一个非常重要的问题。可以说,绩效评价方式是大学内部管理机制的牛鼻子,抓住这个牛鼻子,对高校治理结构调整和质量保障有积极的作用。

师生关系调整最能够显现人才培养质量,也是治理成效的展示区。健康和谐的师生关系是立德树人根本目标落实的表现,如果出现师生关系紧张则是大学治理失灵的表现。所以,师生关系状况是大学治理状况的警示器。很显然,建设健康和谐的师生关系是师生双方面的责任,绝不是单方面的事情,但双方面的责任绝不是均等的,而教师在其中占有主导地位,负有主要责任。教师所具有的优势地位容易使学生处于被动的地位,所以,如何尊重学生的主体性，使学生能够充分主张自己的学习权利，保护自己的正当利益，是高校管理者必须思考的事情。高校自然需要健全规章制度，完善对教师的行为规范，引导教师正当行使自己的学术权力，同时也要进一步保护学生所享有的学术权益，特别是学生的学习权利，使师生在正常的交往过程中获得一个相互促进的关系。近年来，研究生师生关系出现了不少问题，需要引起高度关注，为此也需要对校园环境进行治理，这也是校园文化建设的重要一环。不得不说，校园环境治理必须遵循依法治教的轨道进行，只有遵循法治的思路才能使大学校园长治久安。

三、"唯论文""唯项目"对高等教育质量造成重大威胁

(一)高等教育质量提升面临的问题非常多

众所周知，目前我国高等教育规模已经是世界第一，毛入学率已经超过50%，进入了普及化阶段，但我国高等教育实力并不强，与成为世界高等教育强国还有相当距离。

在高等教育进入普及化阶段后，规模扩张就不再是高等教育发展中的主要问题，而质量提高才是高等教育发展中面临的最主要问题，也是真正的难题。对于规模扩张而言，似乎只要经费充足投入就可以完成预期目标，然而要达到质量提升目标就显得非常困难和复杂，因为要提升高等教育质量，就需要考虑到高等教育层次和类型问题，考虑到专业和学科差异问题，考虑到师资和设备的适配性问题，而且必须考虑到校园文化环境建设和学生学习心态问题，同时还必须考虑到社会需求变化和高校的承受能力问题。对这一系列问题的考虑，都是对高等教育质量提升课题所提出的挑战。但我国要建设高等教育强国，就必须突破质量建设的难题，这也是我国提倡高等教育走内涵式发展道路的由来。

(二)提升高等教育质量需要从大学内部治理结构进行突破

很显然，妨碍我国高等教育质量提升的根本问题仍然是办学体制机制问题，对于这些问题，必须用改革的眼光来看待，也即必须从新思路去思考和解决。在高等教育内部，人们普遍发现基层创新活力还没有被激发，这实际上已经成为阻挡高等教育质量提升的关键问题。为此就必须从治理机制变革入手来解决。治理机制问题，从根本上说是治理结构问题，如果大学内部权力集中，基层缺乏必要的行动能力，那么基层的活力就难以显现出来。

为此,大学内部治理结构问题就是一个我们必须关注的重点问题。

按照功能主义理论,结构决定功能。没有合理的治理结构,就难以让大学发挥出真正的办学效能,进而就难以使整个高等教育系统发挥出有效的功能。因为高等教育的基本单位就是各所高校,只有每所高校在治理上都发挥出高效能,高等教育办学质量才能获得整体提升。要使高校治理发挥出高效能,大学内部治理结构调整在所难免,因为人们感受最深的就是目前大学内部治理结构制约了大学办学的功能发挥。当然,大学内部治理结构受大学外部治理结构影响,但外部治理结构调整是一个长期的复杂的事情,很难很快地找到答案,而大学内部治理结构调整容易找到突破口。所以,从大学内部治理结构的突破口去思考,就容易推进高等教育质量获得有效的提升。

目前高等教育理论界与实践界双方面都获得了一个共识:大学治理重心必须下移,二级学院应该成为真正的办学实体。所以,"学院办大学"成为大学治理结构调整的一个不可逆转的基本趋势。但如何实践"学院办大学"战略,就是大学内部治理结构研究的重点所在。故而,本课题以"大学内部治理结构"为研究的逻辑起点正是以此为背景展开的研究。

(三)我国大学内部治理结构改革必须走中国特色道路

要探索中国特色的大学治理结构确实不是一个简单的命题,充满了挑战性。但我们不能回避这个难题,因为我们要建设世界一流大学,必须做出中国气派,必须具有中国学派,哲学社会科学必须在世界上独树一帜。我们必须能够对中国大学制度做出合理的解释,从而支持中国学派建设。中国有自己的国情,必须根据自己的情况办事,为此我们必须具有文化自信、制度自信、理论自信和道路自信,因为我们是社会主义国家,走的是中国特色的社会主义道路,我们必须对中国特色社会主义道路充满信心,我们也必须不断地充实、发展和完善中国特色社会主义理论,我们必须具有这种理论的自觉性,这种自觉性就表现在我们主动地把马克思主义基本原理用于指导中国社会改革开放实践,教育实践就是其中重要的组成部分,高等教育实践尤其充满挑战性,因为高等教育不仅肩负培养创新人才的责任,同时也肩负创新知识的重任,需要在创新知识过程中为社会提供广泛的服务。这种自觉就转变为高等教育学科建设的动力,即我们需要用创新的高等教育理论指导高等教育实践。

毫无疑问,大学内部治理结构调整目的是提高质量,促进人才培养质量的提升，提高科学创新能力，促进社会服务能力的提升。教育以育人为本，所以，大学科学创新能力提高和社会服务能力提升都离不开人才培养质量提升这个根本，而且人才培养质量本身就是检验科学创新能力和社会服务能力的主要依据。现今我国大学发表的论文量非常巨大，已经超过许多发达国家，总量仅次于美国，但这些论文究竟对社会贡献如何、对人才培养质量提升的作用如何，非常值得拷问。大学中为发表而写论文的情况屡见不鲜，已经构成了高等教育质量的隐患，这是中央决心要破除“唯论文”倾向的根源。

（四）改革重科研、轻教学的绩效评价机制是大学治理改革的重点

确实，要解决“唯论文”这个问题并不容易，但关键是要找到问题的根源，否则就可能出现治标不治本的情况。从本源上说，之所以出现“唯论文”的情况，就在于基层无法决定自己究竟干什么，已经被各种指标所捆绑，这些指标成为大学教师必须完成的任务，不然就很难达标，这才是“唯论文”的根源。这说明科研人员缺乏基本的自主权，无法决定自己究竟该做什么，不能从诚实的原则出发来从事教学与科研工作。因为各种管理指标并不针对每个人，是不加区别的，那么每个人也只能不顾自己的实际情况都从指标出发来安排自己的工作与生活。而论文量是每个教师必须完成的工作。在这种被动情况下所撰写的论文只能靠追慕热点和投机取巧方式来获得发表机会，不然就很难在短时间内达到发表任务量的要求。这种非自由状态下从事的研究与高质量无缘，只能是一种低水平的重复劳动。

“唯项目”也是如此，因为项目是大学教师晋升的必要条件。每年一度的课题指南基本上就确定了教师的选题范围。毫无疑问，指南所列项目的指导性非常强，但是否适合大学教师就难以预料。大学教师更适合从事基本理论研究，这是学科体系构建的需要，也是教学的实际需要，因为在教学过程中必须能够解答学生提出的相关问题，如果不进行系统的理论研究就无法胜任。而指南课题非常偏重应用性，对教师的实践条件要求非常高，这些都是绝大多数教师无法胜任的。加上现在考核制度都是个人性评估，不鼓励合作研究，教师的研究能力也存在着严重不足。如果有科研助手的话还能降低一定的科研压力，否则个人就需要从事课题设计、文献查找、课题论证、课题申报等一系列工作。如果有幸获中课题，就需要个人全方位地开展研究工作，完全超出了个体的研究能力。在这种情况下，科研质量难以保证就是自然而然的了。由于管理部门重视课题申报而不重视课题完成情况,导致很多课题都成了“烂尾楼”工程。即使可以结题的项目多半也属于应付。原因在于科研机制不合理,计划研究项目是一种理想设计,一遇到现实问题,这些设计都必须重新修订。而管理部门如果严格按照原先设计进行管理,那最终结果只能是应付和拼凑。可以说,这种科研机制不仅无法鼓励科学创新,反而会抑制创新,因为这种科研机制无法使教师充分自由地开展研究,已经把研究变相地转化为一种硬性任务。

在这种科研体制和考评机制下,教师们只好把主要精力用在科研上,也即项目申报和论文撰写上,这种科研很难说是真正意义上的科研。所以,考评机制不改,办学真正效益和办学质量就无法提升,自然也就很难提升教育质量和人才培养质量了,就可能与落实立德树人根本任务渐行渐远。故而,绩效评价机制改革是大学内部治理结构改革的最终突破点。

四、大学内部治理结构改革遵循的行动逻辑

(一)选好二级学院院长是治理重心下移需要第一位思考的问题

要让大学二级学院成为真正办学实体,选好当家人即学院院长是第一位思考的问题。毛主席说过:“政治路线确定之后,干部就是决定的因素。”[①]学界普遍认为,学院院长必须具有很强的管理能力才行,否则学院的秩序就难以保证,办学方向就难以坚持。同时也认为,要使学院具有较高的学术水准,院长自身需要具有学术带头人的资历,否则就难以服众。进而还认为,要培养社会主义合格的建设者和接班人,院长也必须具有正确的教育理念。因而,学院作为一个学术性、教育性和行政性相统一的机构,院长必须具有综合协调能力,既能够满足学术发展的内在需求,又能够倾听学生发展需要的声音,同时还能够认真贯彻上级指示精神。所以,院长必须具有较高的综合素质,不能是一个只知道做学术的单纯的学者,也不能是只知道听从上级命令的行政人员,更不能是只懂把书本教好就知足的教书匠,而应该是一个具有人格魅力、管理实力和学术权威的专家,这种院长就是具有教育领导力的专家。所以,研究如何使院长具有教育领导力就是中国特色的大学内部治理结构与质量保障机制建设研究需要解答的第一个问题。

---

① 毛泽东.中国共产党在民族战争中的地位[M]//毛泽东.毛泽东著作选读:上册.北京:北京人民出版社,1986:279.

（二）建设好学院学术委员会可以有效地平衡学术权力与行政权力，阻止行政化加剧

经过近20年的探讨，学术界普遍认为，大学内部行政权力过大是当代中国大学治理面临的一个通病，如何在大学内部治理重心下移状态下避免行政权力过大，是一个必须认真预先思考的问题。对于试图实践学院办学理念的二级院长而言，必须具有充分的行政权力，因为这是一种正式权力，有了这个权力，才能有效地调动办学资源，落实办院计划，实现学院发展目标，否则就难以管好一个学院。但在办院过程中又不能出现“一言堂”的情况，否则就会扼杀学术活力，会让人变得唯唯诺诺，不敢创新。因此，无论行政事务还是学术事务都必须遵循民主集中制原则，特别是在学术事务处理上必须尊重教授群体共同的意见。为此就离不开学术委员会（含教授委员会）的建设。建设好学术委员会，就是发挥教授治学的主动性、积极性，共同建言献策，使学术决策能够照顾绝大多数学者的利益而不是单纯反映个别人的意志。所以，找到学术委员会良性的运行方式就是学术委员会建设急迫需要解决的难题。我国大学学术委员会建设一直处于软弱无力状态，长期受行政权力挟制，无法充分发挥作用，难以维护学术的独立地位，这种状况严重阻碍了我国大学迈向世界一流大学的步伐。只有院长与学术委员会之间保持健康的良性关系，才能使教授治学有效地发挥作用。所以，我们非常有必要研究学术委员会健康运行的文化生态问题。

（三）课程治理是大学治理的重点，也是高等教育质量的根本保障

课程是教学的载体，教学是师生沟通的主要桥梁，教学质量决定教育质量，而课程质量决定教学质量，抓好课程建设就抓住了高等教育质量建设的牛鼻子。因此，高等教育质量保障最终依靠课程来落实，通过课程建设把每个教师的积极性发挥出来正是课程治理的目的。如果不能把教师的主要精力吸引到课程建设上来，说明大学内部治理改革并没有到位，大学内部治理成效就不明显。只有把教师的教学积极性充分发挥出来，大学内部治理改革才是成功的，因为教学可以促进科研，可以促进课程建设，可以促进学术环境建设，可以提升大学的文化软实力。目前大学教师对教学投入不足已经成为我国高等教育人才培养质量建设的软肋，只有解决好这个问题，高等教育质量建设才算落到实处。如何促进教师投身教学？课程治理就是关键。正是由于教师能够投身课程建设，才会吸引他们把每一堂课上好，从而把课程做精，精品课程依赖于每堂课的高质高效。要使每堂课高质高效，不

对课程进行总体设计是不可能的，不安排好课程总体内容、不设计好课程采取的基本方法、不考虑好课程所依赖的设备设施就无法让课程达到预期效果。这就要求教师必须有自己的教学理念和课程理念，通过课程理念统帅自己教学过程，指导自己的教学行为。

目前，本科教育质量弱化已经成为社会高度关注的事情，那么研究本科课程治理就是大学内部治理结构调整研究中必须关注的一个重点，而本科课程治理也是高等教育质量保障体系建设的一个关键。

（四）师生关系和谐关系到大学治理成败，依法治理是平安校园建设的基础

研究生师生关系恶化已经成为社会上非常关注的事件，这也对高等教育质量建设产生巨大的负面影响，如何进行治理已经成为大学治理过程中一个亟待解决的问题，当然也是大学内部治理结构必须思考的一个重要问题。我们知道，师生关系是大学内部最基本的关系，师生关系状况直接影响到教育教学质量。虽然目前出现的研究生师生关系恶性事件属于个别事例，但已经暴露出大学内部师生关系出现了异化现象并亟待调整和整顿，显然它也显示出大学师生在大学治理过程中权力不足状况，从而涉及大学师生对大学治理的参与权问题。然而，在目前研究生师生对大学治理的参与权还难以结构化，需要进行系列的研究，因为这不仅涉及大学章程的建设问题，也涉及法律的基本规定问题。我们只能在目前法律框架下思考该如何保障教师的学术权利和维护学生的学习权利，同时制约教师的学术权力滥用和培养学生对自身学术权利的保护能力。为此就必须对目前师生权益的法律法规进行系统梳理，并且从大学具体执行的角度来思考如何完善师生权益保护的法律框架。

（五）绩效评价是大学治理的重要抓手，也是完善治理结构和提升办学质量的有效杠杆

无疑，现今大学教师的行为受到了绩效评价的巨大影响，完全置身于绩效评价之外的教师几乎没有。要调动教师积极性，就不能不思考如何运用绩效评价杠杆的问题。传统的"五唯"评价是评价导向出了问题，才产生今日大学质量危机。"解铃还须系铃人"，我们要改变今天大学治理的不利局面，仍然需要从解决绩效评价存在的问题入手。如果绩效评价产生了正向效应，说明大学治理结构是合理的、有效的，否则就说明大学治理结构存在着明显问题。调整绩效评价指标，在一定意义上就是在调整大学治理结构。

我们知道，要使教师们更加投入教学，就必须提高教学指标在绩效评价中所占的比重，只有教学绩效占据整个绩效评价一半左右的分量时，教师们才会充分注重教学投入。如果教学绩效在总体评价所占分量极低，就是无意中鼓励教师脱离教学。因此，完善绩效评价机制可以在相当程度上促进大学内部治理结构完善。

五、广泛萃取成功经验，探索中国本土化的大学治理路径

在研究主题确定之后，研究方法选择就是关键因素。针对大学内部治理结构问题研究，无法采用预先设计理论框架的方式进行，只能采取经验萃取的方式进行。因为我们无法把西方大学的治理框架直接搬过来为我所用，事实上通过改革开放以来的摸索，人们已经认识到我们必须走自己的道路，必须从完善自身的治理结构出发，走中国特色的大学内部治理之路。目前，我们正处在推进管办评分离的途中，还没有实现真正的管办评分离。采用垂直式管理仍然是中国高等教育管理体制的特色。当然，坚持党的领导是我国社会主义大学办学的最根本的特色。大学内部管理体制也是如此，坚持党的领导是社会主义大学办学的基本特色，实行党委领导下的校长负责制是中国大学治理的基本模式。中国特色的大学内部治理结构调整也是在遵循这个基本特色和基本模式的基础上开展研究的。所以，无论二级学院院长选拔还是学术委员会建设，抑或是课程治理或是师生关系调整，再或是绩效评价的开展都是在坚持党的领导的基本原则下进行的。

本研究采用的基本方法是经验萃取法，也即从调查研究出发，从实践中发现成功经验，进而在总结经验的基础上形成基本理论。具体而言，就是采用个案研究法，通过找到一些典型个案，发现促进大学内部治理结构调整的有效经验，用来建构比较适宜的理论，从而为中国特色的大学治理结构调整找到一条切实可行的路线。当然，这些经验都是在通过大量的访谈之后才能确定的，为此，所采用的基本研究途径就是质性研究方式，因为我们无法事先构建理论框架，然后采取大规模的量化调查方法。相反，我们正是在大量的实地调查基础上，生成一个理论框架。如我们提出“提高二级学院院长教育领导力”命题就是在长期的实地调查基础上提出的，提出大学课程治理思想也是在大量的田野调查中生成的，提出通过绩效评价来调整治理结构

思想、建立研究生导师学术权力与学生权利适配性思想也是如此，提出建立二级学院学术委员会良性的文化生态思想也都是基于田野调查而提出的。

为了找到典型的研究资料，我们进行了多轮实地调研。我们身在高等教育研究重镇，目前正在从事大学治理的行动研究，有着非常深刻的切身经验。研究者都经历了大学治理的专业理论训练，具备从实践一线获得生动资料的能力。我们的研究团队非常精干，不仅有精力集中、全神贯注的全日制博士生参与，而且有丰富实践经验的专业博士生加入，他们具有丰富的管理经验，对于大学内部治理结构存在的问题有深刻的体会，能够从真正问题出发开展研究。作为主持人，我非常关注大学内部治理结构改革问题，切实体会到治理结构直接关系到办学质量提升。我具有作为大学教授的经验，长期参与教授委员会工作；后来担任研究所所长，开始参与院系层面的治理工作；再后来成为院教授委员会主任，直接主持教授治学的过程；如今作为院领导人一员，先后负责教学管理和科研管理工作，并且参与聘任委员会工作、学术委员会工作，参与党政联席会的决策过程，直接体会到院管理工作的不易和面临的诸多挑战，从而更加坚定了大学内部治理结构改革研究的决心。

为了保证研究高质高效地推进，同时也为了在实际研究中培养研究生的理论联系实际能力，我把研究任务进行细化深化，并且作为博士生博士论文的研究选题，使他们的学术研究不仅具有充分的理论价值，而且同时要具有充分的实践价值。只有用充满挑战的实践性课题来训练学生的思维和实践意识，才能真正提升其思维的敏锐性和观察问题的深度，提升其理论视野的开阔性和实践关注的现实性，培养其具有强烈的责任意识和自觉的使命担当精神，让他们通过回答当前中国高等教育发展过程中面临的最迫切的问题增长理论思维水平和领导实践才干。

第一个研究主题“大学二级学院院长教育领导力研究”责任人是毛芳才教授，他目前是贺州学院党委副书记，长期担任学校的组织部负责人，具有学院院长选拔的丰富实践经验，也有很多理论困惑，参加该专题研究，不仅发挥其实践经验的长处，而且激发其理论探讨的热情，从而能够有效地做到学用结合和学以致用，如此训练，也真正符合教育博士生的训练要求，即用理论解决工作中的实际问题。

第二个研究主题“大学二级学院学术委员会建设研究”责任人是田芬博士，她目前任职于西北工业大学高等教育研究所，成为助理教授。她是一个很具有同理心的女生，特别擅长与他人产生心理共鸣，她负责田野资料搜集非常合适。她没有在大学实际工作的经验，反而是她从事质性研究的优势，即她不会戴着有色眼镜去观察学术委员会建设中存在的问题，从而可以以完全的第三人立场去搜集资料，用共情的心理去体会大学二级学院的学术委员会委员们的苦与乐，分享他们的成功经验，正视他们所面临的问题，并尝试从学理的角度来回答他们的疑惑。这是一个富于挑战性的工作，也是增长学生知识和智慧的工作，同时也是训练其学术见解的工作，使其可以在其中真正领会学术的含义、学术与治理的关系、学术治理会遇到哪些实际的挑战，这些都会变成她终身的财富。

第三个研究主题"大学本科课程治理研究"责任人是汤建博士，她目前为安徽大学高等教育研究所助理研究员。她非常聪慧，善于理论思维，敢于迎接挑战，对于本科课程治理这个具有开创性的难题一点都没有退缩。我们知道，国家对本科课程建设非常重视，"双万计划"就是"金课"建设的动员令。因为只有"金课"建设成功，才能有一流专业出现。然而传统的课程建设模式是行政命令型的，这种建设很容易表面上轰轰烈烈，而真实效果却乏善可陈。所以课程建设必须走出一条新路来，即从自上而下的路线改为自下而上的路线并与自上而下的路线进行汇合，否则课程建设就不接地气。要找到一条自下而上的建设路线，就必须广泛萃取各类学校成功的课程建设经验，找到它们的成功案例，再通过理论思辨，形成一个具有统整意义的课程治理路线。换言之，只有从治理理念出发，才能改变目前课程建设中"领导忙活而群众旁观"的尴尬局面。

第四个研究主题"研究生师生权力-权利适配性研究"责任人是施卫华副研究员，他目前是福州大学石油化工学院党委书记，曾担任组织部副部长多年，并具有多年的学生工作经验，有较好的法学理论基础。他选择了研究生导师学术权力与研究生学习权利关系的研究，可谓正得其人。他思想政治觉悟非常高，自觉地以立德树人根本目标作为研究的指导思想，非常关注研究生教育中师生关系健康和谐问题，也在负责研究生师生关系矛盾调解的相关工作，从而具有丰富的实践经验。在实践中发现，导师权力与学生权利的适配性是一个关键问题，如果法律规定比较具体明确，就有利于指导师生健康和谐关系的建设，相反，如果法律规定模糊或空白，就容易使一些法律法规意识不强的教师在师生关系处理上出现越界行为。当然，研究生自身缺乏法律意识和自我保护能力也成为师生关系矛盾频发的一个重要影响因素。从法治建设入手探究师生关系调整问题无疑是一个正确有效的思路。

第五个研究主题“大学绩效评价与大学内部治理结构调整研究”责任人是宣葵葵研究员,她在宁波财经学院(前身是宁波大红鹰学院)科研处任处长一职,长期在管理部门工作,与校内各个管理部门具有密切的联系,并且参与学校改革发展规划和负责绩效评价改革设计工作。在民办高校,绩效评价是非常重要的管理手段,是办学者意志的集中反映,同时也反映出高校内部治理结构现状。作为一个行动研究者,她总是在不自觉地思考如何促进高校内部各种关系和谐,如何提升高校管理效率,以及如何提升学校办学竞争力,对这些问题的思考使她的研究更具有针对性。当然,对高校治理结构和治理效能的关注不能仅仅局限在本校,因为那样的视野是狭窄的。借鉴成功学校的经验无疑对完善本校改革思路和改革设计是大有裨益的。因此对校本研究和案例研究,都有助于丰富绩效评价研究的设计,也可为大学内部治理结构改善提供有效的借鉴。故而,她从事该专题研究不仅是专业发展的需要,也是承担好学校工作的需要,还是促进大学质量保障机制建设的需要。

六、结语

必须指出,关于中国特色的大学内部治理结构与质量保障机制建设研究目前取得的成功也只能是一个开端,后续的研究任务还很多,因为许多问题研究随着大学治理现代化命题的深化而不断涌现,都需要进行深度探讨。本次研究所取得的成果也只能为后来研究起到一个奠基的作用。这也呼唤研究者仍然需要继续努力,在本研究领域做出更多的成果和成绩。我们研究的目的就是突破目前高校治理结构难题,为中国特色的大学内部治理结构调整与质量保障机制建设奠定基础。

本研究总体而言是一次大规模的团队作战,需要多方面协作才能成功。在本次研究中,毛芳才、施卫华、宣葵葵、汤建和田芬 5 个人担任了主力,分别承担了专题研究工作,这也是他们博士论文的选题,他们都顺利地通过了论文答辩,本丛书就是在他们博士论文基础上修改而成的。赵祥辉、段肖阳、闵琴琴、杨振芳、郑雅倩、郭一凡等参与了调研和研讨,他们都表现出很高的研究热情和创造性,具有良好的学术素质,我对他们表示衷心的感谢。

本套丛书是教育部人文社会科学重点研究基地重大课题的成果，得到了基地领导的支持，我作为课题负责人在此表示热诚感谢。在课题设计论证环节，有许多专家提供了帮助，如西安欧亚学院董事长胡建波教授、青岛大学的李福华教授、华侨大学的陈雪琴教授等都给予了很大支持，我对他们的支持表示真诚感谢。特别是西安欧亚学院董事长胡建波教授，他热情接待了我们的专题调研活动，使我们调研收获非常大并发表了系列研究论文。而且西安欧亚学院也成为民办高校内部治理结构改革成功案例出现在终期的专题研究成果中。

本丛书是对大学内部治理结构与质量保障机制建设的一次深入的系统探索，是一次深入的系列专题研究。显然，研究无法对该问题给出一整套成熟的答案，我们只是对人们所关注的主要问题进行了前沿探索。我们相信大学治理重心下移是必然的，也相信必须从提升二级学院院长的教育领导力进行突破，从院级学术委员会的文化建设方面出发完善学术治理，从本科课程治理做起保障质量，从师生健康和谐关系构建入手推进大学校园环境建设，抓住绩效评价这个杠杆促进大学内部治理结构调整，这些基本判断有待时间的检验。我们寄希望于未来能够有机会对今天的研究结论做一次系统的检验，从而完善和推进该主题研究进一步走向深入。

王洪才

2022 年 11 月 23 日

序

田芬博士所著的《我国一流大学二级学院学术委员会功能研究》是“中国特色的大学治理结构与质量保障机制建设研究”课题的重要构成部分。众所周知，教育现代化的核心是人的现代化，教育现代化的关键是治理现代化。随着我国高等教育大众化进展和高等教育普及化时代到来，高等教育治理问题显得越来越突出，从而高等教育治理现代化命题也成为学术界关注的焦点问题。高等教育治理现代化包括高等教育外部治理现代化和内部治理现代化两部分，两者缺一不可，但重心是内部治理现代化。高等教育内部治理现代化进展的一个重要观察视角是如何推动大学发展模式从“学校办学院”转变为“学院办大学”。显然，“学院办大学”并非一个简单的学术命题，因为它涉及传统的管理机制的系统调整。“学院办大学”的目的是充分激发高校二级学院的办学活力，如何提升二级学院办学活力就成为大学内部治理现代化必须思考的问题。在现实中，二级学院常常作为学校政策执行者的角色，它应该发挥的功能经常被忽视。如果二级学院作为相对独立的办学主体，它应该具备什么样的功能？应该建立一个什么样的治理结构？特别是如何保障学术权力的作用？这些问题都是大学内部治理现代化必须回答的问题。

对于上述问题，学术界还没有深入解答，田芬博士选择该研究选题，在本书中进行了系统探讨。她把研究对象定位在一流大学的二级学院的学术委员会功能建设上，试图通过考察这类特殊群体来找到二级学院有效治理的范本。我们知道，现在国内高教界对一流大学建设问题非常关注，对学术权力保障问题寄予了很高期望，但对于一流大学内部的学术委员会建设状况并不清楚，这成为大学内部学术治理的一个“黑箱”。揭示我国一流大学二级学院学术委员会功能发挥状况无疑有助于澄清这一问题。因此，本书旨在回应我国一流大学二级学院学术委员会功能定位这一问题。

田芬博士通过质性研究方式，考察了我国一流大学学院学术委员会的运行现状，用马克斯·韦伯(Max Weber)所倡导的类型学方式，根据干预程度大小、治理效果强弱两个维度，划分出“象征型”“共生型”“冲突型”“悬置型”共四种类型学院学术委员会。这个划分和结论都具有一定的创新性。这些具有本土色彩的概念，很好地展现了不同类型学院学术委员会的运行状况，符合质性研究规范。继而，田芬博士对我国一流大学学院学术委员会功能发挥的影响因素进行了探讨，并得出了评价高校二级学院学术委员会建设成效的四个维度标准，即合法性、有效性、效率性和自主性，进而从制度建设、权力平衡、文化坚守和人格培育四个方面提出具体的解决路径。专著研究脉络清晰，研究结论和建议具有现实意义。

需要指出的是，本专著是田芬在其博士学位论文基础上修改形成的。不得不说，论文在初始阶段经历了痛苦的“难产”过程，经过多次“博弈”，我方拿到初稿。我发现她构建的论文框架具有一定的学理性和逻辑性，但不完善，仍然需要进行打磨。为了完善论文结构设计和理论建构工作，我沿用了自己“沙龙”指导模式，让同学们广泛提出意见、建议，坚持让她多次修改、汇报和完善论文。我最担心她的研究脱离实际，让她务必向具有实践工作经验的老师、学友请教，保障研究结论具有可行性。最终，论文获得了比较满意的结果，在论文匿名评阅与学位论文答辩中均获得了专家们的肯定评价。三位匿名评阅专家的意见代表了本书的价值。第一位匿名评阅专家指出：“学术委员会是体现高校学术权力的重要组织。论文以大学二级学院的学术委员会为研究对象，分析了我国大学二级学院学术委员会的组织属性和基本功能，考察了二级学院学术委员会功能发挥的现状及其影响因素，提出了充分发挥二级学院学术委员会功能的建议。论文对于高校去行政化改革具有重要的现实意义。论文选题新颖，研究视角独特，文献资料丰富，论证较为充分，研究方法规范，提出了具有一定建设性的结论和建议。”第二位匿名评阅专家指出：“该学位论文选题试图打开学术委员会运行的‘黑箱’，是一项重要且有意义的工作。论文沿着理想—实践—应然的路线，运用深度访谈方法，对院系学术委员类型、影响因素进行了分析，逻辑清晰、研究方法得当。特别是基于帕森斯的结构功能主义搭建的研究分析框架条理清晰，是很好的创新点。研究进行的类型学划分和现实图景展现了作者具备了独立从事本学科研究的基本能力，构建的包括合法性、自主性、有效性、效率性的评价体系具有一定参考价值。总体来看，是一篇较为扎实的博士学位论文。”第三位匿名评阅专家指出：“论文对三个案例一流大学的二级学院学术委员会功能发挥进行了研究，选题对于提升院系治理能力有直接的借鉴意义。论文在文献综述的基础上，借鉴组织学相关理论，以案例研究为主，结合质性访谈材料，对三所案例大学二级学院学术委员会功能发挥进行了画像式的分析与描述，在揭示现状的基础上发现问题，并基于问题提出了优化大学二级学院学术委员会功能发挥的建议与意见。论文内容丰富、材料真实、分析较为深入，反映出作者掌握了高等教育学的基本知识与研究方法，达到了教育学博士学位论文的要求。”

学术同行的认可无疑是对学术新人的鼓励和鞭策。虽然专著已经完成，但有些研究并未结束。如作者根据案例高校发现存在四种类型的学院学术委员会组织，难道仅此四种？是否还有未曾关注到的盲点？马克斯·韦伯的“理想型”理论确实是有效的理论工具，但并非万能的，无法涵盖丰富的高等教育实践活动，似乎可以通过更多的实地研究发现更多的学术委员会建设模型。再有，国外高校二级学院学术委员会运行的经验是什么？我们该怎么吸收？可以说，国外大学在学术权力运行方面具有更成熟的经验，非常值得学习与汲取。但受作者个人的经历和精力限制，无法回应这些问题，这也是其未来努力的方向。

我始终认为，学术委员会建设虽然有规律可循，但并无标准方案存在，不同学校需要根据自己的条件进行摸索和创造，只要从促进学术原创性成果生产目的出发，就能够积累越来越多的成功经验。田芬博士的探索是对这些经验的初步总结。她在学术探索过程中带有一种“初生牛犊不怕虎”的学术热情，这种热情也是她的研究取得成功的动力所在，也是她未来获得更大成功的基础。我这次在总序之外又破例为田芬博士这本书作序，就是为了表达我对她的学术探索勇气的褒扬，也希望她能够继续努力，在大学治理领域取得更大的成果，扎实地为我国“双一流”建设做出贡献，在我国大学二级学院学术委员会功能研究方面有所建树，真正发挥高等教育学术对高等教育实践的引领作用。

王洪才

2022 年 11 月 23 日

前 言

随着高等教育治理现代化的推进,大学内部治理的重视程度不断得到提高。为了适应从“大学办学院”到“学院办大学”的办学策略转变,我国一流大学需要在二级学院层面逐渐实现“教授治院”,积极推进学院学术委员会在二级学院治理中发挥实质性的功能。然而,由于我国一流大学二级学院学术委员会的建设缺乏权威的规范性指导意见,导致实践领域存在相当程度的认知缺失,使其基本功能发挥的效果不佳。因此,有效地促进我国一流大学二级学院学术委员会发挥功能、探索有效的学院学术委员会建设模式具有重要的现实意义与学术价值。

本书按照以下思路展开:首先,通过对学院设置、学院治理、学术委员会运行现状三方面的文献综述梳理,证实“我国一流大学二级学院学术委员会功能”这一研究主题是一个重要的理论问题和实践议题。其次,基于切斯特·巴纳德的组织理论和帕森斯的结构功能主义理论,推导出我国一流大学二级学院学术委员会的理想功能定位及本研究的分析框架。再次,通过对我国三所一流大学的质性调查,了解这些高校的二级学院学术委员会功能发挥的实际状况并探索其影响因素。最后,对以上分析结果提出可行性的研究建议,并进行归纳提炼,得出研究结论。

通过文献梳理发现,关于大学二级学院学术委员会建设的研究仍然是一个新课题,研究者寥寥,成果稀少,具有影响力的成果缺乏;基于切斯特·巴纳德的组织理论,发现我国一流大学二级学院具有多重组织属性,即学术属性、经济属性、科层属性和政治属性,而学术属性是二级学院的本质属性;基于帕森斯的结构功能主义,发现学院学术委员会的功能受到权力系统、制度系统、文化系统和人格系统四大系统的影响。这些构成了本书的基本分析框架。

综合巴纳德的组织理论和帕森斯的结构功能主义，我国一流大学二级学院学术委员会的理想功能的构建需要遵循共治逻辑、学术逻辑和限度逻辑。作为学院内部最高的学术决策机构，我国一流大学二级学院学术委员会与学院内部的行政系统之间应该建立良性合作的关系，在学科建设、学术招聘、学术晋升和教师评奖评优等核心学术议题中发挥实质性的作用。

通过质性研究发现，基于"干预程度-治理效果"的维度划分，样本高校的二级学院学术委员会功能发挥现状呈现出四种类型："象征型""共生型""冲突型""悬置型"。"象征型"学院学术委员会是由二级学院担任行政职务的教授组成，发挥象征性作用；"共生型"学院学术委员会是由学术人员主导，在学术招聘、学术晋升、评奖评优等主要学术事务上发挥实质性的作用，与二级学院的行政班子之间形成良性合作的关系；"冲突型"学院学术委员会全部是由无行政职务的教授组成，受到来自以二级学院院长为代表的行政班子和党政联席会等二级学院内部行政机构的限制，造成学院学术委员会与这些机构之间的冲突；"悬置型"学院学术委员会主要是由没有行政职务的教授构成，其运行过程完全受以二级学院院长为代表的行政领导班子的钳制，从而难以在学院治理中发挥实质性的作用。其中，"共生型"学院学术委员会是最为接近理想的学院学术委员会组织模型。

为了建设有效的学院学术委员会，我国一流大学应该采取四大措施：第一，规范制度系统，包括完善大学章程、增进制度认同感、适时调整制度；第二，协调权力系统，包括学校向二级学院下放权力、二级学院内部的行政权力和学术权力协调、学院学术委员会内部不同委员之间的权力平衡；第三，培育信任文化，防止不良的关系文化、圈子文化、学缘文化等亚文化的渗透；第四，重视涵养学院内部核心行动者的独立人格。本书有两大发现：第一，案例学校内部存在"象征型""共生型""冲突型""悬置型"四种类型的学院学术委员会。第二，案例学校内部二级学院学术委员会功能的评价指标应包括合法性、自主性、有效性和效率性四大要素。

目　录

第一章

绪 论

高等教育治理体系是国家治理体系的重要组成部分。在促进高等教育治理现代化进程中，大学需要加强内部治理。为实现大学内部治理现代化，高校需要加强二级学院治理现代化，而促进二级学院治理的根本在于强化二级学院内部的学术委员会为载体的学术治理。

第一节 我国一流大学二级学院学术委员会的研究背景

本书始于对实现高等教育治理现代化理想的追求，旨在通过对我国一流大学二级学院内部学术委员会功能的研究，为推进“双一流”建设提供内生动力。高等教育治理可划分为三个层次：宏观层次的治理，聚焦点是政府与大学之间的权力博弈；中观层次的治理，聚焦点是大学校一级决策权的分配；微观层次的治理，聚焦点是高校与二级学院内部的权力配置，包括学校与学院之间的权力分配和二级学院内部不同治理机构之间的权力划分。

本书聚焦于微观层次治理，选取我国3所一流大学的二级学院学术委员会为研究样本。“我国一流大学”特指2017年教育部公布的“双一流”建设高校中的42所世界一流大学建设高校（A类36所，B类6所）。[①] 本书聚

① 中华人民共和国教育部.教育部 财政部 国家发展改革委关于公布世界一流大学和一流学科建设高校及建设学科名单的通知[EB/OL].(2017-09-21)[2021-01-20].http://www.moe.gov.cn/srcsite/A22/moe_843/201709/t20170921_314942.html.

焦于我国一流大学有三大原因：其一，"一流大学"是一个具有时代精神的概念。一般认为，一流大学是指能够成功地发挥创新人才培养、基础研究和开展核心技术研发、服务国家战略需求等职能的大学，衡量一流大学的标准是一流的学科、师资和研究成果等。① "学院学术委员会"泛指二级学院内部的最高学术治理机构，在有些二级学院中的名称可能是"教授委员会"。我国一流大学的学院学术委员会在学科规划、选聘优秀师资队伍和打造创新性科研成果方面发挥着极其重要的作用。其二，我国一流大学具有较好的学术底蕴、创新型的学术氛围以及卓越的学术追求。这些特质决定了一流大学二级学院学术委员会在学院治理中的功能具有典型性和示范性。这种典型性在于一流大学中的学术权力能发挥更大的作用，②决定了我国一流大学的学院学术委员会建设更可能具有成功经验，同时也需要正视其探索过程中的经验教训。其三，我国一流大学在新时代承担重要使命，有责任在中华民族伟大复兴中提供智力资源和支撑作用，有义务为人类文明的发展做出重大贡献。在我国，一流大学一般均为研究型大学。因为研究型大学代表学术发展前沿，而且在教育系统中具有重要地位，"研究型大学代表了学术机构的顶尖水平，虽然只是当代学术系统的一小部分，它们的地位却至关重要"③。但是，目前我国一流大学还存在一些亟须解决的基本问题，需要提高国际影响能力。④ 因此，以学院学术委员会这个学术治理机构为切入点，探索推进我国一流大学建设的路径具有十分重要的理论意义和实践意义。

一、底层突破："学院办大学"理念下的学院治理

随着我国高校招生规模的不断扩大，我国一流大学逐渐成为巨型大学。传统的大学统一管理二级学院的模式，被概括为"大学办学院"。"大学办学院"有利于学校集中分配人力、物力、财力等资源，做好全校范围内的学科建

① 清华大学教育研究所.创建一流：国家意志与大学精神的结合：一流大学建设的理论与实践学术研讨会综述[J].中国高等教育，2003(12)：16-18.

② 刘爱生，王文利.中国高校内部治理的现状、优化及其创新：访浙江大学教育学院院长顾建民教授[J].重庆高教研究，2018(2)：122-127.

③ 菲利普·G.阿特巴赫，张炜，刘进.高等教育的复杂性：学术与运动生涯[J].中国高教研究，2018(5)：10-19.

④ 常桐善.中国高等教育的国际影响力[J].复旦教育论坛，2019(5)：9-13.

设规划。但是，学校的统一管理容易忽略二级学院发展的差异性，可能存在效率不高的风险。在传统的"大学办学院"的模式中，学院在行政上从属于大学。二级学院一般都是被动的考核方，在学科建设、教学质量、科研成果等方面需要接受学校层面的考核。例如，电子科技大学于2013年学校考核各学院(部)四年目标任务的完成情况，①考核指标一般包括杰出人才增加数量、国家科技大奖获得情况、科研经费、国家级人才、国家自然科学基金重点项目资助等，也包括学生出国率、深造率、本科生就业率、研究生就业率等。考核后发现，每个二级学院的任务完成情况存在一定的差异，有些二级学院能够超额完成或者准时完成，也有一些二级学院不能完成。显然，这些任务的完成情况会影响学校对二级学院的资源分配和重视程度，使得不同二级学院之间形成发展的不平衡。

为了实现大学的办学目标且提升办学效率，大学内部必须以学院为重心，实行分权管理。② 大学内部治理中权力应该主要分布在学院中层，即符合"大学内部治理的中位原则"。③ 为了改变"大学办学院"的劣势，突出大学内部二级学院的主体地位，石中英明确提出"学院办大学"④的概念，掀起"学院办大学"的理论思潮。当然，在"学院办大学"理念下，二级学院作为教学、科研、国际交流等基本职能的主体，可以依据其发展的现实情况制定有针对性的考核任务，从而激发二级学院的办学积极性，促使学院在教学、科研、社会服务及文化传承过程中的主体性地位得到提升，将学院从自主权和话语权比较小的改革对象转变为改革的发起者和获益者。

我国一流大学开始采取有力的措施，推进"学院办大学"。以中山大学为例，⑤其采取的主要举措，包括依据不同的二级学院的学科性质，二级学院主动制定发展目标与学校签署有效的协议，学校逐步下放招生、专业设

---

① 电子科技大学.学校考核各学院(部)四年目标任务完成情况[EB/OL].(2013-11-28)[2021-04-27]. https://news.uestc.edu.cn/?n=UestcNews.Front.Document.ArticlePage&Id=928.

② 李泽彧，姚加惠，朱景坤.我国巨型大学的管理与组织模式研究[M].厦门：厦门大学出版社，2007:17.

③ 王洪才.中国大学模式探索：中国特色的现代大学制度建构[M].北京：教育科学出版社，2013:182.

④ 石中英.大学办学院还是"学院办大学"[N].人民日报，2016-05-10(13).

⑤ 中山大学转变办学管理模式："校办院系"改为"院系办校"[EB/OL].(2018-10-16)[2021-04-27]. https://www.sohu.com/a/259859501_176673.

置、人才聘用、职称晋升等领域的权力，从而保障二级学院的自主权。尽管部分研究者发现“学院办大学”的理念在现实中并不理想，[①]存在学校层面下放权力的困境、二级学院在竞争与稳定之间协调的困境、变革方式上下协同的困境，[②]甚至存在学院治理能力不高的风险、校院两级分权运行的风险、学院办学目标偏离的风险。[③] 为了有效地防范这些风险，我国一流大学内部的二级学院应该加强治理，完善治理体系，做好权力接管，具体包括重点推进党委会制度、党政联席会议制度、学术委员会制度、学院内部的教职工代表大会制度等制度建设，确保学校向二级学院下放的各项自主权能够规范有效地运行。

二、教授治院：学院学术委员会的重要使命

二级学院的院长作为学院的核心领导者，通常主管学院内部的多项工作，包括学科建设、人事工作、财务工作等。毋庸置疑，我国一流大学的二级学院需要卓越的院长。但是，二级学院的院长不可能独自承担起二级学院全部的决策任务和决策风险。尽管在我国一流大学内部，二级学院院长本身的学术水平一般较高，但是二级学院院长的治理能力会受到主客观因素的影响。学校层面领导的个人偏好、学科水平差异、学校内部院长选拔机制等因素的影响，使得二级学院的院长的选择受到一定程度的限制。同时，二级学院院长个人不可避免地具有自身的研究偏好、个人利益诉求及自身决策理性的有限性等主观因素。二级学院院长个人是有限的理性者，不可能对学院内部所有事务进行全面、合理地解决。这些因素都使得二级学院的院长个人在学院治理中的作用是有限的，而且其权力是需要受到制约的。当然，这些并不能表明要限制和否定院长在学院治理中发挥作用。

为了更好地发挥二级学院的院长在学院办学中的作用，高校应该构建以学院为基础的分治结构，在学院治理中吸纳教师、学生及其他利益相关者

---

① 符平，冯浩，孙天亮，等．“学院办大学”：理想类型与现实境遇[J]．国家教育行政学院学报，2019(12)：59-66．

② 张烨．“学院办大学”：西方传统与中国实践[J]．清华大学教育研究，2022(1)：70-77．

③ 张庆奎，张兄武．“学院办大学”：本质、意义、路径与风险防控[J]．江苏高教，2021(6)：51-57．

广泛参与。学院学术委员会成为提高二级学院治理能力的重要一环，是学院层面实现"教授治院"的重要尝试。具体而言，我国一流大学重视和发挥学院学术委员会功能，基于以下三点原因。

首先，二级学院层面学术委员会的设置是相对广泛的。在 2014 年之前，不同的高校根据自身的需要自发地探索学院内部的学术管理机构。2014 年，教育部发布的《高等学校学术委员会规程》，详细地规定"在院系(学部)设置或者按照学科领域设置学术分委员会。"[①]这一原则性的规定为设置二级学院学术委员会提供了有利的制度环境。二级学院学术委员会在实践中的情况，可能是由教授委员会或者聘任委员会代行相关职能。

其次，二级学院需要设立学术委员会并发挥该机构的作用，具体原因如下：第一，二级学院设立学术委员会，有利于构建学术本位的院级治理结构。因为"大学是学院共同体，学院是教授共同体"[②]。二级学院与学术的关联最为直接和密切，教授对所在专业领域的发展情况更加了解，可以调动教授参与所在学院的治理。第二，学校注重激发二级学院的办学活力，需要发挥教授们参与学院治理的能动性。因此，学院充分发挥学院学术委员会这一机构在学术晋升、学术评价和学术仲裁等重要学术事务中的作用，真正做到"学术的事，多听教授的"。[③] 第三，二级学院学术委员会的建设目标设定为"教授治院"，即构建学院新型的教授共同体，[④]具体是调动学院的教授参与学院学术事务决策的积极性，提升教授们的学术治理能力，从而促进学院学术事务得到公正地解决。从这个意义上而言，我国高校的学术委员会改革方向是学校和学院两级学术委员会应该作为实质性的学术治理机构。

最后，高等教育的实践者已然意识到二级学院学术委员会的必要性。一方面，我国一流大学的校长呼吁重视发挥学院学术委员会在重要学术事

---

① 中华人民共和国教育部.高等学校学术委员会规程[EB/OL].(2014-01-29)[2021-04-27]. http://www. moe. gov. cn/srcsite/A02/s5911/moe _ 621/201401/t20140129 _ 163994.html.

② 马陆亭.大学应明确以教师为中心：对一种流行观念的反思[J].探索与争鸣，2017(8)：53-55.

③ 杜玉波.加快推进大学治理体系现代化[N].光明日报，2020-04-07.

④ 马陆亭."双一流"大学要树立"院长比校长还厉害"的理念[EB/OL].(2019-06-03)[2021-04-27].http://www.360kuai.com/pc/9e8cb87c054631e95? cota＝3&kuai_so＝1&sign＝360_57c3bbd1&refer_scene＝so_1.

务决策中的作用，从而避免所在学院、学科不会“学术塌方”。① 另一方面，二级学院学术委员会能够根据学术标准和学术判断做出公正透明的学术决策。以我国某一流大学的二级学院学术委员会处理一起举报事件为例。该学院某位专任老师的研究成果被人举报为“反马克思主义”。此事件立即引起了学院的高度重视。于是，该学院的学术委员会通过审慎的学术判断，最后做出专业评议，决议结果得到学术同行的广泛认可。② 该案例表明，我国一流大学二级学院的学术委员会能够发挥依据学术规则做出决策的功能，学院学术委员会的功能的发挥需要大学赋予二级学院学术委员会更大的学院治理的参与权。

三、效果不佳：学院学术委员会的实施情况

2014 年，教育部颁布的《高等学校学术委员会规程》为高校设置学院学术委员会提供了合法性依据。至此，我国大学在学校层面有清晰的“党委领导、校长负责、教授治学、民主管理”的现代大学制度框架，从而厘清了党委的政治决策权、校长的行政管理权、学术委员会的学术权力和教职工代表大会的民主权之间的关系，并将学校层面的学术委员会确定为学校内部最高的学术治理机构。但是，该规程并未做出学院学术委员会是学院内部最高学术治理机构的详细规定。因此，目前我国仍然缺乏关于现代学院制度的明确规范和一致认识，从而学院内部不同治理机构的关系尚不明确，导致学院学术委员会的运行不畅、效果不佳，体现如下。

第一，二级学院学术委员会的功能定位和负责的议题不明确。二级学院的学术委员会的功能定位到底是二级学院内部的学术决策机构、学术评价机构、学术审议机构还是学术咨询机构？如果该机构是学术决策机构，二级学院的学术委员会就可以自主地做出学术决策，不受外在因素的干扰。如果该机构是学术咨询机构，那么二级学院学术委员会做出的学术判断就只能是为学院行政提供参考咨询。此外，二级学院学术委员会到底负责哪

① 四川大学.校长李言荣在研究生教育工作会上的讲话[EB/OL].(2021-01-03)[2021-01-20].http://news.scu.edu.cn/info/1143/34983.htm.

② 朱永杰.终于，关于“不当言论”，北师大让我们看到了期望之光[EB/OL].(2020-05-07)[2021-01-20].https://wenku.baidu.com/view/4563aecf73fe910ef12d2af90242a8956becaa08.html.

些议题？该机构究竟是负责学科规划、学术招聘、学术晋升等核心学术议题，还是负责学院内部并不重要的事务？理想上，二级学院的学术委员会应该是学院内部的最高学术决策机构，负责学科建设、学术晋升、教师招聘等核心的学术事务。但是，由于当前二级学院学术委员会的功能定位和范畴都不明确，使得二级学院学术委员会的运行状况仍然处于一种不确定的状态中。

第二，二级学院学术委员会与其他学术治理机构的关系不清。如与学院内部的教授委员会关系就是典型的例子。目前我国一流大学设置学院学术委员会与教授委员会情况主要分三种类型：(1)仅设置学术委员会；(2)仅设置教授委员会；(3)同时设置教授委员会和学术委员会。其中，在一些规模较大的二级学院中，教授委员会由学院全体教授组成；学术委员会则由更具资历的教授组成，学术委员会为最高的学术决策机构。[①]

第三，二级学院学术委员会成员的构成存在争议。比如，学术委员会是否应该有行政人员参与存在争议。大多数高校允许有一定比例的行政人员参与二级学院的学术委员会，有高校规定二级学院的所有行政人员都不能参加学院学术委员会。

第四，二级学院学术委员会的章程规范性欠缺。当前，我国一流大学学校层面学术委员会章程是比较规范的。虽然学院层面的学术委员会制定了运行条例，在名义上是依据学校层面学术委员会章程和议事规则制定的，但是在实施过程中往往流于形式。

四、认知缺失：学院学术委员会的功能定位

本研究中学院学术委员会功能定位的“认知缺失”是指学校、学院及其专任教师对学院学术委员会的功能定位、运行状况都普遍缺乏了解，从而使得该机构的运行状况显得比较神秘，其具体体现如下。

第一，二级学院学术委员会的组织属性的定位存在分歧。比如，有一流大学的二级学院将学术委员会定位为行政机构，如华南理工大学体育学院[②]、

① 这些分类是根据各一流大学内部大多数学院的机构设置情况提出的，也有少数学院进行个性化探索。

② 华南理工大学.体育学院的学院架构[EB/OL].[2021-10-08].http://www2.scut.edu.cn/spe/2592/list.htm.

华中科技大学建筑与城市规划学院[①]、武汉大学水利与水电学院[②]、山东大学(威海)翻译学院[③]。(见图 1-1)实质上,学院学术委员会应该定位为学术治理机构。

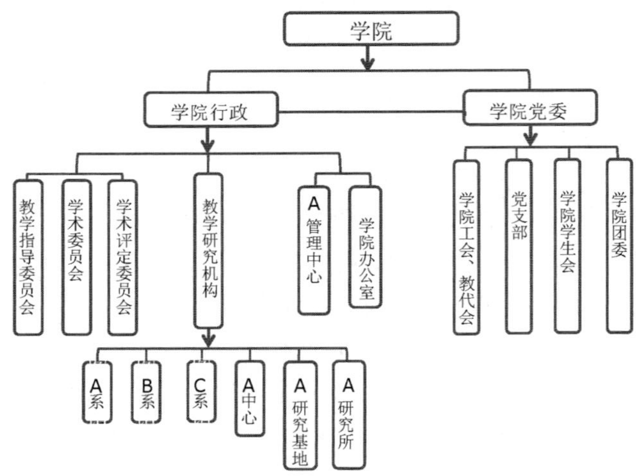

图 1-1　学院学术委员会定位为行政机构

第二,学校学术委员会与二级学院学术委员会的关系不清。一般而言,为了保证学术事务处理得到层层把关,大学内部学术治理体系的组织结构为“校级学术委员会—学部学术委员会—学院学术委员会”。而在现实中,学校层面的学术委员会与学院层面的学术委员会之间的关系并未厘清。比如,北京大学[④]、北京航空航天大学[⑤]、北京师范大学[⑥]等的章程规定二者为

① 华中科技大学.建筑与城市规划学院组织机构[EB/OL].[2021-10-08].http://aup.hust.edu.cn/xygk/zzjg.htm.

② 武汉大学.水利水电学院组织机构[EB/OL].[2021-10-08].http://swrh.whu.edu.cn/xygk/zuzhijigou/.

③ 山东大学.山东大学(威海)翻译学院学院机构设置[EB/OL].[2021-10-08].https://fyxy.wh.sdu.edu.cn/xygk/jgsz.htm.

④ 北京大学.北京大学新闻网[EB/OL].(2015-04-28)[2021-10-08].http://pkunews.pku.edu.cn/xwzh/2015-04/28/content_288462.htm.

⑤ 北京航空航天大学.北京航空航天大学章程[EB/OL].(2016-01-21)[2021-10-08].http://xxgk.buaa.edu.cn/info/1017/1083.htm.

⑥ 北京师范大学.北京师范大学信息公开网站[EB/OL].[2021-10-08].http://xxgk.bnu.edu.cn/xxgkml/xqgk/159704.htm.

监督与被监督、指导与被指导的关系。“监督与被监督”是不同治理层级的权力制约关系；而“指导与被指导”则会使得较高层次的学术委员会可能会进行权力越位，去处理二级学院的具体学术事务。高校与二级学院层面学术委员会的关系不清，会在高校运行过程中留下一定的隐患。比如，1999年，刘燕文诉北京大学案，该案引发的讨论是学校层面学术委员会与学院层面学术委员会的关系定位问题。①

第二节　研究意义

本研究调研我国一流大学二级学院学术委员会的功能发挥情况，基于对切斯特·巴纳德（Chester Barnard）的组织理论和塔尔克特·帕森斯（Talcott Parsons）的结构功能主义理论的调适，推导出理论分析框架，在此基础上构建我国一流大学二级学院学术委员会的理想功能；之后，运用质性研究范式调研学院学术委员会功能发挥的现状，探究影响学院学术委员会功能发挥的主要因素，求索通过制度调整、权力重塑、文化培育和人格涵养促进我国一流大学二级学院学术委员会功能发挥的有效建议。这对促进当前我国一流大学二级学院学术委员会的建设具有重要的理论价值和实践意义。

一、理论意义

研究我国一流大学二级学院学术委员会功能问题具有重要的理论意义。学院学术委员会是二级学院内部重要的学术治理机构，要阐明学院学术委员会的功能定位问题需要组织理论和结构功能主义理论结合的理论支撑。

（一）明确高校二级学院的多重组织属性和根本组织属性

本书选择的基础理论是切斯特·巴纳德的组织理论。该理论的代表力作是《经理人员的职能》（*The Executive of Function*），主张从组织本质的属性出发，探求适合组织的有效治理路径。本书详细阐释高校二级学院是

① 湛中乐，李凤英.刘燕文诉北京大学案：兼论我国高等教育学位制度之完善[J].中国教育法制评论，2002(0)：318-344.

包括学术性、经济性、科层性、政治性四种组织属性的组织。这既表明了二级学院这一组织的复杂性和多面性,也决定了二级学院组织不能照搬其他组织(如企业、政府等组织)的管理方式。为了探索适用二级学院组织自身的治理方式,需要在二级学院的多重属性中,确定学术性是其最根本的组织属性。

(二)构建学院学术委员会功能发挥的理论解析框架

本书的核心理论支柱是帕森斯的结构功能主义。在该理论视角下,组织是一系列相对稳定和规范的系统,并包括多个子系统。在此理论的启示下,本研究将高校二级学院这一组织划分为四个子系统,包括制度系统(硬法、软法)、权力系统(学术权力、行政权力)、文化系统(学校、学科、学院传统等综合因素形成的文化)和人格系统。学院学术委员会功能发挥不是受制于表面的组织结构安排,而是受四个子系统的影响。

故而,本书以切斯特·巴纳德的组织理论为基础,以帕森斯的结构功能主义理论为支柱,构建我国一流大学二级学院学术委员会功能发挥的分析框架,描绘理想学院学术委员会的基本图景,分析了学院学术委员会功能发挥现状的基本事实并探究其影响因素。显然,这对解决我国一流大学二级学院学术委员会功能发挥不佳、促进有效的学院学术委员会建设具有重要的理论指导意义。

二、实践意义

本书通过实证调研我国一流大学二级学院学术委员会的运行现状,希望能够增进高等教育实践者对我国一流大学的学院学术委员会的认知,为促进我国一流大学的学院学术委员会建设服务。具体而言,我国一流大学二级学院学术委员会功能研究对于促进个体的学术职业发展、学术机构运行、“双一流”建设都将发挥积极作用。

从微观层面讲,我国一流大学的学院学术委员会功能的研究有以下三个目的:第一,调动学院学术委员会委员参与学院治理的积极性;第二,促进学院学术委员会在学术招聘、学术晋升、评奖评优等学术事务中公正地做出学术判断,有利于为个体的学术职业发展营造平等正义的学术环境,帮助个体学术职业发展获得成功;第三,为我国一流大学二级学院院长减轻学术决策压力,并对院长的学术治理权进行有效规范,从而达到实现优化学院行政系统与学术委员会之间的权力配置的目的。

从中观层面讲，研究我国一流大学的学院学术委员会的功能发挥状况，旨在促进不同类型的大学建设有效的学院学术委员会。具体而言，包括三种不同类型的高校：第一类为已经成立学院学术委员会的二级学院，在学院学术委员会功能定位、委员构成、权力重塑、文化培育、人格涵养等维度进行对照反思；第二类为正在探索建设学院学术委员会的二级学院，在学院学术委员会功能定位、委员构成、运行机制、监督机制反思方面提供指导性建议；第三类为未成立学院学术委员会的新建二级学院，提供建设动力和启发意义。总之，我国一流大学二级学院学术委员会有效治理模式的探索，有利于建构本土化的学术委员会有效治理模式。

从宏观层面讲，研究我国一流大学的学院学术委员会功能有助于促进"双一流"建设。在"双一流"建设背景下，我国一流大学肩负时代重任，需要招聘并留住优秀的教师，创新一流的学术成果。美国芝加哥大学(University of Chicago)校长罗伯特·哈钦斯(Robert Hutchins)认为："成为一流大学的途径就是要拥有优秀的教师。"[①]我国一流大学二级学院学术委员会在遴选优秀教师、为教师提供参与学院治理的机会等方面能够发挥实质性作用。此外，有效的学院学术委员会能够秉持学术判断，公平公正地对教师的学术晋升、学术聘任或评奖评优等核心学术议题做出处理，为二级学院营造公平的学术发展环境。这些不仅是实现一流大学二级学院卓越发展的前提，还有利于促进一流大学实现学术卓越和涵养自主创新的大学精神气质，也是推动"双一流"建设的基础。

第三节　研究述评

"学院学术委员会功能研究"这一主题相关的代表性文献，主要分为三类：一是关于学院制研究，包括学院制的内涵、运行模式等主题的文献；二是关于学院治理研究，主要是探索学院治理内涵、困境、治理路径等主题的文

① 墨菲，布鲁克纳.芝加哥大学的理念[M].彭阳辉，译.上海：上海人民出版社，2007：99.

献；三是关于学术委员会研究，包括学术委员会的性质、功能、存在问题及解决路径等主题的文献。本节内容对这三类文献的整体分析，有利于呈现学院治理研究的整体图景，为寻找探索学院学术委员会在学院治理中合理功能定位提供借鉴。

一、关于学院制的相关研究

(一)关于大学学院制内涵研究

学院制的研究离不开对学院制内涵的探讨。关于学院制的内涵，目前主要有三种代表性观点。第一，“管理制度说”。学院制在本质上是一种管理制度，其构成要素包括管理者、管理机构、管理手段和管理方法等。[①] 学院的管理有利于减轻学校管理的压力，并在一定程度上提高管理的效能。第二，“有效组织结构和管理理念说”。学院制既是一种组织结构形式，还是一种管理理念。[②] 这一种概念界定超越表面的组织结构安排，转向组织结构安排背后的思想。第三，“管理模式说”。学院制是大学以二级学院为实体性主体和管理重心，实现二级学院的人才培养和学科发展等职能的管理模式。[③] 杨如安进一步指出学院制这种管理模式具有实体性、主体性、自主性三大特征。[④] 实体性是指设置的二级学院应该是有组织机构、人财事务的管理实体；主体性是指学校的活动应该都为二级学院这一教学科研主体服务；自主性是指二级学院能够对内自主决策，对外自主参与吸引资金、社会办学等活动。该管理模式的核心是实现党、政和学术权力的分工协作。学院制的运作模式中要合理划分学校与学院的权责关系，从而有利于协调大学管理中的集权与分权的关系。[⑤]

以上关于学院制内涵的三种理解都是从管理学的角度，体现学院制的出发点在于增强学院管理的实效性。大学实行学院制有利于大学内部的权

---

① 彭新一，李正.学院制改革：理论探讨与实践分析[J].华南理工大学学报(社会科学版)，1999(6)：107-110.

② 贺国庆.欧洲中世纪大学[M].北京：人民教育出版社，2009：157.

③ 严燕.学院制的内涵与学院的设置[J].教育研究，2015(10)：76-79.

④ 杨如安.学院制的内涵及其特性分析[J].教育研究，2011(3)：41-44.

⑤ 林筱文，林志铨，陈兴明，等.综合性大学中的学院制管理研究[J].清华大学教育研究，1999(2)：54-63.

力重心下移，从而促进人才培养工作和学科发展。

目前，我国大学二级学院的建制包括三种方式。第一，根据专业和组织机构的虚实情况，二级学院包括专业性学院、学科性学院、实体学院、虚体学院等四类。[①] 第二，以学科虚实为划分标准，二级学院包括学科性学院和非学科性学院（如特色学院和特殊学院）。[②] 二级学院的设置具有多样性，包括由原来的学系升格为学院、将相关的学科群组建成新的学院、按照产业或行业需求设置学院。[③] 第三，从学科发展目标的角度，学院制包括发展壮大已有的学科、整合多学科资源、创建新的学科、发展特色学科为目的的四类学院。[④] 这些分类表明我国大学内部存在多种多样的二级学院，其中最多的是学科性学院，这是每所大学的发展重心所在。

我国高等教育办学模式受过去苏联模式、当前各类评估的激励偏向[⑤]及高校办学传统等因素影响，存在学科壁垒和行政化严重等问题。[⑥] 当前我国大学二级学院设置的规范欠缺，造成学院数量多、学科分割严重，增加了学校的管理成本和管理难度。因此，学院组建原则既需要考虑学科性质、学校传统、国家需要及社会需求，[⑦]也应该遵循战略目标、学科发展、精干高效、权责对等和动态适应等原则。[⑧]

（二）学院制运行机制研究

一些研究者对学院制的研究转向学院内部管理，主要涉及学院内部的二级学院的院长角色和学院的运转模式。

在世界范围内，大学的学院制是一个兼具历史和现实的概念和制度。我国大学内部管理机构的设置包括四个阶段。[⑨] 第一阶段，大学内部实行

---

① 廖世平.部分重点高校实行学院制的调查分析[J].高等教育研究，1998(6)：38-42.

② 严燕.关于大学学院设置的规范性与灵活性问题[J].江苏高教，2005(5)：9-12.

③ 郭桂英.学科群与学院制[J].高等教育研究，1996(6)：42-46.

④ 林健.大学校院两级管理模式中的学院设置[J].国家教育行政学院学报，2010(10)：17-24.

⑤ 钱颖一.谈大学学科布局[J].清华大学教育研究，2003(6)：1-11.

⑥ 刘立华.我国研究型大学学院设置现状分析[J].中国电力教育，2010(6)：8-10.

⑦ 戚业国.论大学学院制度的形成、发展与改革[J].高等教育研究，1996(5)：17-22.

⑧ 林健.大学校院两级管理模式中的学院设置[J].国家教育行政学院学报，2010(10)：17-24.

⑨ 田芬.我国大学内部治理中校院关系的审视与重塑[J].浙江树人大学学报（社会科学版），2020(5)：101-105.

"学校—学院"的二级建制。在民国时期,高校引入并试行学院制,根据《大学规程》和《大学组织法》的规定,即"大学分文、理、法、教育、农、工、商、医各学院,须具备三个以上学院者,才能成为大学"。[①] 这条规定表明,大学的学科容量要高于专门学院。第二阶段,1952 年的院系调整后,大学内部实行"学校—系"两级管理模式。第三阶段,20 世纪 80 年代后,大学内部实行"学校—学院—系"三级管理模式。第四阶段,高等教育扩招以来,原来的"学校—学院—系"三级管理模式越来越不适应大学管理和学科发展的需要,实行学院制成为大学管理实践的迫切需求,从而改为"学校—学院/学系"的管理模式。因此,我国高校开始积极探索学院制。随着大学规模的逐渐扩大,大学内部开始探索设置学部制,实行"学校—学部—学院—学系"的四级建制。总体而言,我国高校实行学院制是为了更好地适应人才培养模式,改善大学管理、增强学科发展活力。[②]

关于学院制运行模式方面的研究。有研究总结出二级学院内部的三种运行模式:"学院—学科(专业)"管理模式、"学院—系"管理模式、"学院/学系/研究所—教研室"管理模式。[③] 第一种运行模式和第二种运行模式的二级学院通常为多学科的学院。有研究认为,大学内应该明确大学与学院两级的权责关系、建立健全学院内部领导体制、规范院系领导的岗位设置等建议。[④] 有研究指出,学院制运行模式中的突出问题是二级学院的自主权不足。因此,学校应该向二级学院下放相应的人、财、事、物的权力,促进学院自主运行。[⑤] 但是,学校层面认为向二级学院层面下放权力的前提是二级学院是值得信任的,具体是指二级学院在加强学科建设、教师队伍建设、制度建设等方面取得重要的办学成绩。但是悖论在于,二级学院认为能够做出这些办学成绩的前提在于获得足够自主权。在这种悖论中,大学内部逐

① 熊明安.中国高等教育史[M].重庆:重庆出版社,1983:380.

② 曹贵权,吴建秀.模式与道路:关于学院制的历史、运行机制和我国大学的学院制改革[J].中国高教研究,1997(2):80-82.

③ 史云峰,向绪金,朱骞.基于校院两级管理模式的学术组织创新[J].高教探索,2008(1):54-56.

④ 童蕊,胥青山.美国研究型学院运行机制的启示[J].高等理科教育,2009(3):62-66.

⑤ 宣勇.研究型大学的使命与组织结构的选择[J].教育发展研究,2005(11):30-33.

渐形成学校与二级学院之间的矛盾与张力。因此,有研究者提出学校和学院应实行责权利对称运行机制。①

有关二级学院院长角色的研究。有研究指出,高校二级学院院长是高校决策的执行者和学院的领导者。② 相关研究认为,高校具有学术共同体和行政管理体的双重特性,需要赋予二级学院的院长行政负责人和学术负责人的双重身份。③ 双重身份使得院长在学院管理中发挥着重要的作用。但是,二级学院院长的实然角色远比应然角色更为丰富多样。因为二级学院本身是多样的。尽管高校决策层不断地要求二级学院的院长承担学院发展的重大责任和运行风险,但是二级学院的院长或系主任在自评报告中诚实地指出,其角色扮演一般只能是团队建设者,但却很难是风险的承担者。④ 其中的原因在于,作为微观个体的二级学院的院长本身具有趋利避害的人性特征,而且二级学院发展的复杂性导致风险之大,是个体难以独自承担的。此外,有研究者分析二级学院的院长存在多元角色冲突、领导角色受到挑战、角色认知不明、角色负担过重等角色困境,并提出应该通过强化二级学院的院长的角色认知、优化选拔程序、创新考核内容、提升角色期待等途径缓解困境。⑤ 尽管这些研究体现了二级学院院长的重要性及其在管理过程中的多种角色冲突,也提出了一些解决措施,但尚未充分体现出二级学院的院长在具体事务处理中的复杂性。

关于学院领导体制的研究。2021 年,中共中央颁布修订的《中国共产党普通高等学校基层组织工作条例》,明确高校实行党委领导下的校长负责制,规定院(系)级党组织在宣传和执行党的路线方针政策以及上级组织的决议,通过党政联席会议讨论和决定学院重大发展事项、党组织自身建设、学院思想政治工作、党员与干部的教育管理工作、领导学院群团组织、学术

---

① 程勉中.责权利对称运行机制:大学学院制管理的创新思路[J].江苏高教,2005(1):55-57.

② 任初明.我国大学院长的角色冲突研究[D].武汉:华中科技大学,2009.

③ 姜华.高校二级学院院长的角色冲突[J].中国高教研究,2011(10):56-59.

④ CLEVERLEY-THOMPSON S. The role of academic deans as entrepreneurial leaders in higher education institutions[J].Innovative higher education, 2016,41(1):75-85.

⑤ 吴艳玲,刘耀."双一流"建设中二级学院院长角色分析:基于明茨伯格管理者角色理论[J].高等理科教育,2018(2):138-144.

组织和教职工代表大会等六个方面的职责，[①]为二级学院的运行提供一个总体框架。但是二级学院内部的领导制并无明确的规定。比如，关于二级学院的院长和党委书记的关系。基于二级学院的院长学术影响力的考量，有研究者建议我国大学二级学院内部实行党委监督下的院长负责制，并成立教授委员会等。[②] 也有研究者建议，高校二级学院建立党（党委书记、副党委书记）、政（行政领导）、学（学术委员会）三者共同负责、分工合作的机制，实行"党政学联会"制度。[③] 在高校二级学院的实践中，党委会、党政联席会在二级学院发挥重大的作用，而在学院内部成立教授委员会或学术委员会的建议虽然有学术界的共识，但是学者对其具体的研究相对缺乏。

（三）学院制问题及改革路径研究

学院制的建成并非一劳永逸，而是需要不断地改革，满足发展学科的需要和深化高校内部管理体制改革的要求。我国高校学院制建设中存在的关键问题是学校与学院之间的关系尚未理顺，二级学院存在自主权不足，突出的表现是学校与二级学院之间的责权利是不对等的，严重影响二级学院的办学主动性。[④] 我国大学的二级学院发展改革路径的核心是权力配置，[⑤]主要涉及三个研究主题，具体如下。

首先，学校和学院的权力配置问题，具体包括权力配置的前提、结构、原则和类型，分别如下：第一，从二级学院在高校办学中的角色定位寻找权力配置的依据。学校和二级学院权力配置的前提是明确其在学院办学中的角色定位，比如"学校是独立法人，学院是办事主体"，[⑥]或者"学校是决策与监督中心，二级学院应成为教学、科研、为社会服务的管理中心，系及教研室等应该成为质量中心"。[⑦] 第二，高校构建合适的权力配置结构。高校需要积

---

① 中共中央印发《中国共产党普通高等学校基层组织工作条例》[EB/OL].(2021-04-22)[2021-05-23].http://www.gov.cn/zhengce/2021-04/22/content_5601428.htm.

② 戚业国.论大学学院制度的形成、发展与改革[J].高等教育研究，1996(5)：17-22.

③ 严蔚刚.教授委员会在高校二级学院治理结构中的地位[J].复旦教育论坛，2013(4)：49-52.

④ 成长群，王晓飞，史文鹏.高校二级管理的 BSC 模式初探[J].高教探索，2010(3)：41-44.

⑤ 郑勇，徐高明.权力配置：高校学院制改革的核心[J].中国高教研究，2010(12)：24-26.

⑥ 郭石明.社会变革中的大学管理[M].杭州：浙江大学出版社，2004：108.

⑦ 曾令初.大学实行学院制后校院系基本职能探讨[J].高等教育研究，1997(3)：44-47.

极探索制定责权利对等的管理原则和合理可行的权力分配体系。比如，在大学与二级学院之间建立 M 型组织结构(Multidivisional Structure，事业部制或多部门结构)，具体措施包括按照学科门类重组二级学院。[①] 第三，高校与二级学院明确权力配置原则。有研究者提出，学院制改革中权力结构的调整，应当遵循行政权力和学术权力适当分离、明确行政权力职责、学校权力重心下移、权力去中心化、权力结构多元化等五个主要原则。[②] 第四，高校对二级学院的权力配置类型。有研究直接提出二级学院必须自主理财，具体包括被赋予独立的财权(专项使用经费和综合使用经费之间的关系)、独立的用人自主权及物权(自主购买和配备教学科研设备)三大权力。[③] 这些校院的权力配置问题的相关研究，提出了需要明确高校的角色定位、二级学院的合理组织结构、权力配置原则和权力分配清单，相对系统地呈现了校院之间的权力配置的可行路线。但是高等教育的生动实践远比学者的研究更为复杂，学校层面是否愿意下放权力、二级学院是否能够承担与学校下放权力相对等的责任和风险、哪些因素影响学校与学院的权力配置等，却是更加复杂的问题。尽管也有研究分析影响权力配置的因素，如包括传统的统一化学校管理思维。[④] 但是，如何突破这种观念障碍却成为高等教育实践的难题。

其次，学校向二级学院放权之后，学校对二级学院的管理方式成为研究重点。有研究提出，通过高校管理体制改革的理念更新、制度建设、完善绩效考核机制促进二级学院用好权力。[⑤] 在以往"院为实体"改革的基础上，大学开展"院系综合预算"和"协议授权"两项改革，积极探索校院协同治理体制。[⑥] 学校应对二级学院实行目标管理，施行促进院(系)自我

---

① 乔锦忠.试论 M 型结构在现代大学中的应用:试点学院改革的理论探索[M].国家教育行政学院学报，2014(5):31-35.

② 俞建伟.学院制改革与高校内部权力结构调整[J].现代大学教育，2001(4):66-68.

③ 宣勇，郦解放.自主理财:学院制实体化运作的权力基础[J].江苏高教，2001(5):33-36.

④ 刘新民，张莹，李芳.学院制下权力配置演变影响因素及对策[J].现代教育管理，2015(9):35-39.

⑤ 查永军.高校内部管理权力重心"下沉"阻力研究[J].高等教育研究，2018(8):32-37.

⑥ 杨颉.协同治理协议授权:探索校院二级管理改革新路径[J].中国高教研究，2017(3):12-16.

发展、自我激励的管理体制，有利于学校将管理重心下移。[①] 这些建议有利于学校对二级学院的监管，也有利于更好地实现学校向二级学院权力下放的初衷。

最后，为了建立真正的学院制，二级学院内部的权力配置也成为关键。二级学院内部的权力配置，包括二级学院的院长与党委书记之间、院长与副院长之间、副院长与系主任之间(或研究所的所长之间)的分工合作。例如，有研究者提议，基于多中心协同治理理论建立多中心主体现代化管理模式，以学院委员会决策、专业委员会执行、内外利益主体监督为主要方式，应对学院制面临多方利益主体共同参与的挑战。

二、关于学院治理的相关研究

高等教育治理最开始关注的是大学外部治理，聚焦于大学与政府的关系、[②]大学与市场的关系等研究主题，其目标是实现大学外部治理现代化。[③]随着大学治理现代化研究进程的推进，有研究者逐渐转向大学组织的治理，[④]包括协调大学外部治理与大学内部治理关系、[⑤]促进大学内部治理[⑥]等研究主题。在大学内部治理的研究中包括大学去行政化问题、大学的学术治理问题；大学内部治理机制的研究，包括构建治理结构、制定治理制度、培育治理文化；大学的二级学院治理，主要包括学院治理概念、学院治理对象、学院治理机制等研究主题。

(一)学院治理概念的研究

二级学院治理概念的探寻是为了明确学院治理的内涵，确定学院的可治

① 陈建芳，刘建强.高校教学院(系)目标管理的思考[J].中国高教研究，2011(9):57-59.

② 胡建华.必要的张力:构建现代大学与政府关系的基本原则[J].高等教育研究，2004(1):100-104.

③ 林杰，张德祥.中国高等教育外部治理现代化:理想目标、现实困境及推进策略[J].中国高教研究，2020(3):4-10.

④ 眭依凡.大学领导力提升:推进大学治理能力现代化的实践路径[J].中国高教研究，2021(1):10-20.

⑤ 胡建华.大学内部治理与外部治理关系分析[J].江苏高教，2016(4):1-5.

⑥ 眭依凡.转向大学内部治理体系创新:高等教育治理体系现代化的紧要议程[J].教育研究，2020(12):67-85.

理性及其明晰学院治理范畴的研究。学院治理概念主要有以下四种观点。

第一,“制度安排说”。大学及其二级学院治理是以利益相关者为契约主体、以大学法人财产为契约对象、以妥善处理冲突和多方利益进而实现公共利益为宗旨的一种大学及其二级学院决策制度安排。[①] 这是从“制度”视角界定学院治理,主张通过建立现代学院制度实现学院有效治理。

第二,“权力分配说”。美国学者罗纳德·艾伦伯格(Ronald Ehrenberg)认为,大学及其二级学院治理的关键是权力问题,即与“谁掌权、谁决策、谁发言、发言声音大小”有关。[②] 这种权力问题的实质就是不同利益群体间的关系及权力分配。[③] 在这种理解下,二级学院治理的核心是治理权力的合理配置及其科学运行。这是从“权力”视角界定学院治理,主张通过学院内外部权力的合理配置实现学院的有效治理。

第三,“互动过程说”。学院治理的本质是在学院公共利益最大化下,治理主体通过一定的制度和程序结构安排,进行权力分配、实现利益协调的过程。[④] 相较于“制度安排说”“权力分配说”两种概念界定中相对关注治理静止的特征,这种界定关注动态的治理过程。

第四,“内外关系说”。这种界定关注二级学院治理的内外部治理关系,包括内部关系治理和外部关系治理。二级学院内部关系治理是合理划分学院内部学术、行政、监督之间的权力关系和责任关系的边界,而学院外部治理是明确学院与大学及其他利益相关者的关系。[⑤] 这种概念界定的特点是“关系”比“权力”“制度”更加综合,视野更加开阔,但其缺点是更为抽象。

尽管关于二级学院治理的内涵众说纷纭,但实质上这些观点涵盖学院治理的三个核心要素:学院治理主体多元化、学院治理机制的权力分配合理化及其学院实现均衡发展的治理目的。具体而言,学院治理主体应该从单

---

① 龚怡祖.现代大学治理结构:真实命题及中国语境[J].公共管理学报,2008(4):70-76.

② 罗纳德·艾伦伯格.美国的大学治理[M].沈文钦,张婷姝,杨晓芳,译.北京:北京大学出版社,2010:4.

③ 卢小珠.从治理结构角度论公办高校管理体制的改革[J].改革与战略,2004(12):52-55.

④ 肖国芳,彭术连.治理视阈下高校二级学院分权治理研究[J].江苏高教,2017(2):37-40.

⑤ 钱颖一.学院治理现代化:以清华大学经济管理学院为例[J].清华大学教育研究,2015(2):1-6.

一化到多元化，学院治理机制是不同层次治理主体的权力分配，包括通过校院权力下放与学院内部的权力分配，学院治理的目的是实现各种主体之间的权力、责任和利益的平衡，促进二级学院实现科学均衡的发展。

（二）关于学院治理动因的研究

二级学院治理的动因主要是指学院治理的内驱动力。很多学者基于自身的研究视角总结出"自下而上说""内部动力说""外部裹挟说"三种代表性观点。

第一种，"自下而上说"。持这种观点的学者认为，学院治理已逐渐成为现代大学治理的核心所在。大学治理改革可以先行探索二级学院的治理改革，形成从二级学院到大学"自下而上"式的改革倒逼机制。[①] 与此相对应的是，从政府部门改革起而建立现代大学制度的"自上而下"式的改革路径。由于"自上而下"改革路径遇到巨大挑战，高等教育实践的需求和学者的抱负都期待寻求学院层面的突破，从而为整个大学治理寻找新的发力点。

第二种，"内部动力说"。持这种观点的学者认为，随着学校不断向二级学院下放权力，二级学院（系）在人、财、物方面的权力也在不断扩大。因此，学院层面有了治理需求、治理能力和治理必要，即大学的二级学院治理是保证大学事业健康发展的内在要求。[②] 学院治理不是一蹴而就的，而是在大学治理的不同阶段逐渐变迁的。大学治理大致可以划分为三个阶段：[③] 1949—1989 年的领导体制探索期、1990—2009 年的党政联席会议制度形成期、2010 年至今的大学内部治理结构完善期。这三个阶段的特征体现出大学治理变迁具有同质性、政策主导整个变迁过程、历史变迁具有阶段性和连续性。

第三种，"外部裹挟说"。持这种观点的学者认为，学院治理更多的是被大学层面的治理裹挟进去的，二级学院本身没有治理需要，而且没有为内部治理做好制度准备。[④] 在复杂的教育实践当中，各个学院之间的学科类型、发展水平、未来布局，以及院长、师资队伍等多方面因素的影响，使得二级学

---

① 周川."现代大学制度"及其改革路径问题[J].江苏高教，2014(6)：22-26.

② 张德祥.1949 年以来中国大学治理的历史变迁：基于政策变迁的思考[J].中国高教研究，2016(2)：29-36.

③ 张德祥，方水凤.1949 年以来中国大学院（系）治理的历史变迁：基于政策变革的思考[J].中国高教研究，2017(1)：1-7.

④ 王建华.学院的性质及其治理[J].中国高教研究，2017(1)：13-17.

院在一定意义上属于被动治理的对象。

简言之,"外部裹挟说"是从二级学院治理实践的现实角度来理解学院治理,而"自下而上说""内部动力说"是从二级学院发展的理想角度来理解学院治理。实际上,这三个维度都在一定程度上揭示了学院治理的必然性。在高等教育治理的浪潮下,学院治理的动因是复杂综合的,其治理前景是值得期待的。

(三)关于学院治理的理论资源研究

针对不同的"治理"问题,研究者们尝试借鉴了不同的理论资源。

第一,利益相关者理论。二级学院作为大学内部主要的办学实体,在管理过程中肯定受到利益相关者的影响。因此,研究者运用利益相关者理论,研究二级学院治理的相关问题具有理论的适用性,[①]即通过明确二级学院不同利益相关者各自的责权利关系,妥善地协调其矛盾和冲突,从而实现利益相关者共同参与学院治理。

第二,权力制衡理论。英国教育学家约翰·洛克(John Locke)和法国思想家夏尔·德·塞孔达·孟德斯鸠(Charles de Secondat, Baron de Montesquieu)等人确立了现代意义上的权力制衡理论体系,[②]在此基础上逐渐形成了分权与制衡理论。该理论运用到二级学院治理中,对大学与二级学院及二级学院内部权力关系进行制约和规范。

第三,法人理论。随着高校办学自主权从学校层面逐步向二级学院下放,但是二级学院却没有法人地位。因此,有研究者建议为了减少高校二级办学体制的障碍,高校应该基于法人理论对二级学院实行二级法人或赋予其代理法人地位。[③] 该理论的运用,旨在证实二级学院具有代理法人地位后,能够获得一定的自主权,从而激发办学活力。

第四,资源依赖理论。该理论认为,二级学院对大学、政府及市场都具有较强的依赖性。但是由于二级学院自身的资源有限,而从外部难以获得资源,加剧了其办学资源的紧张。因此,二级学院必须理顺并改善与大学、

---

① 聂锐,王迪,吕涛.利益相关者导向的二级学院组织治理研究[J].煤炭高等教育,2009(4):1-3.

② 孟德斯鸠.论法的精神[M].张雁深,译.北京:商务印书馆,1961:154-156.

③ 刘恩允.治理理论视域下的我国大学院系治理研究[D].苏州:苏州大学,2014.

政府及市场的关系。[①]

以上为学院治理研究的代表理论。这些理论与学院治理研究的契合性，拓宽了学院治理研究的视野，增加了学院治理相关研究的深度，促进了学院治理研究的繁荣。

（四）学院治理对象的研究

学院治理对象的相关研究主要是指针对学院发展存在的突出问题进行治理，包括学校和二级学院权力失衡导致二级学院主体地位缺失、二级学院内部的学术治理等问题。

一方面，学院治理的对象是指校院关系的问题。校院关系是二级学院外部治理的重要范畴，主要涉及学校与二级学院的权力问题。其一，关于学校向二级学院下放权力的类型成为一个基本的研究主题。比如，学校应该向学院下放本该属于二级学院的权力（治学权力）、二级学院治学需要能够用好权力。[②] 其二，关于学校向二级学院放权方式。有研究认为，差异化放权是大学实行区别对待的权力纵向配置方式，旨在解决放权给谁、放什么权和如何放权等问题。[③] 其三，关于二级学院获得权力之后的权力承接问题。有研究者提出，二级学院内部应该构建“以学生为中心、党政联席会议领导、行政领导班子成员行政、教授治学、民主管理、制度保障”的治理结构。[④] 在一定程度上，学校向二级学院下放权力已经成为相关学者的共识。

另一方面，学院治理对象是指对学院内部存在的问题进行治理，包括学院内部的权力治理、学术治理和学科治理，具体包括：第一，学院内部的权力治理。在学院内部治理的研究中，很多研究者同样关注学院内部的权力运行情况。刘恩允提出学院内部存在学术权力、政治权力、行政权力、经济权力和象征权力五种类型的权力，并提出需要构建“学术主导、分类驱动和综

---

① 李红宇.基于资源依赖理论探析中国大学自治：以“985 工程”建设为例[J].江西社会科学，2011(2)：238-241.

② 吴振利.《“放管服”意见》下的普通本科院校二级学院治理探讨[J].高校教育管理，2017(4)：31-37.

③ 叶文明.差异化放权：大学内部治理变革的策略选择[J].高等工程教育研究，2017(2)：134-138.

④ 肖国芳，彭术连.治理视阈下高校二级学院分权治理研究[J].江苏高教，2017(2)：37-40.

合改进”的现代大学二级学院治理结构的观点。[①] “权力”治理维度增加了学院治理相关研究的深度。第二，学院内部的学术治理。在学院内部最突出的问题是学术治理的问题。一般认为，教师参与学院的学术治理，能够提升学术决策的合法性和学科性，[②]但是当前学院的学术治理方式中是以“党政治学”为主导、学术委员会治理为补充的样态，其突出问题是学院学术治理中呈现出学术权力等级化。[③] 这些研究表明，当前学术委员会所发挥的作用是十分有限的。第三，学院内部的学科治理。在学科性学院中，学院可能包括一个一级学科或多个一级学科，学院依托学科而存在和发展。因此，学科治理是重要研究对象。目前，学院的学科治理经历了从人治到法治再到善治的过程，治理路径是确立教师参与学科治理、构建教师参与学科治理的激励机制、完善以教授为主体的学术委员会等学科组织结构。[④] 可见，学科治理是学院治理的关键，但学院治理的范畴大于学科治理。

“权力”是研究组织的重要而又古老的维度，为了建设真正的学院制、实现学院的有效治理需要重塑学校与学院的权力关系、实现学院内部的权力协调。这些研究表明，从“权力之眼”研究学院这一组织具有合理性，是相关研究者的共识，也启示后续研究发掘出新的研究视角，从而更加有效地解决高校二级学院发展中的实际问题。

(五)关于学院治理机制的研究

学院治理机制的研究是指对学院治理的具体方式进行的相关研究。在已有研究中，学院治理机制主要聚焦于完善治理结构、设计合适的治理制度和培育健康的治理文化。

关于完善学院治理结构的研究。针对学院治理中二级学院无自主权、校院之间权力失衡等问题，有些研究者认为，完善治理结构是提升二级学院治理能力的重要路径。具体而言，二级学院面临的主要问题是无办学主体地位、大学章程未发挥规范的作用、二级学院内部权力边界模糊等。针对这

---

① 刘恩允.治理理论视阈下的我国大学院系治理研究[D].苏州：苏州大学，2014.

② 张继龙.院系学术治理的权力圈层结构：基于教师参与的视角[J].高等教育研究，2017(4)：17-24.

③ 张继龙.基于协商民主的学院学术治理改革[J].教育发展研究，2017(5)：25-31.

④ 杨超.“双一流”建设背景下大学教师参与学科治理的困境及路径[J].学位与研究生教育，2018(9)：39-45.

些问题，相关研究认为，应该建立新型院校关系及完善二级学院治理结构。[①] 一些研究者聚焦于构建完善的治理结构，提出二级学院治理结构的改革要遵循“党为核心、行政管理、教授治学、民主参与”的基本原则，[②]建立由行政班子、党组织、教授委员会、二级教代会构成“四位一体”的二级学院治理机构，[③]或者是将二级学院的组织结构从窄型调整为宽型。[④] 国外的学者也认为，内部协商式的治理结构能够促进大学的有效治理。[⑤] 当这些研究者关注通过构建学院治理结构促进学院有效治理的时候，却忽视了对于“治理结构为什么对学院治理有效”这一基础问题的思考。在大学治理相关研究中，有研究者从大学组织的特性这一逻辑起点出发，提出作为理性组织的大学，需要通过完善的治理结构实现组织目标，而作为政治组织的大学很难通过改变治理结构达成有效治理。[⑥] 这种思考是基于大学组织特性出发，寻找大学的有效治理路径，既是运用组织理论的重要尝试，也符合现代管理的要求。相比之下，当前学院治理结构研究中缺乏对于二级学院组织特性的探索和思考。

关于建立合理的制度保障学院治理研究。“制度”是在组织中调控人、财、物等要素和各种技术因素的关键力量，在学院治理中发挥着关键作用。在学院治理中，二级学院承担教学、科研、对外交流等多种职能，并需要与同类单位、学校职能部门及社会之间进行权力与利益关系的相互制衡，这些都需要有效的制度。针对学院治理中存在制度匮乏、校院系权责不清等问题，相应的建议是改革制度体系，明确权限，[⑦]或二级学院应完善组织制度，推

---

① 张德祥，李洋帆.二级学院治理：大学治理的重要课题[J].中国高教研究，2017(3)：6-11.

② 贾效明，焦文俊.大学学院实体化建设中学院治理结构的改革与调整[J].北京理工大学学报(社会科学版)，2005(6)：54-56.

③ 应望江.四位一体：优化高校院系治理结构的构想[J].国家教育行政学院学报，2008(7)：51-54.

④ 陈廷柱.院系治理改革的路径选择及其系统化策略[J].中国高教研究，2017(1)：8-12，17.

⑤ BESSANT B. Corporate management and its penetration of university administration and government[J]. Australian universities' review，1995，31(1)：59-62.

⑥ 王占军.大学何以有效治理：治理结构的视角[J].教育发展研究，2018(19)：36-41.

⑦ 吴新平，卢娟娟.当前我国院系治理存在的问题及其破解[J].黑龙江高教研究，2018(6)：73-75.

进学院治理。[1] 这些研究有利于提升学院治理中的制度建设意识，通过制度的建立、调整和完善，使得二级学院在办学中有制度可依，从而在一定程度上防止个人的非理性和随意性在学院办学过程中发挥破坏性作用。尽管二级学院内部的制度是需要不断更新调整的，而制定好的制度与学院内外部治理环境的适应性、学院内部对于制度的认同感、制度执行过程中人情关系等因素的存在，都会影响到制度的治理效能。

关于培育健康文化实现学院治理研究。相关研究者在学院治理研究过程中，逐渐地意识到完善的治理结构和具有刚性的管理制度对于学院治理的影响都是有限度的，从而转向提倡通过培育学院文化实现学院治理，即坚信二级学院的文化建设有利于提高学院管理水平。[2] 尽管这些研究者青睐于从文化视角思考促进学院治理，但是对于理想的学院治理需要什么样的文化、现实中学院治理存在什么样的文化的研究较少。

随着相关研究深入，这种思路逐渐呈现出从提倡抽象的文化到在人际关系中形成健康文化的趋势，具体如下：第一种，抽象的文化。相关研究者主张在此基础上培育学院文化，从而激发二级学院的办学活力。[3] 但是，这类研究并未涉及何种文化才能促进学院的有效治理。第二种，健康的文化。学院治理的意义在于实现基层变革，学院治理的路径在于培育健康的学院文化，从而促进不同利益主体共同参与学院治理，实现“研究型大学二级学院内部善治”[4]的目的，最终推动大学治理体系和治理能力的现代化。第三种，在人际关系中形成健康文化。相关研究者越来越意识到完善治理结构的有限作用，提出要重视大学内部的人际关系和提高中高层行政人员的领导力。[5] 这种思路为后续从文化视角研究学院治理提供的思考基点是，在人际关系中形成的何种文化为健康的文化。

---

① 杨朔镔，杨颖秀.“双一流”背景下大学院系治理现代化探论：自组织理论的视角[J].教育发展研究，2018(5)：40-47.

② 赵晓珂，王林，张卫东.高校二级学院文化建设的理论研究[J].中国石油大学学报(社会科学版)，2011(6)：105-109.

③ 吉明明.学院治理：结构·权力·文化[D].南京：南京师范大学，2018.

④ 卞良.中国研究型大学二级学院内部治理及其影响因素研究[D].武汉：华中科技大学，2017.

⑤ 顾建民，刘爱生.超越大学治理结构：关于大学实现有效治理的思考[J].高等教育研究，2011(9)：25-29.

三、关于学术委员会的相关研究

高校学术委员会的建设受到越来越多的关注,当前相关研究主要集中在学术委员会的性质、功能定位和运行机制等方面。

(一)高校学术委员会的地位和角色

高校学术委员会有不同的地位和角色,其明确与否关系到学术委员会能否发挥功能。有学者将欧美国家大学的学术委员会概括为自发性,相对应的是我国大学的学术委员会的促发性。[①] 学术委员会的自发性体现为职责权利源于大学依照自身逻辑和高等教育规律办学的要求、其运行和作用的发挥建立在尊重学术文化基础之上、在学术事务的管理上拥有绝对的权威;而我国高校学术委员会功能发挥的四大特征:外部权力组织所赋予的、职责权力范围受到国家法律和政策文件的严格限定、作用发挥取决于大学内部领导管理体制的改革情况、需要营造促进学术委员会发挥作用的制度环境和文化环境。这表明学校学术委员会属于我国大学治理中的"后发外生型"制度。大学内部学院层面学术委员会面临着同样的困境,其功能发挥不仅受其本身的影响,而且受到其他系统的制约。

(二)高校学术委员会的功能定位

目前高校学术委员会的职能定位处于"避重就轻"的状态,主要可划分为三种情况。第一,学术委员会发挥审议监督的职能。在高校的决策机制中,学术委员会挂靠于校内某个科研机构或者行政组织(如发展规划处)之下,未能独立组织相关学术活动,只是履行审议监督的职能。[②] 第二,学术委员会发挥咨询的职能,其负责的议题为对学科设置、专业设置、制定教学研究计划以及评定教学工作等有关学术事务提供咨询。[③] 第三,学术委员会发挥评定的职能,即对全校和专业学科的设置方案、教育和科研改革的发展方向、教学科研成果的水平进行评定。[④] 高校学术委员会定位错误将直接导致该机构在建设过程中出现很大的问题,比如功能缺位或错位。学校

① 别敦荣.大学学术委员会的性质及其运行要求[J].中国高等教育,2014(8):27-30.

② 苏宝利,吕贵.审议方向 参与决策 监督控制:谈学术委员会在高校决策体制中的地位与作用[J].高等工程教育研究,2003(4):48-49.

③ 杨赞国.大学学术权力的本源及制度作为[J].教育探索,2005(5):31-34.

④ 朱晓阳.高校管理中权力关系的失衡及其对策[J].探索与争鸣,2006(12):69-71.

层面学术委员会的功能定位与学院层面学术管理机构的功能存在差异。张君辉认为,中国大学教授委员会设计初衷是使教授整体分享学术权力,应定位于院长一级,作为基层学术组织负责学术事务的决策机构和非学术事务的审议机构。[①] 同时,也有研究者关注学术委员会的功能定位与其他机构(如学位委员会)的区分,认为学术委员会是高等学校内部最高学术机构,学位评定委员会则是兼具行政权力与学术权力的机构,而且两个机构在现行教育法律法规规定下,在各自权力轨道内履行学术或行政职责。[②]

国外学者对大学的学术委员会的相关研究。美国大学在学校层面成立最高学术治理机构,对应的英文翻译为"Academic Senate"或"Academic Council"。而随着大学规模的扩大,大学会逐渐增设机构,一般以教师评议会(Faculty Senate of Academic Council)为常务机构,以斯坦福大学(Stanford University)最为典型。[③] 美国不同大学的教师评议会的功能绝不是千篇一律的,而是存在很大的差异。具体而言,有些大学的教师评议会扮演着极其重要的角色,[④]而有些大学的教师评议会却扮演着"垃圾桶"[⑤]的角色,其特征为决策缓慢,并在大学决策者授意下故意冷藏一些棘手的问题等。这些情况背后的影响因素具体可以分为三点。其一,大学的传统与个性。美国不同大学根据自身的办学传统,其教师评议会在各自大学中的定位和职能都是不同的。[⑥] 其二,大学规模。美国学者米勒(Miller T)认为大学规模的大小会影响学术评议会中教师的参与程度,在规模越小的大学中,教师在教师评议会中的参与程度越高;在规模越大的大学中,教师在教师评议会

① 张君辉.中国教授委员会研究[D].长春:东北师范大学,2006:68.

② 徐靖.高等学校学术委员会与学位评定委员会的法律关系[J].高等教育研究,2019(2):47-54.

③ Stanford University.Faculty Handbook of Stanford University[EB/OL].(2020-10-31)[2021-05-08]. https://facultyhandbook.stanford.edu/sites/g/files/sbiybj9611/f/handbook_pdf_2_16_2021.pdf.

④ 田芬.斯坦福大学教师评议会的组织运行研究[J].世界教育信息,2020(7):42-49,56.

⑤ ANDERSON C K. The creation of faculty senates in American research universities[M].Ann Arbor: ProQuest Information and Learning Company, 2007:54-55.

⑥ 郭超君.美国大学学术评议会与中国大学学术委员会比较研究[D].南京:东南大学,2017.

中的参与程度则越低。[①] 其三，大学声望。在美国不同的大学，教师评议会的权力大小与学校的历史和办学声望相关，即学校的历史越长、办学声望越高，则高校教师评议会的权力越大；反之，教师评议会的权力越小。[②] 总之，大学的办学传统、大学的个性、大学的规模和运行模式不同，导致教师评议会在不同大学中所发挥的功能均受到不同程度的影响。

对于美国大学的教师评议会的作用，很多研究者发出了理性的声音。一方面，美国大学的实践证明，教师评议会在大学治理中既有积极作用，也具有一定的有限性，不能片面地推崇教师评议会拥有更多、更大的权力。因为有些美国高校的实践表明，教师评议会的权力越大，学校内部的冲突越大。[③] 这表明教师评议会的权力不是越大越好，而应该在一定的限度内。另一方面，无论是国内大学的学术委员会还是国外大学的教师评议会，其在运行过程中都会遇到很大的挑战。比如，学术委员会与行政权力的分工协作和有效沟通机制的建立等方面存在的问题。

(三)高校学术委员会的运行问题研究

尽管高校的学术委员会的发展有一定有利的制度环境，但是学术委员会在运行过程中依然有不少的困惑，主要包括委员的构成、运行机制等多方面的问题。

第一，高校学术委员会委员构成是否合理。相关研究主要关注点如下：其一，学术委员会委员的行政职务问题。有研究者针对 10 所高校学术委员会的调研发现，委员主要是具有行政职务的教授，导致该机构沾染了行政色彩。[④] 关于学术委员会的委员是否有行政职务的典型讨论是，大学校长是否应该成为学术委员会委员。一种声音认为，大学校长主持学校的行政工作，不应该成为学术委员会的委员，避免其对学术委员会的干扰。另一种声

---

① MILLER T. Faculty participation in governance at small and large universities: implications for practice[J].Planning and Changing,1996,27(3/4):180-190.

② 冯博文，王占军.大学评议会：大学善治的主要推手：美国明尼苏达大学评议会的案例研究[J].世界教育信息，2018(22):50-55.

③ 熊万曦.冲突与合作：美国研究型大学教师评议会运作机制的案例研究[J].高等教育研究，2012(7):64-68,78.

④ 薛家宝.试论高等学校学术管理[J].江苏高教，2003(4):25-28.

音认为,大学校长是沟通学术与行政的关键使者,不能远离学术决策中心,[①]应该在学术委员会中发挥重大作用。其二,学科代表性问题。高校层面的学术委员会的组成人员需要涵盖大学内所有的学科或专业。但是学术委员会委员不仅需要学科代表性,更需要其本身具备处理学术事务的胜任力。因此,有研究者提出高校学术委员会建设的进路是从委员具备学科代表性到真正具备胜任能力。[②] 学院层面学术委员会组成也涉及学科代表性(在多学科二级学院)或研究方向代表性、职称、有无行政职务等问题。但是,这些研究并未涉及学院学术委员会委员产生方式的优劣,关于学院学术委员会委员的职称的研究也较为缺乏。理论上,学术委员会作为高校内部最高的学术决策组织,应该由教授职称以上的委员组成。在高等教育实践中,学校学术委员会的委员通常是由每个二级学院的院长组成。这种做法沿袭到二级学院层面,学院的学术委员会委员一般是由每个学科方向(或专业方向)的系主任或者带头人组成。这种学术委员会全部由资深教授组成的做法,确实符合理论研究者和教育实践者之间的共识,也是大部分具有教授职称和没有教授职称的大学教师之间的共识。但是,基于这种共识之上形成的各级学术委员会发挥的功能依然较小,后续研究需要对学术委员会委员必须是教授职称的构成方式进行一定的省思。

第二,高校学术委员会的独立性不足,影响其职能发挥。目前我国有些高校的学术委员挂靠在本校研究生院,没有独立的办公场所或者专门的负责人员。比如,电子科技大学将校学术委员会挂靠在研究生院。[③]

第三,高校学术委员会的运行机制不规范,主要体现在制度设计不完备。高品质的学术委员会制度是提升高校学术质量的保障。《高等学校学术委员会规程》对于高校学术委员会的运行只能是原则性的规定,导致学术委员会的职责不明晰、职能不完善,比如“审议”“评议”“评审”等内涵有待厘

---

① 汪洋,龚怡祖.“校长退出学术委员会”的改革取向分析:兼论大学校长选拔制度的去行政化[J].高等教育研究,2014(6):25-30.

② 王建华.从正当到胜任:高校学术委员会建设的进路[J].中国高教研究,2018(5):58-64.

③ 电子科技大学研究生院.校学术委员会[EB/OL].[2021-10-08].https://gr.uestc.edu.cn/xueke/144.

清。① 根据治理层级从高到低划分，目前高校学术委员会制度相关研究主要包括三个层次（见表1-1）。第一层次，大学章程关于学术委员会制度规定的完备程度，会影响学术委员会制度的运行。第二层次，高校学术委员会章程的内容，主要是存在学术决策权缺失、学术权力客体混乱及学术委员会职责描述模糊等问题。第三层次，二级学院内部学术委员会章程。一些研究者认为，高校内部二级学院的学术委员会章程需要优化。

表 1-1　三个层次章程文本分析的研究结果汇总

层次	作者及发表年份	成果类型	样本量	研究建议
第一层次：大学章程	史万兵，王韦丹（2016）[1]	期刊	5所高校	大学章程中学术委员会的相关制度设计需要改进
	洪煜，钟秉林，赵应生，等（2015）[2]	期刊	18所部属高校	高校应该坚持学术自治、大学章程条款严谨可诉；各级教育主管部门要指引宏观方向、留足创新空间
第二层次：高校学术委员会章程	王建美，宋静波（2011）[3]	期刊	10所“985工程”大学、14所“211工程”大学及10所普通高校	学术权力的实施需要制度和法律保障；权力及组织之间的模糊性有待清除，亟待明确权责界限；校际学术委员会之间要互相学习
	郭腾军，方丽（2018）[4]	期刊	69所研究型大学	高校应该加强对学术委员会委员的遴选和培训，区分学术事务与行政事务，保障学术委员会的学术权力
	李芳莹（2016）[5]	学位论文	22所“双一流”	高校要重视学术委员会章程的顶层设计
	魏小琳（2016）[6]	期刊	30所学校（部属、省属、地方本科院校各10所）	高校应该细化政策，保障学术委员会的相对独立性；结合高校实际，制定个性化章程；探索“师生治学”机制，体现共同治理；加强学术委员会的自我约束

① 湛中乐，王春蕾.大学治理中的学术委员会制度建设：兼评《高等学校学术委员会规程》[J].北京大学学报（哲学社会科学版），2016(2)：76-82.

续表

层次	作者及发表年份	成果类型	样本量	研究建议
第二层次：高校学术委员会章程	董向宇(2015)[7]	学位论文	21 所“985 工程”大学	高校应该优化大学章程
	魏小琳(2014)[8]	期刊	浙江省 19 所院校(其中“大学”9 所、“学院”10 所)+问卷调查和个别走访	大学内部建立保障学术权力与行政权力的合理分治机制,从而有效保障学术权力的自治和独立
第三层次：学院学术委员会章程	郭腾军,孙清忠(2020)[9]	期刊	94 所研究型大学	高校的学术委员会应定位为学术事务的统筹机构
	罗舒丹(2015)[10]	学位论文	10 所大学学术委员会章程文本的分析及对 H 大学的学术委员会的个案研究	高校应以学术权力为中心,建立大学的学术文化,规范大学的行政文化
	许化荣,薄存旭(2017)[11]	期刊	6 所高校院系(全国重点高校、省属一般本科、高等职业院校各 2 所)	高校学术委员会需要增强委员产生方式的民主性,提高章程设计的可操作性,通过内设专属机构和外设监督机构的方式加强组织机构建设

资料来源：

[1]史万兵,王韦丹.大学章程中学术委员会制度的缺陷、成因及改进:基于 5 所高校的大学章程文本分析[J].现代教育管理,2016(7):29-33.

[2]洪煜,钟秉林,赵应生,等.高校章程中学术机构及其运行模式:基于教育部核准的 18 所大学章程的文本分析[J].中国高教研究,2015(9):14-19.

[3]王建美,宋静波.从增强学术权力的视角透析学术委员会章程:基于 34 所高校学术委员会章程文本的探讨[J].现代教育科学,2011(5):38-43,66.

[4]郭腾军,方丽.高校学术委员会学术权力效力研究:基于 69 所研究型大学学术委员会章程的内容分析[J].高教探索,2018(2):17-22.

[5]李芳莹.大学治理视域下的学术委员会章程研究:基于 22 所大学学术委员会章程文本的分析[D].金华:浙江师范大学,2016.

[6]魏小琳.我国高校学术委员会运行的有效性研究[J].教育发展研究,2016(19):63-69.

[7]董向宇.我国大学学术委员会制度研究[D].上海:华东师范大学,2015.

[8]魏小琳.高校学术委员会制度的现实困境及其建设:基于对浙江省高校的调查[J].中国高教研究,2014(7):71-74.

[9]郭腾军,孙清忠.我国研究型大学学术委员会组织结构研究[J].高教探索,2020

(11):19-24.

[10]罗舒丹.现代大学制度视域下我国大学学术委员会改革研究[D].武汉:华中科技大学,2015.

[11]许化荣,薄存旭.高校院系学术委员会运行系统的构建、问题及优化:基于全国6所高校的文本分析[J].重庆高教研究,2017(2):57-64.

这些研究对于增进对学术委员会的认知、学术委员会章程的规范化都有一定的贡献,但是仍存在不足,具体包括三点:研究主题主要聚焦于校级层面学术委员会制度,较少涉及二级学院层面的学术委员会;研究方法上多为对学术委员会章程的文本分析,实证研究相对较少;学术委员会的理论探索较少。

(四)学术委员会运行问题的影响因素及对策

高校学术委员会运行过程中会受到多种因素的影响,突出地体现为行政权力干预、不健康文化的渗透、组织结构混乱等问题,具体如下。第一,学术委员会运转受行政权力干扰。美国波士顿学院(Boston College)曾经在1968年创建过"大学教师评议会"(相当于我国高校学校层面的学术委员会)。但是,该校的行政人员以该机构的决策效率不高为由,于1979年将其解散。2000年之后,该校部分教师积极呼吁恢复该机构,但是行政人员的阻挠使得这一提议再次被搁置。① 第二,学术委员会运转受到不良文化影响。在官本位、"学而优则仕"等文化的影响下,高校学术委员会这一机构并未得到重视。为了改变这一情况,高校应该积极构建尊重学术的文化风气,②从而在根本上重视学术委员会这一机构。第三,学术委员会的组织结构存在不科学的问题,导致组织职能践行不够、委员的权益意识薄弱等。有研究者认为,不科学的管理、结果意识、人文关怀不足是学术委员会存在问题的根本原因。③

高校学术委员会改进路径的研究,具体可以概括为"三个方向":"向后看""向西看""向当下看"。

"向后看"是指研究者聚焦于对我国民国时期大学评议会、教授委员会

① 熊万曦.论美国研究型大学教师评议会的创建:以波士顿学院为例[J].清华大学教育研究,2012(3):63-68.

② 祝青江.基于权力制衡的大学学术委员会发展[J].人民论坛,2014(20):145-147.

③ 蔡锋.我国大学院级学术委员会组织建设研究[D].扬州:扬州大学,2012.

的研究。比如，张金福于 2002 年发表的《论梅贻琦“教授治校”理念的文化意蕴》。[①] 这类研究旨在鉴古知今，为当前我国大学学术委员会的运行提供相应的建议。但是，研究者难免研究重心有所偏移，有“厚古薄今”的缺憾。

“向西看”是指研究者将目光投向国际一流大学的教师评议会的运行机制。比如，王英杰认为，加州大学伯克利分校（University of California, Berkeley）的共同治理中有强大的教师评议会，为促进该校成为世界一流名校贡献重要力量。[②] 该类研究希望借鉴这些成功经验，为我国高校学术委员会发挥功能寻找借鉴方法。但是，由于其他国家大学发展的内外部环境不同，我国大学很难得出“对症下药”的实效性建议。

“向当下看”是指研究者着眼于学术委员会运行的现状，主要包括四个维度，即制度优化、权力平衡、文化培育、提高委员的责任感，从而提升学术委员会委员的治理能力。维度一：高校学术委员会的制度需要逐渐改进。我国高校学术委员会制度经历“萌芽—断裂—恢复—发展”四个阶段，[③]呈现出制度的演进与断裂并存的状态。为真正实现“教授治学”的初衷，高校学术委员会制度应该得以贯彻实行。但是，学术委员会制度应该完善到什么程度，在哪些具体学术事务上独立，仍旧是需要教育实践者和教育研究者共同探索的课题。维度二：不同性质的权力之间保持平衡。高校学术委员会与党委之间、以校长为代表的行政团队之间的权力关系都需要厘清。第一种，为了有效发挥学术委员会的学术权力，学术委员会的相关制度设计应该明确该机构的权力管辖范畴。比如，有研究者指出学术委员会不能只是局限于处理纯学术事务，还应该负责处理大学内部混合型事务。[④] 第二种，行政权力应尊重学术权力，即高校内部的行政权力的拥有者或相关机构应该尊重学术委员会的权威。[⑤] 第三种，去行政化。一些研究者认为，行政化

---

① 张金福.论梅贻琦“教授治校”理念的文化意蕴[J].华东师范大学学报(教育科学版)，2002(4)：90-95.

② 王英杰.论共同治理：加州大学(伯克利)创建一流大学之路[J].比较教育研究，2011(1)：1-7.

③ 蔡国春.论高校学术委员会制度的建构与重构：基于学术权力独立性与统整性的考量[J].高等教育研究，2019(1)：22-27，36.

④ 廖湘阳.大学学术委员会运行的公共理性与实践逻辑[J].复旦教育论坛，2019(1)：24-30.

⑤ 熊万曦.论美国研究型大学教师评议会与行政人员之间的权力制衡机制[J].高教探索，2013(4)：52-56.

是影响高校学术委员会发挥功能的关键，因此提倡通过去行政化，减少行政干预，保障该机构的独立性。[①] 高校学术委员会要发挥功能，需要追求该机构的独立性，成为很多研究者的共识。比如，蔡国春等认为，当前高校内部学术委员会完全依附于行政权力，导致该机构形同虚设，因此提出学术委员会的制度建设应该保障该机构从依附状态走向独立运行状态。[②] 与这种追求高校学术委员会的独立相契合的是“校长退出学术委员会”的教育改革的倡议，这引起学者的研究反思，包括汪洋、龚怡祖[③]，林杰、张德祥[④]等，认为高校的校长直接退出学校学术委员会是一种简单化改革取向，并不是促进学术委员会发挥作用的“良方”。相比之下，学院学术委员会权力平衡的相关研究匮乏。比如，二级学院的院长与学院学术委员会之间关系的研究相对较少。维度三：高校应该重视培育健康的文化，其路径为“坚持学术导向，完善制度保障”。[⑤] 一般而言，文化氛围是指高校或者二级学院范围内能够促进“教授治学”[⑥]的氛围。这种文化氛围的缺失，使得学术委员会的功能发挥没有根基。维度四：学术委员会的委员参与学术事务的治理能力和责任感有待提高。别敦荣指出，高校学术委员会要发挥功能，需要提高党政领导的认识、改进学术委员会的工作机制和提升学术委员会委员的治理能力。[⑦] 王建华指出，高校学术委员会需要在民主管理的基础上加强专业化建设，确保参与学术决策委员的胜任力。[⑧] 这些研究促使高校学术委员会的研究视野从宏观的权力运行到微观具体的学术委员会委员个体。

---

① 熊丙奇.去行政化：从学术委员会改革开始[J].教育与职业，2013(34)：66-69.

② 蔡国春，潘震鑫，王春燕.我国高校学术委员会制度的演进与展望[J].华东师范大学学报(教育科学版)，2015(2)：34-40.

③ 汪洋，龚怡祖.“校长退出学术委员会”的改革取向分析：兼论大学校长选拔制度的去行政化[J].高等教育研究，2014(6)：25-30.

④ 林杰，张德祥.大学校长该不该退出学术委员会：缘起、解读及求解[J].国家教育行政学院学报，2016(4)：23-29.

⑤ 朱宁浩.大学治理视角下的学术委员会建设[J].国家教育行政学院学报，2015(1)：68-69.

⑥ 张笑涛.“教授治学”的内涵及落实路径[J].江苏高教，2016(3)：67-70.

⑦ 别敦荣.关于高校学术委员会建设的若干思考[J].大学教育科学，2015(3)：4-9.

⑧ 王建华.从正当到胜任：高校学术委员会建设的进路[J].中国高教研究，2018(5)：58-64.

四、对已有研究成果的评述

(一)关于学院制研究评述

学院制备受学界关注,其相关研究内容丰富,包括学院制的内涵、运行模式、运行困境及其解决路径,做出了一定的研究贡献。第一,相关研究达成了一定的共识。比如,实行学院制是大学办学的必然选择;[①]二级学院的实体地位不强、校院关系的理顺有利于学院制的实施;同时,学院制改革中存在自主权不足的问题。[②] 第二,很多研究形成了跨学科的研究合力。教育学科的研究者提出,大学二级学院应该负责人事财务管理、学科建设与教学科研管理、物资管理、学生管理和其他行政管理。[③] 法学背景的研究者制定了学校与学院两级的权力和责任清单,认为学院应该享有人事财务管理、人才培养和科研管理、国际合作方面的权力并承担相应的责任。[④] 第三,相关研究具有强烈的为高等教育实践服务的意识,为后续学院制的研究提供重要启发。第四,部分研究主题体现了较强的探索性。比如,大学的学院制运行模式下的综合绩效评价体系的构建。[⑤]

这些研究对我国大学二级学院的未来地位做了方向性预测。但是,学院制的研究还存在三大问题。第一,研究内容庞杂,研究深度欠缺,而且部分研究属于重复性研究。比如,学院制改革的方向主要集中在学校放权,学院内部主要集中在学术权力和行政权力的协调。虽然有一定的启示,但是研究深度不足。第二,部分研究属于经验总结研究,实证研究较少。少有研究分析学院制分权中的影响因素和具体案例,少有示范性成功案例的研究。第三,部分研究缺乏理论的新突破,具体是缺乏理论基础或理论视角,使得

---

① 顾永安,许霆.学院制:新建本科院校制度创新的切入点[J].黑龙江高教研究,2009(11):27-30.

② 徐亮.我国高校学院制实施的问题及对策[J].中国电力教育,2012(29):4-5.

③ 程勉中.大学学院制管理改革中责权利关系的调整[J].云南民族大学学报(哲学社会科学版),2005(2):81-84.

④ 汪全胜,杨娟.强院兴校背景下校院两级权力清单的设置[J].高教探索,2021(2):21-26.

⑤ 刘新民,李佳佳,李芳.学院制模式下大学运行机制构建[J].现代教育管理,2015(3):62-67.

学院制改革缺乏理论性依据。总体上来说，这些研究对学院整体宏观层面的研究居多，但是少有研究深入探索学院内部具体的治理结构。因此，我国一流大学二级学院治理研究需要深入研究学院内部改革的成功经验与不足，探寻促进学院有效治理的路径。

（二）关于学院治理研究的评述

学院治理相关研究表明学院是可以治理的，而且有治理的必要；已有研究提出学院治理的范畴，并设计了比较合理的治理路径。相关研究者通过"治理现状"介绍了学院治理中权力失衡的情况，从而提出了学院治理范畴和治理的必要性；在"治理路径"方面主要围绕构建合理的学院治理结构、完善二级学院的制度建设及在二级学院内部培育健康的治理文化进行设计，体现出从单一治理路径转向多元治理路径。

学院治理相关研究中还存在三大问题。第一，研究对象选择同质化。已有研究从学校层次上主要集中于地方本科高校的二级学院，少有研究聚焦于我国一流大学（指教育部于 2017 年公布的"双一流"建设高校名单，或者在此之前的"211""985"高校。）的学院治理的研究。第二，已有研究方法比较单一。大量的学院治理研究属于思辨类研究，少数为案例研究。从研究层次上，大多数相关研究属于宏观性研究，微观研究相对缺乏。在思维路径上，学院治理的相关研究借鉴大学治理相关研究思维，没有深入触及学院治理的特殊问题。学院治理的后续研究应从自身的独特立场出发，探索学院治理中存在的问题和治理路径。第三，已有研究的主题趋同。我国学院治理研究目前主要围绕着"呈现学院治理困境，构建治理路径"的研究思路展开。这些研究尚未对治理结构的有效性进行深度研究，缺乏深入探讨学院制度为学院治理带来的秩序与活力之间的张力，而且对学校文化与院系文化之间的冲突与融合的分析相对较少。

虽然相关研究存在以上不足，但是这些研究为后续研究者提供了研究启发。学院治理的后续研究既需要积极地借鉴"大学治理"相关研究的思路，也需要有意识地挖掘二级学院组织内部的特殊性，从而寻找学院治理的有效路径。

（三）关于学术委员会研究评述

当前，高校学术委员会的相关研究内容比较丰富，包括国内外高校的学术委员会的性质、功能定位、存在问题及其解决路径的研究。这些研究体现了相关研究者对学术委员会的重视程度及为促进学术委员会发挥功能而做出的学术探索。

已有关于高校学术委员会的研究还存在若干不足:第一,关于学术委员会的研究主要关注校级层面学术委员会,较少直接研究二级学院学术委员会。第二,已有研究揭示了二级学院学术委员会的功能定位、委员产生机制等单方面的问题,缺少系统性研究。这些零碎的研究之间无法形成对话。目前的学院学术委员会运行的相关研究更多聚焦于权力、制度和文化的视角,忽视了对微观具体的人的研究,即"把人的精神、价值、心灵等排除在教育研究之外"。[①] 第三,研究方法相对单一,主要是对学术委员会制度的文本内容研究较多,少量的问卷调查等实证研究,缺乏理论研究与实证研究相互结合的探索。这些研究思路具有"对症下药"和"知己知彼"的优点,但是"症""彼"容易被限制为现实的困境,从而容易忽视研究的整体性,使得这类研究缺乏高等教育学的想象力和用理想引领现实的精神气质。第四,已有研究出现了一定的思维瓶颈,表现为学院治理中相似的问题和相似的解决思路。这些研究由于缺乏一致性的理论框架,尚未形成特定的话语体系。

(四)研究起点

综合学院制研究、学院治理研究、学术委员会研究三个方面的文献综述,本书需要寻找新的研究起点。这种新的起点是研究范式意义上的突破。研究范式一般包括研究者的世界观、理论框架和研究设计。[②] 教育研究范式包括研究信念、研究理论和研究方法三个要素。[③] 关于学院层面学术委员会研究范式,具体是指研究者对院级层面学术委员会功能发挥的研究信念、基本理论的尝试和搜集材料的方法。

本书的信念转向是从单一地对学院学术委员会运行情况的失败经验的批判或成功经验的总结,转向寻找丰富的学院学术委员会的类型。已有研究认识到,二级学院学术委员会没有发挥实质性功能,但没有有效的突破方式。相关研究在寻找二级学院学术委员会的成功经验时往往指向民国时期

---

① 金生鈜.理解与教育:走向哲学解释学的教育哲学导论[M].北京:教育科学出版社,1997:27.

② SHAH S,AI-BARGI A. Research paradigm: researchers' worldviews, theoretical frameworks and study design[J].Arab world English journal, 2013,4(4):252-264.

③ 王洪才,田芬."证实规律"与"阐释意义":人工智能时代教育研究范式的两种旨趣[J].西北师大学报(社会科学版),2021(3):84-93.

的教师评议会和国外著名大学的教师评议会，这种经验并不切合当下我国高校办学实际。已有研究很少就我国一流大学建设中的实际经验进行总结。当然，研究者寻找我国一流大学二级学院学术委员会成功经验存在着许多难题，主要的难点在于：一方面，我国一流大学的学院学术委员会的建设处于探索阶段；另一方面，笔者个人的研究精力、研究资源的限制，难以直接寻找到成功经验。因此，本书最终确定通过类型学方式，相对全面地呈现学院学术委员会功能发挥的复杂现状。

本书的理论转向是深化加强基本理论研究。潘懋元先生呼吁高等教育研究应该重视理论研究。① 实质上，高等教育学自1978年建立以来，很多研究成果具有一定的理论深度和敏锐的洞察力，促进了高等教育研究的繁荣。但是，当前依然存在一些阻碍高等教育理论研究的问题，具体如下。其一，已有高等教育的理论研究中确实存在出现“理论套用”“理论依附”“形式主义”等问题。② 这种对理论反思的研究，将理论当作一种“消费品”。③ 这些不同的学术纷争形成“理论的战场”，使得年轻一代的高等教育研究者在这种氛围中无意识地成长，成为既不能回应高等教育实践，也不会运用且不敢运用高等教育理论的尴尬的研究者，最终不利于高等教育学的学科发展。其二，高等教育研究者有浓厚的“实践”情结。有学者提出，高等教育学的学科发展“危机”需要从经典学科视角切换到现代学科视角，④而现代学科视角要求高等教育学相关研究要具有实用性。这种倡导的本意是减少高等教育学的学科危机。但是，一些后续研究者可能将其转化为愈发浓厚的“实践情结”。客观上，这些提倡确实使得高等教育研究的实用性增强，但也可能影响青年一代高等教育研究者出现远离理论的倾向。这都表明高等教育研究成果应该继续加强理论研究、让研究成果具有学术性。因此，研究起点应该结合高等教育学的学科特质，继续加强理论研究。

本书的方法选择是思辨研究与实证研究相结合。我国一流大学二级学院学术委员会的思辨研究是指基于切斯特·巴纳德的组织理论和帕森斯的

① 潘懋元.加强高等教育基本理论的研究工作[J].高等教育研究,1994(1):13-15.

② 李鹏虎.高等教育研究中“理论运用”的问题及反思：基于106篇高等教育学专业博士学位论文的调查分析[J].国家教育行政学院学报,2017(9):87-94.

③ 汪丁丁.知识过程与人生感悟[J].读书,1999(4):75-79.

④ 张应强.高等教育学的学科范式冲突与超越之路[J].教育研究,2014(12):13-23,53.

结构功能主义，为构建学院学术委员会的理想功能提供理论基础。我国一流大学二级学院学术委员会的实证研究是指立足于现状，对我国一流大学二级学院学术委员会功能发挥现状进行类型化呈现和影响因素的探析。思辨研究的合理分析作为实证研究的衡量标准和追求目标。

总之，本书的研究起点为：研究信念是相信我国一流大学的学院学术委员会运行现状是困境和成功经验并存，无论是对困境的批判研究还是对成功经验的探寻，实质上对学院学术委员会建设都具有积极意义；综合运用切斯特·巴纳德的组织理论和帕森斯的结构功能主义，构建我国一流大学二级学院学术委员会的理想功能；通过质性研究调研我国若干一流大学二级学院学术委员会的运行现状，并探索其背后的影响因素。

第四节　核心概念界定

一、学院治理

（一）二级学院

“二级学院”对应的英文词语包括：“faculty”“college”“school”“institute”“academy”。它们代表着不同性质和类型的“院系”。[①] 本书选用“school”相对应的二级学院，即“一个院系基本上是一个拥有排外的特权、分享共同捐赠的师生联合而成的社团”。[②]

大学二级学院的三种分类。第一，从层级划分。纵向层级结构主要有三种类型：“学校—学院—系”与“学校—学系”并存型、“学校—学部—学院”型、“学校—学部—学院—学系”型。从组织结构来说，二级学院与大学是一种隶属关系；从组织属性而言，二级学院是一个大学的缩影，二级学院有自身的规定性、权力结构和运行机理。第二，从学科角度划分。一种是以学科

① 顾建新.“学院”考辨[J].比较教育研究，2004(11)：46-51.

② 张建政.牛津、剑桥大学学院制研究：1249 年—1636 年[D].保定：河北大学，2005.

为支撑的学科型学院，另一种是以问题为导向的学院。第三，从所包含的学科数量角度划分，二级学院分为单学科学院、多学科学院。

本书的研究对象主要是大学内部的学科性学院，即隶属于大学法人、在学校统一领导下的按不同学科、专业性质分别设置的集教学、科研和行政管理于一身的实体性二级组织机构。

(二)治理

治理是不同主体之间的力量平衡过程。美国密歇根大学(The University of Michigan)校长詹姆斯·杜德斯达(James Duderstadt)认为，治理(governance)实际上就是"在教师、托管人、全体职工和行政人员之间力量不断变化中的一种平衡"。[①] 这种平衡就是内部多种利益者之间不断地博弈，即"不是由外部强加的，而是多种进行统治的以及互相发生影响的参与者互动的结果"[②]。而且这种博弈不是瞬间就会完成的，而是一个协调的、持续互动的过程。[③] 这个互动过程涉及不同主体，包括政府、企业组织、社会组织和居民自治组织，互动过程的依据是法律或非政府的强制性契约。[④]

治理不同于管理(management)，治理适用于规模较大的大学，治理的前提是利益主体多元化。[⑤] 治理和管理不是替代关系，而是互补关系，大学应该协同推进治理与管理。[⑥] 治理比管理效能高，当前需要将管理提升到治理。[⑦] 总之，治理是更宏观的层级，更注重公平；管理是较低的层级，更注重效率。

本书中的"治理"是一流大学二级学院内部的相关主体在二级学院中，

---

① 詹姆斯·杜德斯达，弗瑞斯·沃马克.美国公立大学的未来[M].刘济良，译.北京：北京大学出版社，2006：147.

② ELIASSEN K A, KOOIMAN J. Managing public organization ：lessons from contemporary european experience[M].London：Sage Publication，1993：64.

③ 全球治理委员会.我们的全球伙伴关系[M].牛津：牛津大学出版社，1995：2-3.

④ 俞可平.推进国家治理体系和治理能力现代化[J].前线，2014(1)：5-8，13.

⑤ 李福华.大学治理与大学管理：概念辨析与边界确定[J].北京师范大学学报(社会科学版)，2008(4)：19-25.

⑥ 李福华，王颖，赵普光.论大学治理与大学管理的协同推进[J].高等教育研究，2015(4)：27-32.

⑦ 童星.从科层制管理走向网络型治理：社会治理创新的关键路径[J].学术月刊，2015(10)：109-116.

遵循分权制衡、参与合作的理念，基于保障共同利益者的目标，实现不同权力的整合、利益的协调配置与运行的过程。

(三)学院治理

根据“学院治理”概念界定，综合“制度安排说”“权力分配说”“互动过程说”“内外部关系说”四种概念界定的优势和不足之处，本书认为学院治理是学院内外利益相关者参与学院重大事务决策的结构和过程中的互动关系。

二、学术委员会

学术委员会是制度化学术权力运行的载体。我国大学中一般包括学校层面学术委员会、学部层面[①]学术委员会、二级学院层面学术委员会和二级学院的学系层面学术委员会，而且一些国家级重点实验室或者研究中心也会成立相应的学术委员会。这些不同层级的学术委员会需要负责大学不同层面的学术事务，但是具体的职能大小、负责的议题范畴都存在一定的差异。基于已有文献的相关综述，发现尽管二级学院在高校办学中具有重要地位，但已有研究对二级学院这一层学术委员会的研究相对较少。因此，本书主要聚焦于对大学二级学院层面设置的学术委员会的研究。

目前，我国一流大学二级学院学术委员会的机构名称是不统一的，具体的名称可能为“院学术委员会”[②]、“学术分委员会”、[③]“学院学术委员会”[④]或者“学术指导委员会”[⑤]。由于《高等学校学术委员会规程》要求二级学院层

① 2000年北京大学开启我国大学学部制的先河，整合所有院系，将学校分为理学部、信息与工程科学部、人文学部、社会科学部、医学部、跨学科部，掀起全国范围内高校开始进行管理体制改革。

② 北京师范大学.哲学学院学术决策机构[EB/OL].[2021-08-27].https://phil.bnu.edu.cn/zzjg/xzjbgjgnew/index.html.

③ 华东师范大学.化学与分子工程学院学术组织[EB/OL].[2021-08-27].http://www.chem.ecnu.edu.cn/26587/list.htm.

④ 华中科技大学.光学与电子信息学院的学院机构[EB/OL].[2021-08-27].http://oei.hust.edu.cn/xygk/xyjg.htm.

⑤ 山东大学.计算机科学与技术学院学术指导委员会[EB/OL].[2021-08-27].https://www.cs.sdu.edu.cn/gyxy/xszdwyh.htm.

面自由探索设置学术治理机构。[①] 在没有设置学术委员会的二级学院，可以由其他相关的学术机构（比如职称评审委员会、教授委员会、聘任委员会）承担相应的职责，负责处理相关学术事务。比如，在北京航空航天大学软件学院则由教学指导专家委员会承担该学院的学术委员会的相应功能。[②] 本书将二级学院内部这些最高的学术治理机构统一表述为“学院学术委员会”。

国外学者的相关研究也有类似的处理方式。美国学者詹姆斯·米勒（James Minor）在《评估教师评议会：需要考虑的关键议题》（*Assessing the Senate: Critical Issues Considered*）及《理解教师评议会：从迷思到模型》（*Understanding Faculty Senates: Moving from Mystery to Models*）[③]中的核心概念都是“教师评议会”（faculty senate），具体包括“教师委员会”（faculty council）、“学术委员会”（academic senate）、“学术集会”（academic assembly）等很多相关的学术治理机构。[④] 美国学者罗伯特·伯恩鲍姆《学术委员会的隐性功能：为什么学术委员会不发挥作用，但是依旧存在?》（*The Latent Organizational Functions of the Academic Senate: Why Senates do Not Work But will not Go Away*）[⑤]将不同学术治理机构的术语，统一为“Academic Senate”。鉴于在一般情况下，我国一流大学二级学院学术委员会的委员组成既包括行政管理人员又包括专任教师的事实，主要负责二级学院内部的学术议题，对应的英文翻译为“academic senate”。

本书的学院学术委员会是学院内部最高的独立学术治理机构，即由一定数量学院教授和专家代表组成的，依据大学章程、高校学术委员会章程及

---

① 中华人民共和国教育部.高等学校学术委员会规程[EB/OL].(2014-01-29)[2020-05-20]. http://www.moe.gov.cn/srcsite/A02/s5911/moe_621/201401/t20140129_163994.html.

② 北京航空航天大学.软件学院组织结构[EB/OL].[2020-08-20].http://soft.buaa.edu.cn/xygk/zzjg.htm.

③ MINOR J T. Understanding faculty senates: moving from mystery to models[J].The review of higher education, 2004,27(3):343-363.

④ MINOR J T.Assessing the senate: critical issues considered[J].The American behavioral scientist,2003,46(7):960-977.

⑤ BIRNBAUM R. The latent organizational functions of the academic senate: why senates do not work but will not go away[J].The journal of higher education,1989,60(4):423-443.

其他制度文本的规定，对学院的学科规划、师资招聘、学术晋升、评奖评优等核心学术事务做出决策的学术治理机构。本书中“学院学术委员会”可能是学院内部的“聘任委员会”“教授委员会”等学术治理机构。

三、功能

“功能”是指在特定环境中整体相互依赖的设置被概念化为单位(units)的种类。这些单位之间建立联系从而适应相应的功能。功能(function)通用的内涵指委派给公职人员的种种活动。[①] 在社会学视角下，功能定义为“社会活动中有助于适应和调节它的组成部分的特定结构的效果”[②]。从能力角度，功能是指“那个事物特有的能力”[③]。比如眼睛的功能是看东西，耳朵的功能是听声音。“看”“听”都是一种客观的作用。从这个角度说，功能是一种客观的作用。“功能往往是指事物的自然属性，是事物自身所固有的；职能是指事物的社会属性，是社会所赋予的”[④]。在后期结构功能主义中，功能是指“观察到的那些有助于一定系统调适的后果”[⑤]。是“事物本身所具有的能力，是具有客观性的”[⑥]。

综合上述观点，本书中“学院学术委员会的功能”更多是指学院学术委员会的相关活动发挥的客观效果。这种客观效果区别于主观的意向(目标、动机和意图)，是指包含在一定时空中能够被观察到的及其潜在的客观作用。

---

① 罗伯特·金·莫顿.论理论社会学[M].何凡兴，李卫红，王丽娟，译.北京：华夏出版社，1990：101.

② 玛格丽特·波洛玛.当代社会学理论[M].孙立平，译.北京：华夏出版社，1989：24.

③ 柏拉图.理想国[M].郭斌和，张竹明，译.北京：商务印书馆，2015：40.

④ 中国特色高等教育思想体系研究课题组.中国特色高等教育思想体系论纲[M].北京：高等教育出版社，2017：52.

⑤ 罗伯特·莫顿.社会理论与社会结构[M].唐少杰，译.南京：凤凰出版传媒集团，2008：130.

⑥ 张应强.高等学校社会职能及相关问题研究评析[J].汕头大学学报(人文科学版)，1997(3)：72-76.

第五节　研究设计

一、研究思路

本书包括两条研究思维路线：一条路线是呈现我国一流大学二级学院学术委员会的理想功能与现实发挥作用之间的差距；另一条路线是从现象透视本质，即从描述我国一流大学二级学院学术委员会功能的现象转向透视其功能发挥的影响因素。

第一条路线是呈现理想与现实的差距。本书基于切斯特·巴纳德的组织理论和帕森斯的结构功能主义，对二级学院学术委员会的功能展开理论思考，同时借鉴国外大学教师评议会的功能，并基于我国一流大学的办学实践，构建我国一流大学的学院学术委员会的理想功能；调查结果以类型学的方式呈现我国一流大学二级学院学术委员会的功能发挥现状。已有的学术委员会相关研究的思路是从现实困境出发，从而提出相应的解决路径，以建设有效的学术委员会。这种思维虽具有很强的针对性，但是容易受到现实条件的限制。研究路径是为了构建研究者内心认同的，但是隐藏着且未经充分论证的学院学术委员会。因此，本书通过理论基础构建出我国一流大学二级学院学术委员会的理想功能，作为其现实功能类型的对照，从而寻求促进学院学术委员会功能发挥的行动路径。本书是对已有研究思维模式的适当修正，其合理性在于打破现实的束缚，即“如果我们要改心智，我们首先就必须上升”①。本书将对我国一流大学二级学院学术委员会功能研究先上升为理想功能，作为衡量和观察其现实功能的标准，从而在提出解决路径时能打破已有的束缚，促进我国一流大学二级学院学术委员会更好地发挥功能。

第二条路线是探寻从现象转向本质的路径。本书不仅通过实证材料调查我国一流大学二级学院学术委员会功能发挥现状的复杂类型，还探究影

---

① 纽曼.大学的理念[M].高师宁，等译.北京：北京大学出版社，2016：122.

响学院学术委员会功能发挥的因素。已有研究认为,学院学术委员会功能发挥需要学院内部合理完善的治理结构,但是正式的治理结构发挥的作用是有限的,即"组织的正式结构很少规划,真正运转的非正式结构绝对没被规划"。[①] 这种有限性驱使研究者转向可见的治理结构之后,探究影响学院学术委员会功能发挥的权力、制度、文化、人格等深层次复杂的因素。这些探究的最终目的都是寻找促进一流大学学院学术委员会功能发挥的研究对策。

本书的这两条路线表明,研究框架将我国一流大学二级学院学术委员会功能研究的理想与现实、现状与本质、理论与实践相互结合。这两条路线的结合符合逻辑性,具有实证性和可行性。本书的逻辑路线图如图 1-2 所示。

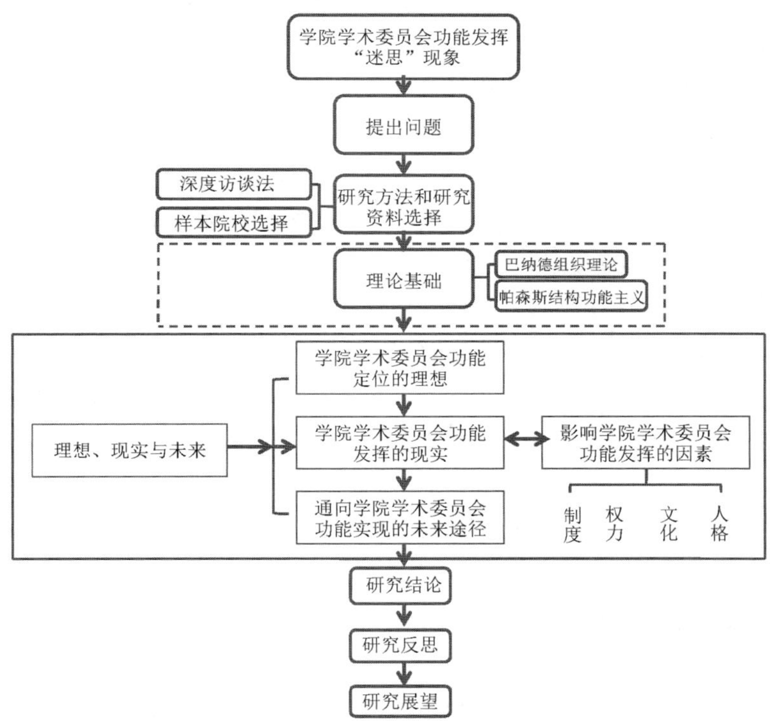

图 1-2 我国一流大学二级学院学术委员会功能研究

① PFEFFER J, SALANCIK G R.Organization design : the case for a coalitional model of organizations[J].Organizational dynamics,1977,6(2):15-29.

二、研究内容

本书以质性数据为基础，试图呈现我国一流大学建设中学院学术委员会功能发挥的现状，分析其运行过程中的影响因素，求索促进其功能有效发挥的行动路径。因此，本书从我国一流大学二级学院学术委员会功能发挥的现象展开，从描述实然状态到分析影响因素的作用机制及其行动路径层层深入，试图扫除影响其功能发挥的障碍。本书主要包含因果关联的五个部分的内容。

第一部分呈现探究我国一流大学二级学院学术委员会功能发挥现状的理论依据。本书立足于文献资料，并在此基础上构建我国一流大学二级学院学术委员会的理想功能，包括我国一流大学二级学院学术委员会的功能定位、功能范畴，以此作为对照我国一流大学二级学院学术委员会功能实然状况的判断标准和改进依据。

第二部分呈现我国一流大学二级学院学术委员会功能发挥现状的实然状况。结合访谈资料，本书呈现我国一流大学二级学院学术委员会功能发挥的实然状态，形成理想与现实之间的差异。

第三部分呈现探究影响我国一流大学二级学院学术委员会功能发挥现状的具体因素，根据访谈材料对这些影响因素进行深度解释。

第四部分呈现寻找实现我国一流大学二级学院学术委员会功能发挥从实然状态到应然状态的行动路径。

第五部分呈现研究结论、对整个研究内容的反思，反思的内容主要聚焦于研究对象的获得、深度访谈方法的运用等方面。

三、研究问题

一般而言，研究问题可以被概括为三种："理论与现实的差异、政策与实践之间的差异、在同类事物比较中的差异。"[①]本书中对我国一流大学学院学术委员会功能的研究，既属于高等教育理论与现实的差异研究，也属于政策与实践之间的差异研究。一个真正"好的"研究问题 ，有利于发展教育理

① 曹锦清.问题意识与调查研究[J].社会学评论，2014(5)：3-9.

论或改善教育实践。[①]

本书的核心问题是：我国一流大学二级学院学术委员会在学院治理中究竟应该发挥什么功能？

要想回答这一问题，本书需要遵循的逻辑为：对是什么(应然、实然)、为什么、怎么办进行具体的分解。因此，本书的四组分问题为：

应然层面：我国一流大学的学院学术委员会应该发挥什么功能？

实然层面：我国一流大学的学院学术委员会实际发挥了多大功能？

本质层面：有哪些主要因素影响我国一流大学二级学院学术委员会功能发挥？

行动层面：应该采取什么措施，促进我国一流大学的学院学术委员会有效发挥功能？

四、研究方法

研究方法是为回答研究问题而精心挑选的，是研究者在研究过程中的帮助者，即“没有什么比良好的方法更能为学者清除道路，帮助他前进，使他在做学问的道路上走得这样深远”。[②] 为了真实地呈现我国一流大学二级学院学术委员会功能发挥的现状，本书选择质性研究范式，即通过归纳的方法对笔者搜集的第一手材料进行检验和不断比较。具体而言，笔者通过深度访谈法，从我国一流大学二级学院学术委员会委员、党政联席会成员、专任教师等内部人员的不同视角搜集材料，从而了解我国一流大学的学院学术委员会的运行现状。

(一)研究抽样

本研究属于质性研究范式，是笔者和受访对象在特定的时空中进行的。考虑样本选择的时候，研究者需要明确到什么地方、向什么人搜集材料，以及做出这些选择的原因。[③]

① 吴康宁.教育研究应该研究什么样的“问题”：兼谈“真”问题的判断标准[J].教育研究,2002(11):8-11.

② 约翰·洛克.教育漫话[M].傅任敢,译.北京：教育科学出版社,1999:171.

③ 陈向明.质性研究方法与社会科学研究[M].北京：教育科学出版社,2000:92.

1.案例学校

本研究综合目的性抽样和便利性抽样两个原则抽取了我国三所一流大学(U1大学、U2大学、U3大学)作为案例学校。本书抽取了这三所案例学校,主要是基于以下考虑。

U1大学:该校经过100多年的发展,成为一所全国知名的顶尖综合性大学,为国家培养了大批人才。在一些机构组织的国内高校排名中属于"TOP 10"的行列。U1大学重视学术委员会建设,已经取得显著的办学成效,在全国范围内具有示范价值。U1大学的二级学院内部以学术委员会为最高决策机构,成立时间早,运行较为流畅。

U2大学:该校经过百年发展,形成了包括人文社会科学、工程与技术科学、管理科学、艺术科学、医学科学等多学科门类在内的完备学科体系,在一些机构组织的国内高校排名中属于"TOP 10～20"的行列。U2大学秉持开放的办学思想,在高校学院学术委员会建设中做出很多改革尝试,并希望有进一步的探索。U2大学的二级学院同时设置教授委员会和学术委员会,正在经历将学院内部最高学术治理机构从教授委员会转型为学术委员会的过程,而且很多二级学院做出行政人员全部退出学院内部最高学术治理机构的改革尝试。这些改革的成效有待探索。

U3大学:该校经过近70年的发展,形成以工科为主,理工渗透的多科性研究型大学,在一些机构组织的国内高校排名中属于"TOP 20～30"的行列。U3大学的二级学院单设教授委员会,为学院内部最高的学术治理机构,代行学术委员会职能。U3大学非常重视高校学术治理机构的建设,主张发挥教授委员会的功能,在学院内设置独立的教授委员会办公室。

总之,这三所一流大学都具有很强的学术影响力,有不同的优势学科,而且使得研究样本之间形成一定的层次,其发展和变革在我国一流大学中具有典型性。这三所案例学校希望我国一流大学二级学院学术委员会能够积极发挥功能的动机,便于笔者搜集材料。在建设世界一流大学的进程中,二级学院承担着重要的作用。当前,学院学术委员会在学院治理中发挥一定的功能,但是仍旧需要探索促进其发挥更大功能的方法。

2. 受访者的选取标准

研究对象的选择,是为了尽可能多地收集到有效的访谈资料,当所收集资料达到饱和,同时经过资料分析也达到"理论饱和"的阶段才停止抽样。

具体而言，研究样本的典型性包括四个标准：在所要调查领域取得最大进展、有意愿搜集到详细数据、代表不同的组织类型、相似的改变动机。[①] 这四个标准也是本书案例样本的遴选规则。第一，受访者为我国一流大学二级学院学术委员会委员、党政联席会成员、专任教师等内部人员，对其所在二级学院学术委员会工作有一定的了解或者关注。第二，受访者对本书的研究课题很有兴趣，愿意参加本课题的调研。第三，受访者对学院学术委员会功能发挥情况有一定的思考。

本书中四种不同的获得受访者的方式。第一种，笔者通过参加学术会议认识受访者，介绍自己的研究课题，然后发邮件确认访谈主题、访谈时间等。第二种，熟人介绍，包括与大学有合作关系的熟人及在一流大学工作的熟人。第三种，“行政资源搭桥联系”。笔者所就读的高校领导非常重视二级学院学术委员会的运行情况，愿意帮助笔者介绍若干符合研究需要的受访者。第四种，“滚雪球”方式。某些受访者高度肯定研究课题的价值，愿意介绍其他了解所在学院学术委员会的老师参与本研究。

为了保证研究材料的真实性，笔者采取以下措施。第一，笔者主要是自主联系受访者，保证受访者完全是根据自己的兴趣接受笔者的访谈。第二，在联系受访者后，笔者就研究目的、研究内容、是否录音等方式与受访者进行沟通，尊重受访者的意愿，并承诺对访谈资料进行保密。访谈过程中，笔者会适当分享自己的一些研究感想，与受访者之间进行有效的信息互动。[②] 第三，笔者尽量多地选择受访者。第四，笔者阅读国内外相关研究的文献，从而有效进行研究资料的去伪存真，提高对所搜集材料的判断能力。

3. 受访者的总体情况

本书的受访者为了解学院学术委员会的利益相关者(学术委员会委员、党政联席会成员、相关教师、兼任党政联席会成员和学术委员会委员)，形成“证据三角”。[③] 第一阶段，笔者主要通过面对面访谈 U3 大学的部分二级学院的教师；第二阶段，笔者通过面对面访谈与电话访谈相结合(主要以面对

---

① MINOR J T. Assessing the senate: critical issues considered[J]. The American behavioral scientist, 2003, 46(7): 960-977.

② 杨善华，孙飞宇. 作为意义探究的深度访谈[J]. 社会学研究，2005(5): 53-68.

③ 罗伯特·K. 殷. 案例研究：设计与方法[M]. 周海涛，等译. 重庆：重庆大学出版社，2014: 124.

面访谈为主),主要访谈 U2 大学、U1 大学的部分二级学院的老师;第三阶段,笔者仍旧是通过电话访谈与面对面访谈相结合方式(主要以电话访谈为主),访谈 U2 大学、U3 大学的部分教师。笔者与每一位受访者的每次访谈时间为 25～120 分钟。笔者自 2019 年 11 月开始搜集材料以来,整个过程至 2021 年 2 月结束。为了保证访谈的深度和完整,笔者与部分受访者之间保持较好的研究关系,进行了二次访谈、三次访谈。研究样本存在学科、受访者身份、年龄等差异,而且经过相应的效度检验,本书的有效样本最终选择 U1 大学的 12 位受访者、U2 大学的 18 位受访者、U3 大学的 15 位受访者,共计 45 位受访者。为了保护受访者及其所在单位的隐私,每位受访者用相应的符号代替。

本书中 45 位受访者的总体"肖像"(见表 1-2)信息如下:第一,学术委员会委员 14 位、专任教师 12 位(包括学院学术委员会秘书、竞选学院学术委员会委员的青年教授、学院学术委员会预备委员)、党政联席会成员 7 位、双重身份 12 位(学术委员会委员和党政联席会成员)。第二,性别结构中男性教师居多,占比为 75.56%。具体分布为 34 位男性老师,11 位女性老师。第三,职称结构中教授居多,占比约 88.89%。具体分布为 40 位教授、4 位副教授、1 位讲师(学术委员会秘书、学术委员会预备委员)。第四,受访者的年龄结构集中分布在 46～55 岁之间。具体分布为:46～50 岁的受访者为 12 位,51～55 岁的受访者为 9 位,36～40 岁的受访者为 7 位,56～60 岁的受访者为 6 位,41～45 岁的受访者为 5 位,61～65 岁的受访者为 5 位,66～70 岁的受访者为 1 位。年龄较大的受访者资历深,顾忌相对较少,有利于加深访谈深度。第五,学科结构包含人文社科、工程学科、自然学科、医学,但是最集中地分布在人文社科,占比为 60%。具体分布为:人文社科(包括管理学、体艺类)的受访者为 27 位,工程学科的受访者为 11 位,自然学科的受访者为 4 位,医学的受访者为 3 位。本书共涉及 10 个案例二级学院,具体包括 6 个文科学院、2 个工科学院、1 个理科学院、1 个医学院。这种学科分布的优势在于拓宽研究视野,不足之处在于其他学科相对较少,人文社科分布较多的优势在于有利于加强对该学科的纵深研究。第六,访谈形式相对均衡。面对面访谈有利于笔者与受访者之间的互动,电话访谈有利于突破时空限制。具体分布为:访谈形式中面对面访谈的受访者为 21

人,电话访谈的受访者为24人。①

表1-2 受访研究对象信息一览表(有效样本)

类别	具体分类	人数	占比(%)	类别	具体分类	人数	占比(%)
身份	学术委员会委员	14	31.11	年龄分布	46～50岁	12	26.67
	专任教师	12	26.67		51～55岁	9	20.00
	党政联席会成员	7	15.56		36～40岁	7	15.56
	学术委员会委员&党政联席会成员	12	26.67		56～60岁	6	13.33
性别	男	34	75.56		41～45岁	5	11.11
	女	11	24.44		61～65岁	5	11.11
职称分布	正高	40	88.89		66～70岁	1	2.20
	副高	4	8.89	学科分布	人文社科	27	60.00
	讲师	1	2.22		工程学科	11	24.44
访谈形式	面谈	21	46.67		自然学科	4	8.89
	电话	24	53.33		医学	3	6.67

第一类受访者:学术委员会委员。对于我国一流大学二级学院学术委员会委员访谈的意义在于从学院学术委员内部人视角了解学院学术委员会的情况。这种了解具有直观真实性。本书中共访谈14位学院学术委员会委员,占比约31.11%。这些学院学术委员会委员中有3位也是学校层面学术委员会委员。这种双重委员的身份有利于其了解整个学校层面的制度环境。一般而言,我国一流大学中三类人员能够成为学校学术委员会委员:二级学院的院长、学校重要职能部门的行政领导、学校特聘教授。这些学院学术委员会委员的具体特征(见表1-3)为:性别结构为12位男性,2位女性;职称结构为13位教授,1位副教授;访谈形式中电话访谈8人,面谈6人;年龄结构的分布情况:4位委员的年龄在46～50岁之间,4位委员的年龄在

① 由于2019新型冠状病毒(2019-nCoV)的影响,笔者的有些面对面访谈需要调整为电话访谈。部分电话访谈经常需要分多次完成,原因在于一些受访者经验丰富,对所在单位的学术委员会非常了解,愿意为笔者提供更多的信息,而另外一些具有行政职务的受访者,会临时要处理单位一些比较紧急的事情。在访谈偶尔中断后,笔者会和受访者再次预约访谈时间。

51～55岁之间，3位委员的年龄在56～60岁之间，2位委员的年龄在61～65岁之间，1位委员的年龄在36～40岁之间；学科结构的分布情况：人文社科委员为9位，工程学科委员为4位，医学委员为1位。

表1-3　受访学院学术委员会委员的基本信息(有效样本)

编号	性别	年龄(岁)	职称	学科性质	访谈形式	身份
M01	男	56～60	教授	工程学科	电话	学院学术委员会主任
M02	女	46～50	教授	工程学科	电话	学院学术委员会委员
M03	女	46～50	教授	人文社科	面谈	学院学术委员会委员
M04	男	36～40	副教授	人文社科	面谈	学院学术委员会委员
M05	男	51～55	教授	人文社科	面谈	学院学术委员会主任
M06	男	51～55	教授	医学	电话	学院学术委员会委员
M07	男	56～60	教授	工程学科	面谈	学院&学校学术委员会委员
M08	男	46～50	教授	人文社科	面谈	学院学术委员会副主任
M09	男	51～55	教授	人文社科	电话	学院&学校学术委员会委员
M10	男	61～65	教授	人文社科	电话	学院&学校学术委员会委员
M11	男	46～50	教授	人文社科	电话	学院学术委员会委员
M12	男	51～55	教授	工程学科	面谈	学院学术委员会委员
M13	男	61～65	教授	人文社科	电话	学院学术委员会委员
M14	男	56～60	教授	人文社科	电话	学院学术委员会主任

第二类受访者：学院专任教师。本书访谈的专任教师中包括学院学术委员会秘书、竞聘委员(学院学术委员会委员的产生方式是自愿申报，竞争上岗)、预备委员(学科发展比较好的二级学院的学术委员会注重培养下一届委员)、院长助理。对于专任教师访谈的意义在于呈现对所在学院学术委员会决策效果的认同，了解学院学术委员会的情况。这种了解虽然隔着一定的距离，但是具有真实性。本书中共访谈了12位专任教师，占比为26.67%，其基本特征为(见表1-4)：性别结构为7位男性老师，5位女性老师；职称结构为8位教授，3位副教授，1位讲师；访谈形式为8位面谈，4位电话访谈。年龄结构分布情况为36～40岁、46～50岁各4位，41～45岁3位，66～70岁为1位。学科结构分布情况为人文社科5位，自然学科1位，工程学科4位，医学2位。

表 1-4　受访专任教师的基本信息(有效样本)

编号	性别	年龄(岁)	职称	学科性质	访谈形式	身份
T01	男	36～40	教授	人文社科	面谈	专任教师/竞聘委员
T02	女	41～45	副教授	人文社科	电话	专任教师/预备委员
T03	男	36～40	副教授	工程学科	面谈	专任教师/院长助理[1]
T04	男	46～50	教授	工程学科	面谈	专任教师
T05	女	66～70	二级教授[2]	工程学科	面谈	专任教师
T06	女	46～50	教授	工程学科	电话	专任教师
T07	男	46～50	教授	医学	电话	专任教师/竞聘委员
T08	女	41～45	副教授	自然学科	面谈	专任教师
T09	男	41～45	教授	人文社科	面谈	专任教师/学院学术委员会秘书
T10	男	36～40	教授	人文社科	面谈	专任教师/院长助理
T11	男	46～50	教授	医学	面谈	专任教师
T12	女	36～40	讲师	人文社科	电话	专任教师/预备委员

[1]本研究中有 2 位受访者为院长助理，是由学院行政班子提名，经学校组织部选拔，然后任命。但是，在案例学院中，院长助理没有行政级别，因此被归类为专任教师。院长助理主要是辅助学院的院长做一些工作，计入工作量，有一定的经济报酬。院长助理职务设计的考虑可能是培养成未来二级学院的行政人员，但是由于受到学院传统、学院领导变化等因素的影响，具体的发展规划并不明晰。

[2]本研究的受访者中包括 2 位“二级教授”，其他均为三级教授。2008 年，我国教育部人事部联合发布高校教师评级定岗方法，将教师岗位划分为 13 个等级，其中正教授包括一级教授、二级教授、三级教授、四级教授。二级、三级、四级的控制比例在 1∶3∶6。级别越高，评审难度越高，数量越少。参见中华人民共和国人力资源和社会保障部.关于印发高等学校、义务教育学校、中等职业学校等教育事业单位岗位设置管理的三个指导意见的通知[EB/OL].(2007-05-07)[2021-10-01]. http://www.mohrss.gov.cn/rydwrsgls/SYDWRSGLSzhengcewenjian/200705/t20070507_83800.html.

第三类受访者：学院党政联席会成员。对于党政联席会成员的访谈意义在于，从学院内部最具话语权的视角，去了解我国一流大学二级学院学术委员会的运行情况。这种了解从一定程度上表明学院学术委员会功能发挥的直接影响因素。本书中共访谈了 7 位党政联席会成员，占比约15.56%，其基本特征如表 1-5：其性别结构为 6 位男性，1 位女性；职称均为教授。访谈形式中电话访谈 6 人，面谈 1 人。年龄结构在 51～55 岁的有 3 位，46～50 岁 2 位，36～40 岁、56～60 岁各 1 位。学科结构的分布情况为人文社科

5 位，自然学科 1 位，工程学科 1 位。

表 1-5　受访党政联席会成员的基本信息(有效样本)

编号	性别	年龄(岁)	职称	学科性质	访谈形式	身份
P01	男	51～55	教授	人文社科	电话	副书记
P02	男	36～40	教授	人文社科	电话	副院长
P03	男	46～50	教授	人文社科	面谈	副院长
P04	男	56～60	教授	自然学科	电话	院长
P05	女	51～55	教授	人文社科	电话	副院长
P06	男	51～55	教授	人文社科	电话	副书记
P07	男	46～50	教授	工程学科	电话	副院长

第四类受访者：这类受访者既是我国一流大学二级学院学术委员会委员，同时也是所在学院的党政联席会成员。对于学院学术委员会委员和党政联席会成员“双重身份”的访谈意义在于，兼具学院学术委员内部人视角和学院最具话语权视角了解学院学术委员会的情况。这种研究性访谈的优势在于既有助于了解学院学术委员会的真实情况，也能了解行政人员考虑问题的真实想法，更能发掘其在两种身份和角色之间的纠结与矛盾。本书中共访谈了 12 位学院学术委员会委员(党政联席会成员)，占比约26.67%，其基本特征如表 1-6：性别结构为 9 位男性，3 位女性；职称均为教授。年龄结构为 61～65 岁 3 位，51～55 岁 2 位，41～45 岁、46～50 岁、56～60 岁各 2 位，36～40 岁 1 位。访谈形式中电话访谈 6 人，面谈 6 人。学科结构的分布情况为人文社科 8 位，自然学科 2 位，工程学科 2 位。

表 1-6　受访双重身份成员的基本信息(有效样本)

编号	性别	年龄(岁)	职称	学科性质	访谈形式	身份
P&M01	男	61～65	教授	工程学科	面谈	学校 & 学院学术委员会委员/学校聘任委员会委员/院长/
P&M02	女	41～45	教授	人文社科	电话	副院长/学院学术委员会委员
P&M03	男	56～60	教授	人文社科	面谈	副院长/学院学术委员会主任
P&M04	男	51～55	教授	人文社科	电话	党政联席会成员/学院学术委员会委员
P&M05	男	51～55	教授	工程学科	面谈	副院长/学院学术委员会委员

续表

编号	性别	年龄（岁）	职称	学科性质	访谈形式	身份
P&M06	男	61～65	教授	人文社科	电话	院长/学院学术委员会委员
P&M07	男	56～60	教授	人文社科	电话	院长/学院学术委员会委员
P&M08	男	36～40	教授	自然学科	电话	副院长/学院学术委员会委员
P&M09	女	41～45	教授	人文社科	面谈	副院长/学院学术委员会委员
P&M10	男	46～50	教授	自然学科	电话	副院长/学院学术委员会委员
P&M11	女	61～65	二级教授	人文社科	面谈	院长/学院学术委员会委员
P&M12	男	46～50	教授	人文社科	面谈	院长/学院学术委员会委员

（二）资料搜集

本研究对深度访谈法的介绍主要包括该方法的内涵、该方法与研究问题的适切性、该方法的具体运用。

1.深度访谈法的内涵

深度访谈法的正确运用首先需要了解这一研究方法的内涵。本书从本体论、认识论、方法论和价值论四个维度解读深度访谈法。

第一，本体论关心“真实”的定义。真实是指对于“朝向事实本身”的研究过程中的理解。[①] 本书在运用深度访谈法中认为现实的本质（本体）不是唯一现实，而是基于多重现实基础上笔者和受访者共同构建。比如，一种主流话语形塑的真实可能呈现的是另一种意义上的真实。在一定程度上，我国一流大学二级学院学术委员会内部人员最了解其功能发挥的情况及其影响因素。本书中真实性能够得到保证的原因在于：其一，受访者参与本研究课题的自主性、对研究课题的关注及受访者的身份共同决定其愿意呈现真实的材料，而不是虚构。其二，受访者包括学术委员会委员、专任教师、党政联席会成员、同时担任党政联席会成员和学术委员会委员等四种身份。其三，在研究过程中，笔者与大部分受访者形成良好的研究关系，有持续的交流互动。

第二，认识论关心的知识是一种客观的反映还是一种主观阐释。深度

① 叶晓玲，李艺.“方法”还是“方法论”？现象学与质性研究的关系辨析[J].教育研究与实验，2018(4)：15-22.

访谈法是实证主义和阐释主义的折中,注重研究进程。[①] 实证主义相信知识是"坚硬的真实,外在于人"的客观[②],而阐释主义相信知识需要阐释。[③] 在质性研究范式中,深度访谈法相信知识在一定程度上是客观的,但也是可以阐释的。

第三,方法论关心的是获得知识的方式。"访谈"是研究者通过口头谈话的方式从受访者那里搜集到第一手资料的研究方法。[④] 在该方法中,研究者要把访谈作为一种"言语事件",对此进行分析、归纳和研究。访谈类型包括结构式访谈和半结构式访谈。本书主要采用半结构式访谈。访谈的第一步是构建访谈的合法性。本书的访谈合法性是学院层面实现"教授治院"的重要性。笔者向所有的受访者介绍访谈的学术性质、促进我国一流大学二级学院学术委员会功能发挥的研究目标、对研究资料的保密原则、研究问题自愿回答原则等。这些信息的交换有利于受访者对所参与课题的了解,形成认同感,并感受到自身的信息是安全的,从而确保研究材料的真实。

第四,价值论是指研究者的价值导向。研究者不可能将自己的价值完全地排除在研究之外。本书的价值取向是调动我国一流大学二级学院学术委员会委员参与学院治理的积极性,做出公正的学术判断,为教师的学术职业发展、学院的学科建设和"双一流"建设做出实质性贡献。

2.选择深度访谈法的原因

本书的研究问题与深度访谈法的适切性,主要是笔者能够通过与受访者的深度访谈,从而获得充足、有效的材料,呈现案例大学二级学院学术委员会的功能发挥状况及其影响因素。

第一,研究问题决定深度访谈法是契合的。受到学校传统、学科发展实

---

① BARKER A, NANCARROW C, SPACKMAN N. Informed eclecticism: a research paradigm for the twenty-first century[J].international journal of market research, 2001,43(1):3-27.

② THEMINA B. Conducting research in educational contexts[M].London: Continuum International,2010:79.

③ SHAH S, AL-BARGI A. Research paradigms: researchers' worldviews, theoretical frameworks and study designs[J]. Arab world English journal, 2013,4(4):252-264.

④ 陈向明.质的研究方法与社会科学研究[M].北京:教育科学出版社,2000:165.

力、学院领导班子等多种因素的影响，我国一流大学学院学术委员会的运转情况是非常复杂的。研究问题的复杂性需要笔者祛除偏见，搜集多所我国一流大学的学院学术委员会运转经验，从而撕开观察我国一流大学二级学院学术委员会的“缝隙”。

第二，研究对象的自愿参与决定深度访谈法是可行的。本研究的受访者大多是来自不同学科背景的教授，甚至是所在学科的“学术守门人”。一方面，受访者理解并愿意支持笔者开展博士学位论文的调研，从而获得通向“学术场域”的“入场券”，所以愿意抽出时间接受访谈。另一方面，受访者希望通过分享当前我国一流大学二级学院学术委员会的运转情况，推动建设更加有效的学院学术委员会，因而愿意表达自己的真实想法。

第三，笔者的方法基础决定深度访谈法是可操作的。其一，笔者具有一定的质性方法基础。一方面，笔者在硕士、博士学习阶段选修质性研究方法课程，而且硕士论文选用质性研究方法中“RUC 生活历史法”(RUC Life Story Approach)[①]；另一方面，笔者已发表多篇探讨教育研究方法论的学术文章，促进笔者对研究方法的反思，为运用研究方法打下基础。因此，笔者在研究过程中能够比较好地掌握一些研究技巧。比如，笔者能够较好地向自己的受访者传递诚意，获得受访者的信任，让受访者感觉“不会拒绝与真诚的人交流”，从而实现搜集有效材料的研究目标。其二，由于身份限制，笔者不能参与观察学院学术委员会的具体运转过程，从而形成“局外人”的身份。笔者的“局外人”身份在研究过程中转化成为一种优势。以美国学者露丝·本尼迪克特(Ruth Benedict)对日本文化的考察为例，由于在特殊的战争时期，露丝接到需要研究日本文化的重要任务，但是无法到日本进行实地考察，通过对生活在美国的日本人进行深度访谈，最终成就了解释日本文化的佳作《菊与刀：日本文化的类型》(*The Chrysanthemum and the Sword: Patterns of Japanese Culture*)。[②] 该著作激发笔者的学术勇气和研究信心，坚信笔者通过质性研究范式，对学院学术委员会的委员、党政联席会成员、二级学院的专任教师等的深度访谈，能够了解学院学术委员会运行的真

① RUC 生活历史法是丹麦罗斯基勒大学(Roskilde University Centre ,RUC)的奥利森教授带领团队开创而成，通过分析研究对象的生活故事，探索个体与外界的互动关系。

② 露丝·本尼迪克特.菊与刀：日本文化的类型[M].北塔，译.哈尔滨：北方文艺出版社，2015：5.

实状况，并分析其背后的影响因素。因为笔者能够超脱自己的利益，从而相对客观地直面研究材料。通过对受访者的深度访谈，让笔者从绝对的“局外人”，变成某种意义上的“外在局内人”，有助于笔者保持相对从容的心态，从而客观地分析材料，呈现我国一流大学二级学院学术委员会的运转情况。

(三)信度和效度保证

学术研究中的信度意味着研究数据的可靠性和一致性，而效度意味着研究发现和研究结果的真实性，涉及研究构想和研究数据之间的紧密连接。为了提高信度和效度，本研究尽量增加相同学院学术委员会的受访者人数，运用“三角检验”来验证资料的真实性和一致性。此外，信度和效度的保证主要体现在研究方法的规范使用。

1.预访谈

本研究选择预访谈，增强笔者的信息辨认能力和提高现场访谈技巧。在正式访谈前，笔者联系部分我国一流大学和地方高校二级学院的党委书记、院长、组织部部长、人事处处长、教务处处长等人进行访谈。这些预访谈帮助笔者了解了我国高校工作的情况，加深了对我国一流大学二级学院学术委员会运转环境的了解程度，也帮助笔者提升现场访谈技巧、提高在研究材料处理过程中的判断能力。

2.编制访谈提纲

通过编制有效的访谈提纲，帮助笔者在访谈现场搜集到丰富的研究材料。本研究中的深度访谈是围绕我国一流大学二级学院学术委员会的功能发挥情况，而开展的半结构式的研究性交谈。访谈提纲的设计是围绕研究问题而列出的若干子问题，但是在访谈过程中会根据访谈情境的变化增加新的访谈问题。访谈提纲有利于保证笔者在研究过程中紧扣研究问题，提高研究效率和研究质量。本研究的访谈提纲是针对四类人员(专任教师、学院学术委员会委员、党政联席会成员、兼具党政联席会成员及学院学术委员会委员双重身份)设计的四份访谈提纲。

本研究四份访谈提纲主要包括五个部分的信息。第一部分，受访者的基本信息，包括求学背景、工作经历、所在学院发展情况等。对于受访者基本信息了解的意义在于表达对受访者个人成长史的兴趣，既有利于打开受访者的“话匣子”，也有利于笔者在材料分析环节了解受访者的某些思维和行为选择的个人背景。第二部分，我国一流大学二级学院学术委员会基本运行情况的了解。比如，学院学术委员会的会议召开次数、决策议题和典型事件等客观信息。第三部分,影响我国一流大学二级学院学术委员会运行的因素分析,有利于深度了解学院学术委员会的运行现状。第四部分,理想中的我国一流大学二级学院学术委员会运行状况的设想并提出相应建议,从而在研究框架的基础上提出促进学院学术委员会功能发挥的可行性改进措施。第五部分,开放性题目。笔者请受访者补充研究过程中被忽略的重要信息。

3.正式访谈

在本研究中,笔者在正式访谈中采用两大策略保证信息的真实性。一方面,正式访谈分为四个不同的阶段,笔者通过"查看文献—访谈—思考—再访谈"的过程,不断地提高访谈的提问技巧,确保信息的真实度。另一方面,在联系受访者的过程、访谈过程及其研究材料的处理中,笔者秉持尊重研究对象隐私的原则,在录音之前会征得受访者的同意,大部分的受访者表示赞同录音。但是,少数受访者考虑到录音可能会影响他们说出真实的内容,不建议录音。在这种情况下,笔者采取现场速记法记录重要访谈信息,访谈后期通过记忆快速补上相关信息。对于不清晰的地方,笔者会再联系受访者进行补充。

(四)资料的整理和分析

本研究的资料分析过程中遵循"分析性归纳"的原则以提高分析结论的效度。在一项研究中,研究材料分析的过程是曲折的,通常是研究者在原始数据、已有文献、研究者变化的观点之间不断地穿梭。研究者对研究材料的分析似乎是永无止境的,即"分析始于研究问题的提出,止于研究的发表"。① 本研究中材料分析包括三个步骤。

步骤一:研究材料主要来源于深度访谈的材料。为了保证访谈资料转录的准确性,笔者通过人工的方式将录音转化为文字。在听这些录音的过程中,笔者既能感知受访者语言表达的情绪和意义,也能磨砺自己的反思技巧。

步骤二:笔者对访谈文本进行编辑。这个过程主要是理顺访谈材料的语句,将意思相同的材料进行合并及将一些重复的材料进行删除。

步骤三:按照本研究的研究框架对访谈文本进行编码。区别于研究中

---

① HARLAND T. Learning about case study methodology to research higher education[J].Higher education research & development,2014,33(6):1113-1122.

“价值悬置”，本研究采用“价值介入”的立场。笔者相信教育研究活动既不可能离开假设，[①]也不可能离开价值。但是，本研究采取严格遵循扎根理论的步骤进行编码，主要通过 NVivo12.0 软件对质性资料进行进一步分析。

这一过程具体如下：首先，在开放编码环节，笔者尽可能从访谈资料中发现与学院学术委员会功能定位相关的概念类属。为了能够进行有效编码，笔者在编码过程中仔细对照田野日志加深印象，并积极做批注式备忘录。本研究最终形成 244 个码号，编码手册见附录二。通过持续地编码，本研究从 244 个码号中提取出 25 个初始概念，包括制度缺失、健全的制度、好的制度、制度运行缺乏规范、维护规章制度、制度执行不好、规章制度僵硬、制度是为人服务的、校院关系、学校授权二级学院、学校监督二级学院、院长的能力、行政权力、政治权力、学术权力、民主监督有限、外部关系、内部关系、圈子内的人、圈子外的人、“自己人”、“外来户”、信任、对组织的适应方式、内心的适应方式。开放编码示例如表 1-7 所示。其次，在关联式编码环节，笔者找到访谈资料中确定的概念类属与各部分材料的关联。例如，学院学术委员会委员的产生方式与运行机制、学院制度建设与学院学术委员会功能等。主轴编码结果如表 1-8 所示。最后，笔者对所有概念类属进行不断的比较分析，寻找类属之间的意义关联。本研究最终形成四大主题、十二大类属概念。

表 1-7　开放编码示例

初始概念	原始语句(示例)
制度缺失	我觉得招聘信息要公示，然后这个候选人这个入围的一定要公示(M13)
健全的制度	我们很多的制度都有，非常健全(M03)
好的制度	学校制定的政策要合理。任何学院的发展都需要好的制度(M02)
制度运行缺乏规范	制度运行的时候随意性很大(P&M05)
维护规章制度	学术委员会委员的规则意识很重要(M01)
制度执行不好	任何一种制度在执行的时候都涉及个人(P&M01)

① 吴康宁.在假设的世界中生存：关于人的一个假设[J].高等教育研究，2005(9)：32-39.

续表

初始概念	原始语句(示例)
规章制度僵硬	制度是刚性的,最终还是需要人的自觉才能运转好(M07)
制度是为人服务的	所有制度设计的终点都应该是为人服务的(P&M05)
校院关系	学校是全体,二级学院是局部。学校有自己的统筹考虑(P&M04)
学校授权二级学院	学校应该是将权力"下沉"到二级学院(P&M09)
学校监督二级学院	学校应该对二级学院进行把关,对重大决策进行监督。学校的"板子"打下来后,二级学院应该及时去纠正(M01)
院长的能力	我们没有教授怕院长的,都是院长怕教授……院长就是为学院服务的(P&M06)
行政权力	我们现在的情况是行政权力"秒杀"学术权力(M12)
政治权力	现在都是党领导一切(P06)
学术权力	学术权力其实是被剥夺的(M14)
民主监督有限	我们的教师需要发挥监督权力,表达自己的观点。这样即使学院表面上看起来好像没有秩序,但是运行效果却会更好(T05)
外部关系	还是会有很多的人情关系进到学术委员会(P&M01)
内部关系	学校的制度要求在那里,人情关系也不会发挥作用。即使有人跟我们"打招呼",等到投票的时候我们还是按照自己的学术判断(M06)
圈子内的人	大科研团队的人互相帮衬,逐渐地形成圈子(P&M01)
圈子外的人	理工科很容易有科研团队,也就很容易形成圈子。圈子外的人需要自己发展(P&M05)
"自己人"	我没有这所学校的求学背景,没有师兄师弟的同门关系。通过学校设置的那一关也就没有"自己人"(T08)
"外来户"	我自己就是"外来户",虽然是副院长了,但还是非常的边缘(P&M10)
信任	教授应该是值得信任的,包括人品、学术水平、工作能力等所有方面(P&M09)
对组织的适应方式	学术委员会中有很多的"大佬",我就是去"充票数"的,所以我也很沉默,不会多说话,也不会给别人制造阻力(M04)
内心的适应方式	我的内心很感恩,所以觉得自己还是要好好工作(M01)

表 1-8　主轴编码结果

主题	概念类属	初始概念	关系的内涵
制度	制度建设	制度缺失	学院建立制度是学术委员会发挥功能的依据
		健全的制度	
		好的制度	
	制度执行	制度运行缺乏规范	制度运行环节总是受到多重因素的影响，会造成学术委员会功能发挥的制度执行偏差
		维护规章制度	
		制度执行不好	
	制度反思	规章制度僵硬	学院需要对制度进行反思，从而制定更加合理的有利于学院学术委员会功能发挥的制度
		制度是为人服务的	
权力	学校，学院权力	校院关系	学校与学院的权力决定了学院是否为自主办学的实体单位
		学校授权二级学院	
		学校监督二级学院	
	院长权力	院长的能力	院长的行政能力和学术水平很大程度上影响对学院学术委员会的认识和运转
		行政权力	
	学院内部的权力	政治权力	二级学院内部政治权力、行政权力、学术权力、民主权力的博弈，影响学院学术委员会的功能
		学术权力	
		民主监督有限	教师的民主权力对于学院内部其他三种权力的监督
文化	关系文化	外部关系	各式各样的关系文化影响学院学术委员会能否严格按章规章制度运转
		内部关系	
	圈子文化	圈子内的人	在学院内部，以科研团队为载体形成的圈子，成为学术委员会内部投票的绝大多数，使得“票决制”的有效性成为一种考验
		圈子外的人	
	学缘文化	“自己人”	学缘关系影响学院学术委员会委员的投票表决
		“外来户”	
	信任文化	信任	学校对学院的信任、学院内部院长为代表的行政团队对学术委员会的信任、学院内部专任教师对学术委员会的信任
人格	组织人格	对组织的适应方式	对外界环境的适应方式是影响学院学术委员会功能的关键
	个人人格	内心的适应方式	

第二章

理论基础

理论讨论的是事件怎样发生和为什么发生，其中科学理论具备三个特点：寻求事物的一般属性和过程；表述比日常用语更规范；采用不同的方法对具体事件进行检验。[①] 本研究为厘清我国一流大学二级学院学术委员会功能发挥的前提，深入探究二级学院的组织属性，选择组织理论和结构功能主义两大理论。其中，组织理论是探究不同组织属性的基本理论，可为二级学院探寻有效治理模式提供理论基础，而结构功能主义作为一种对组织进行功能分析的理论，可为学院学术委员会发挥功能的大小及其受到学院内部结构的影响程度提供理论解释。

第一节　组织理论及其在研究中的应用

一、组织理论发展概述

1937 年，美国管理学家卢瑟·古利克（Luther Gulick）和英国管理学权威林德尔·厄威克（Lyndall Urwick）的《管理科学论文集》（*Papers on the Science of Administration*）出版，标志着“组织理论（Organizational Theo-

① 乔纳森·特纳.社会学理论的结构（上）[M].邱泽奇，张若元，译.北京：华夏出版社，2001：1-2.

ry)”这一概念的正式提出。[①] 但是,组织理论的流派则在这一概念提出之前。组织理论是关于各种各样组织的理论,需要“研究和解释组织的结构、职能和运转及组织中群体行为与个人行为等现象,并指出其中的规律”[②]。有效的管理需要以组织理论为基础。

组织理论的发展经历了不同阶段,阶段的划分依据包括时间顺序或理论内容,但是单一的划分依据均存在一定的优势和劣势。因此,我国学者朱国云结合组织理论的时间顺序和内容,将组织理论流派划分为五个阶段:[③] 第一阶段是科学管理时期的组织理论,代表理论包括美国的“科学管理之父”弗雷德里克·泰勒(Frederick Taylor)的职能组织理论、德国的社会学家马克斯·韦伯(Max Weber)的组织结构理论、法国的工程师亨利·法约尔(Henri Fayol)的组织过程理论、美国管理学家卢瑟·古利克和英国管理学权威林德尔·厄威克的组织设计理论,关注点都是通过组织结构的设计解决组织效率低下的问题,实现组织的科学管理;第二阶段是行为科学时期的组织理论,代表理论包括美国学者乔治·梅奥(George Mayo)的人际关系组织理论、美国现代行为科学家伦西斯·利克特(Rensis Likert)的支持关系组织理论和美国学者弗雷德里克·赫茨伯格(Frederick Herzberg)的组织激励理论,关注点是通过协调组织人际关系实现有效管理;第三阶段是科学决策时期的组织理论,代表理论包括美国企业家和组织理论学家切斯特·巴纳德(Chester Barnald)的组织理论、美国行政学家赫伯特·西蒙(Herbert Simon)的组织决策理论,将组织本身看作一个协作系统,注重从组织本质属性出发,实现组织的科学决策;第四阶段是系统科学时期的组织理论,代表理论包括美国学者弗雷德·费德勒(Fred Fiedler)的组织权变控制理论、美国学者弗里蒙特·卡斯特(Fremont Kast)和美国管理学家詹姆斯·罗森茨威克(James Rosenzweig)的系统与权变组织理论,关注点为组织动态适应内外部环境,从而实现高效管理;第五阶段是管理文化时期的组织理论,代表流派包括美国学者埃德加·沙因(Edgar Schein)的组织文化模型理论、梅丽·路易斯(Mery Louis)的组织文化渊源理论、美国学者琳

① 朱国云.组织理论:历史与流派[M].南京:南京大学出版社,1997:6.

② D.S.皮尤.组织理论精萃[M].彭和平,杨小工,译.北京:中国人民大学出版社,1990:3.

③ 朱国云.组织理论:历史与流派[M].南京:南京大学出版社,1997:6.

达·斯默西奇(Linda Smircich)的组织共有意义理论,其关注点是如何通过培育好的组织文化实现管理专业化。

从这些发展阶段可以看出:第一,组织理论是极具生命力的理论,吸引了不同领域的实践者和学者,从而共同促进该理论的繁荣;第二,这种划分虽然可能简化了一些理论的内容,但是清晰地呈现了组织理论流派的发展脉络;第三,一个理论要想繁荣发展,既需要继承者,也需要理论的批判者。本研究选择巴纳德的组织理论,既是因为巴纳德组织理论在整个组织理论中发挥着承前启后的作用,其开启了现代管理的新思路,更是因为其以组织属性为起点探索组织的有效管理方式,契合本研究的问题。

二、切斯特·巴纳德组织理论的基本要义

切斯特·巴纳德(1886—1961)是美国著名的管理学家和高级经理人员,被誉为"现代管理理论之父",[①]代表作为1938年出版的《经理人员的职能》(*The Executive of Function*)。该书较为详尽地呈现了其关于组织和管理的思想,指出传统管理理论对组织的研究主要集中在组织结构等技术方面,而有效的管理理论应从组织的本质与特征出发。[②] 该书标志着组织理论的研究进入系统理论时期。

切斯特·巴纳德认为,组织的实质是"相互协作的关系,是人相互作用的协作系统,包括人的系统、社会系统和物质系统。"[③]这表明切斯特·巴纳德组织理论视角下的组织具有两个特点:第一,组织是理性的。在这个理性的系统中,人们审慎且有意识地进行合作,从而使组织能通过各种功能和责任的配置,完成既定的共同目标。第二,人的理性是有限度的,会受到人、社会和物质等因素的共同影响。

在切斯特·巴纳德视角下,社会中存在经济组织、非经济组织(如政治组织、教育组织、宗教组织)等多种组织形式。这些多种多样的组织存在正

---

① 占部都美.现代管理论[M].蒋道鼎,译.北京:新华出版社,1984:1359.

② 切斯特·巴纳德.经理人员的职能[M].孙耀君,等译.北京:中国社会科学出版社,1997:序2.

③ 切斯特·巴纳德.经理人员的职能[M].孙耀君,等译.北京:中国社会科学出版社,1997:60.

式组织和非正式组织两种类型。[①] 其中，正式组织的本质是“有意识地采用实现目的的手段。”[②]但是，切斯特·巴纳德虽然研究正式组织，也不排斥非正式组织，认为无论是正式组织或非正式组织，组织的本质和过程决定着组织职能的内容及如何实现这些职能，即“组织的职能必须表达出组织本身的性质”。[③] 与此同时，切斯特·巴纳德也特别看重个人有效参与到组织环境中，[④]重视人的直觉在决策中的作用，[⑤]主张通过个人的努力促使组织发挥功能。

作为协作系统的组织包括协作愿望（有了共同目的，才能有协作意愿）、共同目的（能够联合人进行协作的目的）、信息交流（为实现组织共同目的而进行的动态交流过程）三大要素。[⑥] 切斯特·巴纳德认为，组织目标在组织中是重要的，应该具有“先见性和理想性”[⑦]。作为组织的二级学院是有意识地协调学院内部人的活动而形成的系统。二级学院组织中包括的要素是学院发展的目标、适应学院内外部环境、协调和促进学院信息交流的人。

组织的存在取决于协作系统能否维持平衡。组织的平衡包括组织外部平衡、组织内部平衡和组织内部的各要素之间的平衡。[⑧] 组织协作持续存在的基础，必须包括有效性（协作体系目的实现程度）和能率（满足个人的动机、追求的后果）。组织与外部保持平衡的两个条件包括有效性（effectiveness）和能率（efficiency）。切斯特·巴纳德认为有效性是指达到客观目的

---

① 切斯特·巴纳德.经理人员的职能[M].孙耀君，等译.北京：中国社会科学出版社，1997：97.

② 切斯特·巴纳德.经理人员的职能[M].孙耀君，等译.北京：中国社会科学出版社，1997：147.

③ 切斯特·巴纳德.经理人员的职能[M].孙耀君，等译.北京：中国社会科学出版社，1997：1.

④ 赖特·米尔斯，塔尔考特·帕森斯.社会学与社会组织[M].何维凌，黄晓京，译.杭州：浙江人民出版社，1986：142.

⑤ 切斯特·巴纳德.经理人员的职能[M].孙耀君，等译.北京：中国社会科学出版社，1997：227-228.

⑥ 切斯特·巴纳德.经理人员的职能[M].孙耀君，等译.北京：中国社会科学出版社，1997：2.

⑦ 切斯特·巴纳德.经理人员的职能[M].孙耀君，等译.北京：中国社会科学出版社，1997：11.

⑧ 切斯特·巴纳德.经理人员的职能[M].孙耀君，等译.北京：中国社会科学出版社，1997：66.

信念一直存在，能够激发组织成员为组织做贡献的意愿[①]；能率是指通过满足个人动力来激励个体做出有利于组织存在和发展活动。[②] 本研究中组织外部平衡是指我国一流大学二级学院学术委员会与学院内部院长、党政联席会等机构的平衡，而组织内部平衡是指学院学术委员会内部不同委员之间的利益平衡。本研究中的"有效性"是指我国一流大学二级学院学术委员会在学院治理中发挥了相应的功能，从而实现了学院的发展目的；本研究中的"能率"是指我国一流大学二级学院学术委员会在学院治理中发挥了特定的功能，从而实现了学院内部教师个体的发展目的。巴纳德认为，组织内部要实现真正的协作，需要组织目的和个人目的相一致。[③] 如果二者之间存在一定的隔阂抑或直接的冲突，则增加组织内部进行有效协作的难度。

总之，巴纳德的组织理论是相对全面的理论，同时关注正式组织和非正式组织、组织的外部平衡和内部平衡、组织的目的与个人的目的，也会关注发挥理性的作用，并理解理性的限度。

第二节　结构功能主义理论及其在研究中的应用

一、结构功能主义理论概述

结构功能主义（Structural Functionalism）是现代西方社会学理论中的重要流派之一，可以溯源到法国哲学家奥古斯特·孔德（Auguste Comte）、英国教育学家赫伯特·斯宾塞（Herbert Spencer）、法国社会学家埃米尔·涂尔干（Émile Durkheim）等人的社会结构理论。此外，英国社会学家拉德克利夫·布朗（Radicliffe Brown）、英国社会人类学家马林诺夫斯基

① 切斯特·巴纳德.经理人员的职能[M].孙耀君，等译.北京：中国社会科学出版社，1997：73.

② 切斯特·巴纳德.经理人员的职能[M].孙耀君，等译.北京：中国社会科学出版社，1997：74.

③ 邹治平，刘艳红.社会系统理论的创始人：切斯特·巴纳德[M].保定：河北大学出版社，2005：50.

(Bronislaw Malinowski)等人也进一步丰富和发展了结构功能主义。结构功能主义理论分别从结构主义理论和功能主义理论中获取理论资源,并将这两个理论进行最大限度的整合。[①] 该理论的集大成者是美国现代社会学的开创者塔尔克特·帕森斯。在帕森斯看来,社会是相互关联的结构或组织化形式而构成的系统,其各个部分以有序的方式相互关联,从而对社会整体发挥相应的功能。[②] 简言之,结构功能主义理论认为结构决定功能,不同的结构(子系统)在系统中发挥着不同的功能。

塔尔克特·帕森斯将其主要观点划分为三个阶段:[③]第一个阶段的代表作是其在1949年出版的《社会行动的结构》(*The Structure of Social Action*)。该书是对西方社会普遍性问题的经验研究,主要阐明英国经济学家阿尔弗雷德·马歇尔(Alfred Marshall)、意大利经济学家和社会学家威尔弗莱多·帕累托(Vil-fredo Pareto)、法国社会学家埃米尔·涂尔干(Émile Durkheim)和德国社会学家马克斯·韦伯(Max Weber)的研究并非是有关人类社会的四种特别的理论,而只是理论思维结构上的主要运动;第二个阶段是"结构—功能"理论的阶段,该阶段的代表作为其在1951年出版的两本著作《一般行动理论试探》(*Toward a General Theory of Action*)和《社会体系》(*The Social System*),选择来自生物学和人类学的"体系"概念、涂尔干式狭义的"行动"概念且青睐于心理学和社会人类学中的人格理论;第三个阶段的代表作是其在1956年出版的《经济与社会》(*Economic and Society*),表明经济系统是社会中的次级体系,而且与其他次级体系系统关联。

根据研究问题,本研究选择塔尔克特·帕森斯的"结构—功能分析方法"。结构功能主义的基本观点为社会是由若干组织化的子系统构成的,子系统之间相互关联从而发挥相应的功能。[④] 该方法的特征是把暂时性、复杂多变的行为与假定稳定需求系统和机制联系起来。塔尔克特·帕森斯认为,该方法可以运用到任何层次的系统,但需要一些限制条件,即接受"不是

---

① 文军.西方社会学理论:经典传统与当代转向[M].上海:上海人民出版社,2006:124.

② 戴维·波普诺.社会学[M].李强,等译.北京:中国人民大学出版社,2000:108-109.

③ 帕森斯.社会行动的结构[M].张明德,夏遇南,彭刚,译.南京:译林出版社,2008:序言18-19.

④ 刘润忠.社会行动·社会系统·社会控制:塔尔科特·帕森斯社会理论述评[M].天津:天津人民出版社,2005:2-3.

人为什么按照其行动方式行动，而是在一定环境中人为什么必须按照那种方式行动”。[①] 尽管这反驳了后续某些研究者认为塔尔克特·帕森斯结构功能主义只能分析宏观结构的观点。但是，塔尔克特·帕森斯结构功能分析理论确实具有宏观性的特质，后续研究者在使用过程中，应该结合选定的研究主题对该理论进行一定的调适，从而使其更加适用于自身的研究。

二、帕森斯结构功能主义的基本要义

结构功能主义视角下的具体结构的理解是多样的，主要包括三种观点：第一，结构是“组织的正规与非正规方面共同影响的结果”[②]；第二，结构是“指由行动者在一定情境中彼此互动而成”[③]；第三，“结构”是“一系列相对稳定或相对持久的规范系统”。[④] 这一概念界定将“结构”与“系统”联系起来，使得“系统”成为该理论的核心概念。在一般的社会行动结构中，系统是结构和功能的统一体。因此，一个集体是一种特殊的社会系统。塔尔克特·帕森斯对于系统结构的分析，既包括各种可见的物质性社会结构，还包括理念、价值和利益等隐性的社会结构。[⑤] 这意味着动员集体的力量实现一个明确和专门的目标。[⑥]

其中，塔尔克特·帕森斯将社会看成一个具有一定结构和组织化手段的系统，并且认为这个系统包含若干子系统，具体包括行为有机体系统（生理系统）、人格系统（动机和需要倾向）、社会系统（角色和集体）、文化系统（价值取向）四个子系统。当不同取向的行动者互动时，便产生了约定，维持约定的互动模式便产生了“制度”，而制度化的模式就是社会系统。[⑦]

---

① 赖特·米尔斯，塔尔考特·帕森斯.社会学与社会组织[M]. 何维凌，黄晓京，译.杭州：浙江人民出版社，1986：150.

② 赖特·米尔斯，塔尔考特·帕森斯.社会学与社会组织[M]. 何维凌，黄晓京，译.杭州：浙江人民出版社，1986：146.

③ PARSONS T. The social system[M]. New York: Free Press，1951：26.

④ 黄晓京.莫顿及其结构功能主义理论[J].国外社会科学，1982(8)：58-61.

⑤ 高宣扬.当代社会理论[M].北京：中国人民大学出版社，2005：537 .

⑥ 塔尔科特·帕森斯，尼尔斯·梅尔瑟.经济与社会：对经济与社会的理论统一的研究[M].刘进，林午，李新，译.北京：华夏出版社，1989：14.

⑦ 乔纳森·特纳.社会学理论的结构（上）[M].邱泽奇，张茂元，译.北京：华夏出版社，2001：1.

结构功能主义的核心观点就是结构决定功能。塔尔克特·帕森斯认为，这四个子系统共同构成了作为整体的和相互补充的系统，其发挥功能的关键是社会成员凝聚共同的价值体系。[①] 在塔尔克特·帕森斯结构功能主义视角下，组织的每个系统均承担相应的功能，具体体现如下：第一，适应功能是指子系统与其所处的环境进行信息、资源的交换，获得分配给各个子系统的资源，该功能由有机体系统承担。第二，目标实现功能是组织最主要的功能，指系统在适应过程中追求的合适目标，该功能由人格系统承担。[②] 第三，整合功能是指社会系统必须有能力协调其系统内部的各组成部分，[③]该功能由社会系统承担。第四，潜在模式维持功能是指系统根据某种规范保持某种社会行动的延续，该功能由文化系统承担。[④] 文化系统中所包含的价值规范是实现维持模式功能的前提。塔尔克特·帕森斯认为，这四大系统之间存在互补的输入—输出关系，互相交换着能量和信息。低层次系统能量受到高层次系统能量的控制，高层次系统需要较低层次系统提供必不可少的条件。[⑤] 总之，这四个基本系统都发挥着相应的功能，即适应（Adaption）、目标实现（Goal Attainment）、整合统一（Integration）和模式维持（Latent Pattern Maintenance），简称 AGIL 模式。[⑥]

继塔尔克特·帕森斯之后，美国社会学家罗伯特·默顿（Robert Merton）对传统功能主义发出挑战，并做出重要理论贡献，认为结构功能主义中由结构产生的功能可以细化为“显功能”和“潜功能”、“正功能”和“负功能”。“显功能”（manifest function）和“潜功能”（latent function）的划分标准是主观目的与客观后果是否能保持一致。“显功能”是指某一具体单元

---

① T.帕森斯.现代社会的结构与过程[M].梁向阳，译.北京：光明日报出版社，1988：19.

② T.帕森斯.现代社会的结构与过程[M].梁向阳，译.北京：光明日报出版社，1988：25.

③ 乔纳森·特纳.社会学理论的结构（上）[M].邱泽奇，张茂元，译.北京：华夏出版社，2001：2.

④ T.帕森斯.现代社会的结构与过程[M].梁向阳，译.北京：光明日报出版社，1988：17.

⑤ 乔纳森·特纳.社会学理论的结构[M].吴曲辉，译.杭州：浙江人民出版社，1987：87.

⑥ 塔尔科特·帕森斯，尼尔斯·梅尔瑟.经济与社会：对经济与社会的理论统一的研究[M].刘进，林午，李新，译.北京：华夏出版社，1989：17-18.

(人、亚群体、社会系统和文化系统)的那些有意安排的客观后果;“潜功能”是指同一层次上发挥出无意图的、且未被外界意识到的后果。[①] 默顿划分系统的“正功能”(eufunction)和“负功能”(dysfunction)的标准是“多重后果的净差额”,具体内涵为“那些对社会文化系统具有积极意义的后果为‘正功能’,而对该系统具有消极意义的后果为负功能”[②]。“正功能”的发挥有助于系统适应内外部环境,而“负功能”则会削弱系统适应内外部环境的能力。这些观点补充,呈现了“功能”的多种面貌,大大丰富了后续研究者对功能的认知,并内化为相应的研究工具。

在本研究中,“显功能”是指我国一流大学二级学院学术委员会发挥的客观且能够被观察到的效果;“潜功能”是指我国一流大学二级学院学术委员会发挥的客观但并未被观察到的效果;“正功能”是指我国一流大学二级学院学术委员会做出的学术决策有利于促进学院发展、保障教师的合法利益,可能是显性的,也可能是隐性的,需要结合具体情境进行分析;“负功能”是指我国一流大学二级学院学术委员会做出的学术决策不利于促进学院发展、无法保障教师的合法利益,可能是显性的,也可能是隐性的,需要结合具体情境进行辨别。“正功能”是我国一流大学二级学院学术委员会的治理价值所在,“负功能”是我国一流大学二级学院学术委员会的治理风险。

第三节 理论的调适与契合

本研究借鉴切斯特·巴纳德组织理论探究二级学院的组织属性,基于帕森斯结构功能主义推导出学院学术委员会功能发挥的影响系统及可能的功能效果。鉴于两个理论产生的背景、时间、解决的问题与本研究所要解决的问题存在一定的隔阂,本节内容将对这两个理论进行一定的调适。这种调适的合理性在于:一方面,研究问题是不断变化的,而经典理论的产生具有一定的时空情境,即新的研究问题需要理论调适;另一方面,学术研究需

---

① 罗伯特·莫顿.社会理论和社会结构[M].唐少杰,译.南京:译林出版社,2006:152-170.

② 罗伯特·莫顿.社会理论和社会结构[M].唐少杰,译.南京:译林出版社,2006:153.

要经典理论提供分析框架和洞见，避免停滞于经验层面的零碎研究。本节内容在于对巴纳德组织理论和帕森斯结构功能主义的调适，从而更好地契合研究问题，并为本研究服务。

一、二级学院的组织属性

组织理论是管理学中的经典理论。从组织属性的视角变革大学管理，是高等教育研究的重要议题。关于大学组织的复杂性，学者主要有两种不同的观点。第一种，无法归类。正如法国著名史学家雅克·勒戈夫(Jacques Le Goff)所言："相对教会、国家、城邦来说，大学组织是无法归类的。"[①]这些研究者认为，无法归类的大学组织属性，决定了大学的管理非常复杂，不能直接套用其他组织的管理方式，即使套用这些管理方式，其管理效果也是不佳的。第二种，大学组织是一种学术组织。美国学者罗伯特·伯恩鲍姆(Robert Birnbaum)认为大学的组织属性是学术组织，因此大学组织不能照搬经济组织、政治组织等其他组织的管理方式，据此提出变革美国大学中的传统管理理论。[②] 此外，我国研究者也从大学组织属性角度对大学管理变革展开了一些探讨，如李立国发表的《大学组织特性与大学竞争特点探析》[③]，张应强的《把大学作为学术组织来建设和管理》[④]，从春侠、阎凤桥的《大学组织特征与大学管理策略探析》[⑤]。

由于二级学院在结构上与大学存在同构性，二者的组织特性具有相似性。因此，认识二级学院的根本组织特性，是对学院实行有效治理的前提。二级学院主要体现为如下的四种组织属性。

(一)二级学院的政治属性

二级学院的政治属性的意义在于高校办学必须坚持正确的政治方向，即坚持社会主义办学方向，培养德智体美劳全面发展的社会主义建设者和

① 雅克·勒戈夫.中世纪的知识分子[M].张弘，译.北京：商务印书馆，1996：68.

② 罗伯特·伯恩鲍姆.大学运行模式：大学组织与领导的控制系统[M].别敦荣，等译.青岛：中国海洋大学出版社，2003：27.

③ 李立国.大学组织特性与大学竞争特点探析[J].高等教育研究，2006(11)：38-43.

④ 张应强.把大学作为学术组织来建设和管理[J].中国高等教育，2006(19)：16-18.

⑤ 从春侠，阎凤桥.大学组织特征与大学管理策略探析[J].中国高等教育，2011(6)：39-41.

接班人。二级学院的政治属性体现如下:第一,二级学院内部的组织结构体现出政治属性。大学二级学院应根据实际工作需要,经学校党委批准,设立党的基层委员会、总支部委员会和支部委员会。[①] 大学章程规定,二级学院的党委(党总支)是学院的政治核心,在二级学院内部实行党政联席会制度,成立党委组织部和党委学生工作部。第二,二级学院党组织的首要任务是抓好党的自身建设,坚持党要管党的原则,加强教职员工的思想作风建设;学院党组织发挥监督职能,贯彻党管干部的原则,配合校党委抓好院系两级班子建设。[②] 第三,二级学院肩负对教师和学生开展思想政治工作的使命,学院内部具有负责从事二级学院思想政治工作的人员,如党委书记、党委副书记、纪委书记、二级党组织纪检委员、辅导员、团总支部书记等。

(二)二级学院的科层属性

二级学院的科层属性是指二级学院内部权力等级化,其典型特征如下:第一,二级学院内部形成了"院长/系主任/所长—副院长/副系主任/副所长—教师"的层级结构。尽管一些二级学院成立学术委员会,试图发挥教授在学术事务中的作用,但是基层学术组织内部的等级结构并没有发生改变。而且有时候学校学术委员会可以否定学院学术委员会的决策结果。第二,学院内部有多种刚性的规章制度。这些制度包括各种绩效考核制度、教学制度、管理制度(比如党政联席会制度、学术委员会制度、教职工代表大会制度等)。这些规章制度保障了二级学院在办学过程中的规范性,避免了个人的随意性。第三,作为治理层级较低的二级学院,十分注重追求效率。这在规模较大的二级学院体现更为明显,推崇的是管理的科学化、标准化和程序化。

(三)二级学院的经济属性

二级学院的经济属性具有三种体现。第一,二级学院运行需要常规的运营经费,包括开拓新研究领域的经费、为老师们提供的科研启动资金、培养本科生、研究生的费用、新建资料室及图书馆的费用等;第二,二级学院需助力学校实现服务地方经济社会发展的办学目标,要面向产业链和地方政

---

① 中共中央印发《中国共产党普通高等学校基层组织工作条例》[EB/OL].(2021-04-22)[2021-05-23].http://www.gov.cn/zhengce/2021-04/22/content_5601428.htm.

② 王录德,郑哲.论高校二级学院党组织的结构及其功能定位[J].中山大学学报(社会科学版),2003(2):114-120,128.

府积极拓展办学资源;第三,二级学院的办学需一定的捐赠资金。这就需要二级学院结合自身的学科优势,与社会各界形成一定的战略合作与联系。比如,四川阿泰因机器人智能装备有限公司向电子科技大学的机电学院捐赠1000万元设立"阿泰因基金"。① 这些企业与二级学院签署战略合作协议。

不同学科类型的二级学院其经济属性表现方式不一,而且有一定的差异。一般而言,工程技术、计算机及经济学等与市场需求联系更紧密的学科,更容易获得办学资源。此外,经济属性的重要意义在于二级学院在人才培养中需要考虑社会需求,为社会培养高质量人才,促进二级学院办学为地方经济社会发展服务。

(四)二级学院的学术属性

正如伯顿·克拉克(Burton Clark)所言:"大学内的基本活动是学术性工作。"②二级学院亦不例外,其根本组织属性也为学术性。因此,二级学院必须按照自身规律运行和发展,而条件则是二级学院的运行发展尽量少地受到外界环境的干扰。当然,二级学院的办学不是在真空中进行,而是要面向外界办学。这就需要二级学院既要坚守自身的立场,又要具有开放的心态。作为学术组织的二级学院主要体现在以下四点。第一,二级学院是大学内部的基层教学科研组织,承担基本的教学、科研、社会服务等任务;第二,二级学院内部知识分子最为集中,而且大多数老师在该二级学院从事相关工作的时间较长,一定程度上受到学术自由原则的保护;第三,外界不能用统一的计量方法来评价二级学院所取得的学术成就,因为人才培养的成效需要一定的时间;第四,二级学院的科研及人才培养工作是持续有成效的且受到学术同行的监督与评价。

二级学院包括多重组织属性,属于切斯特·巴纳德组织理论视角下的"复合组织"。③ 我国一流大学二级学院具有经济属性、学术属性、科层属

① 电子科技大学.四川阿泰因机器人智能装备有限公司捐赠1000万元支持学校发展[EB/OL].(2016-09-05)[2021-05-23]. https://news.uestc.edu.cn/?n=UestcNews.Front.Document.ArticlePage&Id=55364.

② 伯顿·克拉克.高等教育系统:学术组织的跨国研究[M].王承绪,徐辉,殷企平,等译.杭州:杭州大学出版社,1994:1.

③ 切斯特·巴纳德.经理人员的职能[M].孙耀君,等译.北京:中国社会科学出版社,1997:76.

性、政治属性等混合属性。

这四种属性在一流大学二级学院中并不是成分完全相同的。在二级学院中，学术性是根本组织属性。这是因为从二级学院的组织目标、服务方式、技术基础和决策风格四个维度，体现二级学院学术性作为根本组织属性。第一，二级学院最根本的目标是人才培养，二级学院负责制定本科生、研究生的人才培养方案，开设具体的课程，以保证学生受到良好的教育。第二，二级学院的服务方式不是简单地将知识灌输给学生，而是由知识分子在学习环境中对学生进行引导和陶冶；第三，二级学院的技术基础是高度专业化的，如教学专业技能和科研专业技能，均没有标准固定的操作程序。此外，二级学院需要举办专业的系列学术交流活动。第四，二级学院的决策风格是不会有永远固定的决策人，而是根据学科建设的需求，不断地更换不熟练的决策者，从而选出最适合的决策人。

二、二级学院的四大系统

塔尔克特·帕森斯的结构功能主义是一个宏观的分析理论，用于研究二级学院这一相对微观的组织，需要进行一定的理论调适，主要调适的要点如下。

第一，二级学院是一个相对稳定的、小规模的社会结构，但是其制度、文化、组织结构等虽因时代变迁而有所改变，其核心理念仍具有一定的传承性。就这个意义来看，二级学院符合结构功能主义所分析的对象。

第二，在帕森斯结构功能主义视角下，社会行动系统包括有机体系统（生理系统）、人格系统（动机和需要倾向）、社会系统（角色和集体）、文化系统（价值取向）四个子系统。二级学院是由相互关联的结构而组成的系统，以一种较为有序的方式相互关联。二级学院是一个复杂的社会组织，由各个子系统有机地联系在一起，从而组成的大系统，即“系统是分层级的，系统是由一个个更小的系统组成，自身又处于更大的系统之中”[①]。每个系统之间不是牢固联合。美国学者韦克·卡尔（Weick Karl）认为，大学组织结构的各系统区别于机械结构中的牢固联合，是一种松散联合（loose coupling），即

① T.帕森斯.现代社会的结构与过程[M].梁向阳，译.北京：光明日报出版社，1988：18-19.

“单个组织结构的失败是局部的失败，单个组织结构的成功则通过信息交流可以转化为系统内的学习榜样”①。学院学术委员会功能发挥受学院内部多种显性和隐性系统决定，主要包括以下四种系统(见图 2-1)。

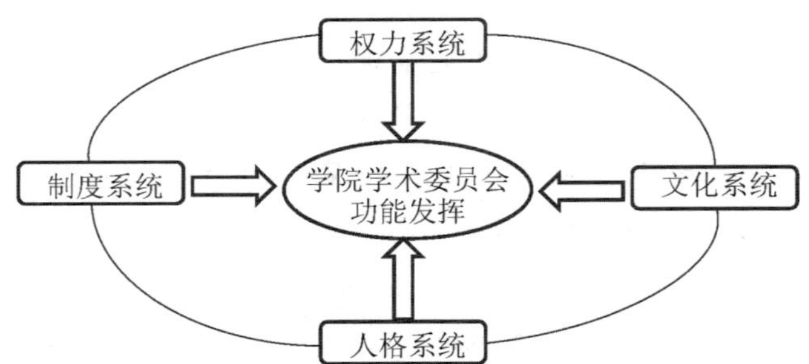

图 2-1　学院学术委员会典型关系结构图

(一)制度系统

美国经济学家道格拉斯·诺斯(Douglass North)认为：“制度是社会的博弈规则，或是人类设计的制约人们相互行为的约束条件……这些约束条件包括非正式的规则和有意识设计的正式规则。”②制度系统是学院治理需要的不同制度体系。本研究主要是指正式的制度，即通过规定权利和义务的方式安排行动者的角色或行动方式。③ 作为一个组织，在一定程度上，学院治理是协调、维护与保障不同主体间利益关系的一种制度安排。在学院学术委员会功能的实现过程中，二级学院需要建立很多的制度、废除不合适的制度，从而实现制度的不断优化，最终能够彰显相关制度的治理效能。这些制度为行动者的各项活动提供了规范性要素。二级学院学术委员会受到多种制度影响，具体包括《高等学校学术委员会规程》、各个大学的章程、高校学术委员会章程及所在学院学术委员会章程及其他相关的制度。这些制度共同构成二级学院的制度系统。

(二)权力系统

治理结构是系统结构的重要内容，其核心是权力系统，即决策权力在

---

① WEICK K E. Educational organizations as loosely coupled systems[J].Administrative science quarterly ,1976,21(1):1-19.

② DOUGLASS C N. Institutions, institutional change and economic performance[M].Cambridge: Cambridge University Press,1990:3-4.

③ 李永亮.高等学校内部治理结构优化研究[M].北京:经济管理出版社,2017:51.

不同利益相关者之间的分配。"权力"的内涵是指个人或组织反复地将自身的意志强加于他人的能力。[①] 二级学院科层组织的特性，决定学院的运转需要依靠权力系统。因为组织本身就是一个权力结构，"要使组织多方面得以阐明，常常通过支配和权力问题进行考察"[②]。任何既定层次系统产生的权力，都依赖价值系统的制度化、基于规章制度的决策过程、明细的管理和日常的支持及掌握必要资源。[③]

大学的权力类型大致有两种不同的划分标准。第一种是根据权力性质划分为学术权力和行政权力。[④] 其中，"学术权力"是指管理学术事务的权力，主体可以是教师民主管理机构或教师、行政管理机构或行政管理人员。[⑤] 有研究者在大学内部学术权力和行政权力二分的基础上，增加了政治权力，即"权力三角"。[⑥] 第二种划分是英国军事家约翰·弗伦奇（John French）提出的两类权力：一是职位权力，即由工作职位带来的权力，包括合法性权力、强制性权力和奖酬性权力；二是个体权力，即专家性权力和参照性权力，[⑦]或者在大学组织中可以感受到非法定的但却具有个人魅力的权力。[⑧] 二级学院中院长的权力可以是来自其职位的权力，也可以是由其个人魅力产生的权力。

本研究对影响学院学术委员会功能发挥的权力的考察，主要聚焦在学校层面职能部门的行政权力和学术权力、学院层面以院长为代表的行政团队的行政权力和学术权力、学院学术委员会内部的行政权力和学术权力等。实质上，二级学院在运行过程中会受到更宏观环境中复杂多样权力的影响。本研究的权力类型选择是为了聚焦研究分析。

---

① 彼得·布劳.社会生活中的交换与权力[M].孙非，张黎勤，译.北京：华夏出版社，1988：138.

② 菲利普·柯尔库夫.新社会学[M].钱翰，译.北京：社会科学文献出版社，2000：154.

③ T.帕森斯. 现代社会的结构与过程[M].梁向阳，译.北京：光明日报出版社，1988：18.

④ 潘懋元.多学科观点的高等教育研究[J].高等教育研究，2002(1)：11-15.

⑤ 别敦荣.学术管理、学术权力等概念释义[J].清华大学教育研究，2000(2)：44-47.

⑥ 周作宇，刘益东.权力三角：现代大学治理的理论模型[J].北京师范大学学报(社会科学版)，2018(1)：5-16.

⑦ 转引自李硕豪.权力博弈：一所中国大学内部权力运行的故事[M].北京：中国社会科学出版社，2011：21.

⑧ 阎光才.大学组织的管理特征探析[J].高等教育研究，2000(4)：53-57.

（三）文化系统

大学文化是在大学这一特定组织内长时间形成的文化。文化并不是高深莫测的，而是具有共识的人认为环境中的某些东西更为重要，某些互动的形式是更合理的。[①] 二级学院内部的文化影响人员的价值观念、思维方式、行为选择和精神气质。二级学院的文化有很大的差异，随着学科性质、学院规模、学院领导风格等不同而存在差异。大学内部二级学院的文化，体现了学院的意志和个性。这种学院文化是应该得到学院内外部师生认同的一种文化。

文化系统在学院治理结构中发挥维持基本学术模式的功能，决定组织作为一个系统存在的合法化基础。学院治理的最终目的是要使学院适应社会和自身发展的需要。本研究着眼于二级学院在大学环境中产生的不同文化，及其这些不同文化的内涵、特征、决策策略和决策效果。

（四）人格系统

在已有的关于"学院治理""学术委员会"研究的文献综述中，制度、权力、文化等因素已经有不同程度的体现，而且与帕森斯结构功能主义中提出的相关论述有契合之处。本研究提出的二级学院系统包括人格系统，既是借鉴帕森斯结构功能主义理论，也是由于人格与组织的关系紧密——通过了解人格认识个体，从而实现发掘管理潜能、匹配管理风格的目的。[②] 人格对于个体的人、组织还是国家的发展都是非常重要的。在宏观层面，国家的繁荣不取决于殷实的国库、坚固的城堡、豪奢的公共设施，而取决于公民的受教育程度、思想境界和人格高下。[③] 人格是理解学院治理中学术委员会委员行为的关键概念。

"人格"主要有四种代表性观点。第一种是伦理学的观点——人格是指一个人的尊严和信誉。[④] 第二种是心理学的观点——"人格是动态的心理结构以及受其调节的心理过程，决定个体的情绪与行为，从而适应周边环境

---

① BIRNBAUM R. How colleges work：the cybernetics of academic organization and leadership[M].san francisco：jossy-bass，1988：2.

② LIILLIBRIDGE J R，WILLIAMS K J.Another look at personality and managerial potential ：application of the five-factor model[M]// KELLEY K. Issues，Theory，and research in industrial / organizational psychology.New York：Elsevier Science，1992：1.

③ 斯迈尔斯.砺炼完美人格[M].徐建萍，译.西安：陕西师范大学出版社，2006：1.

④ 郑雪.试论人格教育的意义、目标和原则[M].华南师范大学学报（社会科学版），1996(4)：1-7.

的方法”。[①] 人格会影响个体处理事务的方式。为有效评定人格类型，美国学者伊莎贝尔·梅格斯（Isabel Mgers）和凯瑟琳·布里格斯（Katharine Briggs）在瑞士心理学家卡尔·荣格（Carl Jung）心理类型理论的基础上，研发出“梅彼类型指标”（Mgers-Briggs Type Indicator，MBTI）。[②] 现代人力资源管理认同通过不同的人格类型匹配个体相应的工作，从而实现组织和个人的共赢。[③] 第三种是行为学的观点——“人格”指的是在工作中表现出的需求与动机下个体独立自主的行为。[④] 第四种是综合角度的观点——“人格所指的是人的整体存在，人的存在的四种因素即自由、个体性、社会整合和宗教紧张感”。[⑤] 本研究中的“人格”是从心理学意义上来探讨的，是指个体在与社会互动过程中呈现的心理品质和独特的行为模式。

切斯特·巴纳德重视个人在实现组织目标中的作用，即人不是抽象的，而是具体的、独特的人。[⑥] 因此他指出，组织包括组织目的和个人目的，决定组织中的人具有两种人格，即“组织人格和个人人格”[⑦]。具体而言，组织的共同目的是外部客观的目的，组织人格是为了实现组织目的而做出的行动；个人目的则是满足个人利益而做出的行动，个人人格则是为了个人目的做出的行动。本研究认为，组织目的和个人目的之间既存在一定的分歧，也在特定时空中有一定的重合。因此，组织人格和个人人格可以是观察学院学术委员会委员的两个维度，但是最终会形成一个相对稳定的整体人格。

---

① JOHN O P，ROBINS R W，PERVIN，L A. Handbook of personality ：theory and research[M]. New York ：Guilford，1990：339-370.

② 该量表测量人格的 4 个维度：外倾—内倾维度、感觉—直觉维度、思维—情感维度、判断—感知维度。具体参见：杨慧芳，赵曙明，LAN L B. 中澳管理者人格类型的性别差异研究[J]. 心理科学，2009(4)：1012-1014.

③ 胡志海，黄和林. 大学生人格类型与专业认同间的关系研究[J]. 心理科学，2006(6)：1498-1501.

④ 阎光才. 关于教育中的实证与经验研究[J]. 中国高教研究，2016(1)：74-82.

⑤ 罗洛·梅. 人的自我寻求[M]. 郭本禹，方红，译. 北京：中国人民大学出版社，2013：17.

⑥ 切斯特·巴纳德. 经理人员的职能[M]. 孙耀君，等译. 北京：中国社会科学出版社，1997：11.

⑦ 切斯特·巴纳德. 经理人员的职能[M]. 孙耀君，等译. 北京：中国社会科学出版社，1997：148.

本研究中的人格系统主要是指作为核心行动者的学院学术委员会委员的人格。人格系统是理解学院学术委员会委员的思考方式和行动方式的一个“窗口”,是理解学院学术委员会运行的微观基础。因为学院学术委员会委员的人格是最直接体现学术委员会委员的行动出发点,是在学术活动中表现出的个人品格。学院学术委员会是由不同的人组成的,人格容易受到外部环境的影响。因此,学院学术委员会的人格是为了实现组织目的和个人目的而采取的合理行动。

总之,二级学院作为缩小版的社会组织,需要一个完整的治理体系,即包含权力系统、制度系统、文化系统和人格系统。学院学术委员会也是在这些多系统的张力中发挥作用。其中,权力系统是二级学院治理结构的核心,文化系统对组织目标的合法化作用只有通过权力才能生效,而制度系统实质上就是权力来源的合法化和权力博弈的结果,人格系统是实现二级学院有效治理的最终保障。

三、二级学院的功能

综上所述,在帕森斯结构功能主义视角下,每个系统负责发挥特定的功能。但是我国一流大学二级学院的发展需要组织规范的制度、权力的协调运行、健康的文化和独立的人格。二级学院作为一个复杂组织,其多重组织属性决定学院学术委员会所发挥的各项功能,即“功能与属性具有紧密的联系。一般而言,有什么样的属性就有什么样的功能”[①]。

(一)制度系统促进二级学院决策能力的提高

我国一流大学二级学院学术委员会作为二级学院中成立时间较晚的学术治理机构,要想在二级学院中发挥功能,前提是获得制度赋予的合法性,“制度通过向人们提供一个日常生活的结构来减少不确定性,是人们发生相互关系的指南”[②]。制度系统提高学术委员会这一机构运行对外界的适应性。学院学术委员会的功能发挥依赖于制度赋予的合法性,同时其做出的

① 中国特色高等教育思想体系研究课题组.中国特色高等教育思想体系论纲[M].北京:高等教育出版社,2017:52.

② 道格拉斯·C.诺斯.制度、制度变迁与经济绩效[M].刘守英,译.上海:上海三联书店,1994:4.

合理学术决策也为整个学院适应外部的学术环境提供坚实基础。因此,学院学术委员会需具备主动适应功能,是二级学院存续的基础。所谓“适应功能”,是指系统必须保持与外部环境的交换,以获得生存资源并分配给整个系统。因此,学院学术委员会在学院治理中的功能,必须是适应时代的要求、紧跟知识革新与科技进步的总体趋势。简言之,学院学术委员会需制定出合理的学术政策且能对其进行修订,使招聘标准、学术晋升标准等能够符合学校要求和二级学院的长期发展。

(二)通过权力系统促进学院自立能力的增强

我国一流大学二级学院内部交织着多元主体的不同利益,而“权力的正功能是整合”①。因此,权力介入有利于整合二级学院内部不同主体的利益。整合功能指系统必须把各部分协调起来,成为一个功能的总体。学院学术委员会具备整合功能,从而为二级学院整体优化带来可能。二级学院包括多种利益关系。这些利益关系包括个人的学术发表、个人工资、行政职务、职称评审、评奖评优等。学院学术委员会通过有效的学术决策,有助于捋顺二级学院内部复杂的利益关系,增进不同群体对二级学院的认同感,为整合功能的发挥奠定心理基础。同时,学院学术委员会的专业学术决策、学术评定,有助于为学术招聘、学术晋升等学术事务的处理营造公平公正的环境,进而为学院的稳定发展提供治理环境。

(三)通过文化系统唤醒学院教授治学意识

我国一流大学二级学院学术委员会的模式维持功能,是二级学院稳定与传承的必要条件。从我国一流大学二级学院学术委员会功能发挥的应然状态来说,学院应该尊重教授治学和倡导学者学术自由。这个过程有利于二级学院形成尊重教授、信任教授的文化。美国学者伯顿·克拉克认为,大学是最保守的社会机构之一,但又是最能促进社会变革的机构。② 从这个角度来说,我国一流大学二级学院学术委员会的首要功能是唤醒尊重教授参与治理的意识,而这一功能的焦点通常被称为“决策”的过程。

(四)通过人格系统促进学院发展水平的提升

我国一流大学二级学院学术委员会发挥相应的功能,有助于更好地实

---

① 赵磊,单丽莎.走近权力[M].北京:团结出版社,1996:244.

② 伯顿·克拉克.高等教育系统:学术组织的跨国研究[M].王承绪,徐辉,殷企平,等译.杭州:杭州大学出版社,1994:203.

现二级学院的发展目标。为了实现我国一流大学二级学院发展的目标功能，制度系统、权力系统、文化系统都必不可少地发挥相应的功能，但最终的落脚点在于人格系统。因为具体的个人是完成所有工作的最后一个环节。学院学术委员会在学院治理中的功能符合教师们的期望，并设立了适应时代需求的目标与行动制度体系。在组织的内部，社会系统的首要功能——达标，[①]使最直接关系到目标取向努力成败的过程变得尤为重要。

我国一流大学二级学院学术委员会委员坚持学术标准，但不是完全的理性化；我国一流大学二级学院学术委员会委员制定合理的制度，也会遵守制度，但是并不屈从于制度的平庸，而是因地制宜地调整制度；学院学术委员会委员既是被不同文化影响的客体，也是创造学院文化的主体；学院学术委员会委员的理想人格是努力地做好本职工作、尊重同事、爱护学生并为学院的发展而服务的个体。总而言之，我国一流大学二级学院学术委员会做出公正的学术决策，有利于保护学院内部大多数教师的利益，也是为捍卫所在二级学院的教师利益的学术治理机构。

---

① T.帕森斯.现代社会的结构与过程[M].梁向阳，译.北京：光明日报出版社，1988：3.

第三章

我国一流大学二级学院学术委员会的理想功能

我国一流大学二级学院是大学的基层组织，是基本的学术功能实体，其本质是学术性组织。我国一流大学二级学院学术委员会是实现教授治院的必要组织方式。它保护教师的利益，能最大限度地发挥学者在我国一流大学二级学院治理中的集体智慧和作用。我国一流大学只有建立有效的学术委员会，才能帮助二级学院真正实现有效治理。本章以切斯特·巴纳德组织理论和塔尔克特·帕森斯结构功能主义作为理论依据，以国外大学教师评议会的功能定位作为借鉴，以我国一流大学二级学院学术委员会的功能现状作为现实参考，构建我国一流大学二级学院学术委员会的理想功能。这种理想功能构建的理论依据是“如果我们要改心智，我们首先就必须上升；因为在一个平面上，我们不可能获得真正的知识”[①]。这种理想功能构建的目标既是作为评判我国一流大学二级学院学术委员会实然状况的标准，也引领我国一流大学建设有效的二级学院学术委员会。

第一节　学院学术委员会理想功能发挥的基本前提

我国一流大学二级学院学术委员会功能发挥的基本前提是优化影响学院学术委员会发挥功能的结构，而结构优化的表征是学院学术委员会具有制度的合法性、权力配置的合理性和决策的专业性。

① 纽曼.大学的理念[M].高师宁，何克勇，何可人，等译.北京：北京大学出版社，2016：122.

一、学院学术委员会具有制度的合法性

高校学术委员会若要发挥功能，首先要获得制度上的合法性。合法性是指法律赋予高校学术委员会的地位，不以任何文件更替或者学校内领导换届及其重视程度的改变而改变。这里的“法”，既包括国家层面的《中华人民共和国高等教育法》，也包括政府的政策、条例等。这些法律、条例与政策，都为大学的学术委员会建设提供了有益的制度传统和制度环境。我国大学的学术委员会的制度建设可以分为四个阶段。

（一）萌芽期：评议会和教授会制度（1917—1949年）

蔡元培是民国初年教育改革的引领者，参与《大学令》的起草和出台。[①]《大学令》是我国大学评议会制度的确立标志，其主要内容包括两个方面。第一，在大学层面设置评议会，大学校长在评议会中担任召集人的角色，可随时召开评议会。[②] 大学评议会的职能范畴为：(1)设置新学科或废止不合适的学科；(2)负责确定开讲座的类别及制定大学内部规则；(3)审查大学院生的成绩及其授予学位的标准。第二，在大学内部的实体教学单位（二级学院、学系）设置教授会（本研究中的学院学术委员会），即“大学各科各设教授会，以教授为会员；校长可随时召集教授，自为议长。”[③]这一时期教授会的职能是多样的，包括：(1)确定各学科开设的课程；(2)学生的实验事项；(3)审查大学院生属于该科之成绩（该学院内开设的课程）；(4)审查授予学位是否合格；(5)为教育总长、大学校长提供相应的咨询。

1917—1949年，我国高校为了提高大学办学水平，在学校层面设置了评议会，在学院层面设置了教授会。[④] 从人员构成上，无论是学院层面的教授会还是大学层面的评议会，都是由教授构成，负责的议题涉及学科建设和学生培养。这些机构从成立之初，其目的就是服务于校长或学科内“学长”

---

① 李露.中国近代教育立法研究[M].桂林：广西师范大学出版社，2001:242.

② 中国第二历史档案馆.中华民国史档案资料汇编(第三辑·教育)[M].南京：江苏古籍出版社，1991:109-110.

③ 中国第二历史档案馆.中华民国史档案资料汇编(第三辑·教育)[M].南京：江苏古籍出版社，1991:109-110.

④ 湛中乐，王春蕾.大学治理中的学术委员会制度建设：兼评《高等学校学术委员会规程》[J].北京大学学报(哲学社会科学版)，2016(2):76-82.

的领导，共同决策相应范围内的学术事务。

不同大学在建设学术委员会上开展了各自有效的探索。以北京大学为例，蔡元培先生在1917年就任北京大学校长后，颁布《国立北京大学学科教授会组织法》。该文件对学校层面评议会的功能进行了界定，具体包括：提出学校的预算费用、决算费用；审核学校制定的各种规章制度；负责设置学科和取消不合适的学科；审核教师的学衔和学生的成绩等。[①] 与此同时，该文件也规定北京大学在重要学科各自成立教授会，规模较小的学科联合成立教授会。这些学院层面教授会的职能范畴，包括学科的增设、取消；购置书籍、仪器等材料经费的审核等议题。[②]

1926年，清华大学在大学部成立后，建立了"教授治校"制度，具体做法是取消教职员会议而成立教授会，废除大学校务会议成立评议会，评议会相当于教授会的常务工作机构，逐渐掌握学校的行政权、财权、人事权及立法大权，极大地削弱了校长的权力。[③] 1931年10月，梅贻琦先生被任命为清华大学的校长。作为首批庚款留美学生，梅贻琦校长尊崇自由开放的学术风格和民主管理传统，[④]无视其自身权力被削减的事实，完全接受并承认教授会制度。[⑤] 在担任评议会主席期间，梅贻琦校长引进其学生叶企孙（时任清华大学理学院院长）、潘光旦（时任清华大学教务长）、顾毓琇（时任清华大学工学院院长）等人成为评议会委员。[⑥] 这使得梅贻琦校长在评议会中有极大的影响力，为其办学理念在清华大学的变革奠定了基础。梅贻琦校长通过评议会制度，实现了行政权力与学术权威的有效合作，促进了清华大学的崛起。

无论是大学层面的评议会，还是学院层面的教授会，其初衷都是对校长或二级学院院长个人权力的制约，从而辅助校长或二级学院的院长更好地

---

① 吴家莹.跟蔡元培学当校长[M].北京：首都师范大学出版社，2010：74.

② 王学珍，郭建荣.北京大学史料（第二卷·二）（1912—1937）[M].北京：北京大学出版社，2000：1833.

③ 黄延复.梅贻琦教育思想研究[M].沈阳：辽宁教育出版社，1994：169.

④ 吴洪成.生斯长斯 吾爱吾庐：清华大学校长梅贻琦[M].济南：山东教育出版社，2003：363.

⑤ 黄延复.梅贻琦教育思想研究[M].沈阳：辽宁教育出版社，1994：171.

⑥ 刘超，李越.梅贻琦与清华之崛起[J].清华大学学报（哲学社会科学版），2012(6)：98-113.

实现办学目标。这既意味着该机构在成立之初，并不存在行政权力与学术权力的对抗或者人为的绝对区隔，也表明这些学术治理机构的定位不在于绝然地与行政机构之间形成对立的关系。这与后来很多学者追求学校学术委员会保持独立性，以及“大学校长退出学术委员会”的改革呼声是不一致的。当然，这种改革呼声的最终检验标准是其实践效果是否符合预想标准。

(二)探索期：学校学术委员会具备审议权(1949—1983 年)

自 1949 年新中国成立以来，国家政策文件为高校内设置学术委员会提供了一系列的制度环境。

1956 年，教育部颁发试行《中华人民共和国高等学校章程草案》，规定高校学术委员会具有“讨论学校工作中的重大问题和学衔授予问题”的功能。[①] 但是，“重大问题”到底包括哪些问题并无详细规定，从而导致了学术委员会在实践中的功能范畴不明确。

1961 年，《中华人民共和国教育部直属高等学校暂行工作条例》(简称“高教 60 条”)规定，在大学内部设立由校长负责执行的校务委员会，成员增加了“教授等必要人员”。[②]

1963 年，《教育部直属高等学校自认科学研究工作会议纪要》规定，在校务委员会下设学术委员会，评议重大研究成果等。[③] 至此，我国少数高校开始试行学术委员会制度。

但是，大学领导体制变化及“文化大革命”(1966—1976 年)爆发，使得高校内的学术委员会未能发挥相应的功能。

1978 年，教育部出台《全国重点高等学校暂行工作条例(试行草案)》，规定在高等学校的校长或副校长的领导和主持下，设立学术委员会，增加了学术委员会的功能议题，具体包括审查学校教育事业发展规划、科学研究工作和研究生培养工作中的重大问题、评定科学研究成果、评议研究生的学位论文和毕业设计、参与教授和副教授的职称评审工作。[④] 这些规定明晰了高校学术委员会的功能范畴，但未涉及二级学院层面的学术治理机构的相关规定。

---

① 中央教育科学研究所.中华人民共和国教育大事记(1949—1982)[Z].北京：教育科学出版社，1984：168.

② 高军峰.“教育大革命”与《高教六十条》[J].文史精华，2011(4)：22-28.

③ 何东昌.中华人民共和国重要教育文献[M].海口：海南出版社，1998：1065.

④ 全国重点高等学校暂行工作条例(试行草案)[Z]//中华人民共和国重要教育文献(1976—1990).海口：海南出版社，1998：1646.

1983 年，教育部颁布《关于高等学校教育管理干部评定职称的通知》，再次强化了学术委员会的负责人参与教师职称评审的权力。[①] 这一文件的局限为：一方面，学术委员会的负责人参与教师职称评审，而不是学术委员会内部的所有成员参与；另一方面，学术委员会具有对职称评审这一核心学术事务的讨论审议权，但是没有决策权。

（三）提升期：学术委员会的决策权初现（1984—2010 年）

1998 年的《中华人民共和国高等教育法》，赋予高等学校学术委员会审议学科、专业的设置，教学、科学研究计划方案，评定教学、科学研究成果等有关学术事项的功能。[②]

2003 年，《教育部关于加强依法治校工作的若干意见》规定，要明确学术委员会等各种机构的职责权限和议事规则。[③]

2010 年，《国家中长期教育改革和发展规划纲要（2010—2020 年）》规定，"充分发挥学术委员会在学科建设、学术评价、学术发展中的重要作用"[④]。虽然这份文件对"重要作用"的规定非常抽象，但其关注重点是学术委员会作用的大小。

2011 年，《高等学校章程制定暂行办法》规定，大学的章程应当明确学校学术委员会及其他学术组织的组成原则、运行规则与监督机制，保障学术组织在学校的学科建设、专业设置、学术评价等方面充分发挥咨询、审议、决策作用。[⑤] 但是，大学章程经常处于"束之高阁的状态"，[⑥]未能充分发挥作用。

---

① 教育部关于高等学校教育管理干部评定职称的通知[EB/OL].(1983-03-17)[2021-05-04].http://www.110.com/fagui/law_162979.html.

② 中华人民共和国高等教育法[EB/OL].(1998-08-29)[2021-05-04].http://www.gov.cn/banshi/2005-05/25/content_927.htm.

③ 中华人民共和国教育部.教育部关于加强依法治校工作的若干意见[EB/OL].(2003-07-17)[2019-06-14].http://www.moe.gov.cn/s78/A02/zfs__left/s5911/moe_623/201001/t20100129_5145.html.

④ 中华人民共和国中央人民政府.国家中长期教育改革和发展规划纲要(2010—2020 年)[EB/OL].(1983-03-17)[2010-07-29].http://www.gov.cn/jrzg/2010-07/29/content_1667143.htm.

⑤ 高等学校章程制定暂行办法(教育部令第 31 号)[EB/OL].(2012-01-09)[2020-05-23].http://www.gov.cn/flfg/2012-01/09/content_2040230.htm.

⑥ 刘益东，周作宇，张建锋.论"大学章程现象"[J].中国高教研究，2017(3):21-26.

(四)增强期:学术委员会决策权的巩固(2014年至今)

2014年《高等学校学术委员会规程》[①]的出台,改变了我国大学的学术委员会在国家层面无专门细则或规程可依的情况。该文件不仅详细地规定了高校学术委员会委员的职称要求、学科代表性、总数、条件、产生方式和退出机制,还明晰了高校学术委员会委员的权利、义务。这份文件强调高校学术委员会委员的主体性。该文件为全国高校学术委员会做了全面的规范。该文件影响力非常大,在其之后的时间被称为后"规程"时代。[②]

2014年10月,《关于坚持和完善普通高等学校党委领导下的校长负责制的实施意见》的相关规定,进一步强化了学术委员会在学术管理体系中的核心地位、人员构成,以及在学科建设、学术评价、学术发展和学风建设等方面的重要作用,积极探索教授治学的有效途径。[③]

2014年12月,《国家教育体制改革领导小组办公室关于进一步落实和扩大高校办学自主权完善高校内部治理结构的意见》的相关规定,进一步强化了学术委员会独立行使学术事务的决策、审议、评定和咨询的权力。[④]

2016年,修订了《中华人民共和国高等教育法》与原法相比,高校学术委员会增加了3项职权,包括调查、处理学术纠纷;调查、认定学术不端行为;按照章程审议、决定有关学术发展、学术评价、学术规范的其他事项。[⑤]该文件促使高校学术委员会在功能上实现了从咨询功能向决策功能的进一步转变,为实现教授治学奠定了基础。

---

① 中华人民共和国教育部.高等学校学术委员会规程[EB/OL].(2014-02-29)[2020-05-23].http://www.moe.gov.cn/srcsite/A02/s5911/moe621/201401/t20140129_163994.html.

② 毛金德,朱国立.学术委员会权力增加了吗:后"规程"时代高校学术委员会的权力配置[J].现代教育论丛,2020(6):78-86.

③ 中共中央办公厅印发《关于坚持和完善普通高等学校党委领导下的校长负责制的实施意见》[EB/OL].(2014-10-15)[2020-05-23].http://cpc.people.com.cn/n/2014/1015/c64387-25842599-3.html.

④ 中华人民共和国教育部.国家教育体制改革领导小组办公室关于进一步落实和扩大高校办学自主权完善高校内部治理结构的意见[EB/OL].(2014-12-22)[2020-05-23].http://www.moe.gov.cn/s78/A02/zfsleft/s6528/s6529/201412/t20141222182222.html.

⑤ 中华人民共和国教育部.中华人民共和国高等教育法[EB/OL].(2015-12-27)[2021-05-04].http://www.moe.gov.cn/s78/A02/zfs_left/s5911/moe_619/201512/t20151228226196.html.

总之，高校学术委员会不是自发产生的，而是在制度更迭交替中产生的。这些交替产生的制度为高校学术委员会提供了较好的制度环境，具体见表3-1。这些制度环境不断地唤醒了我国高校重视并建立学术委员会的意识，促使学术委员会从无到有，具体而言：第一，学术委员会的功能从弱到强。高校学术委员会的功能变迁从对学术事务的"讨论"逐渐转变为"审议""评定"，甚至参与部分学术事务的"决策"。第二，高校学术委员会负责的议题，从开始的不明确到参与单一的学术事务（职称评审）再到逐渐明晰和多样化，包括职称评审、学科建设、专业设置等重要学术议题。第三，高校学术委员会从开始必须在校长或副校长的主持下到逐渐追求独立性。第四，这些文件规定学术委员会的委员主要是由教授组成。这是始终坚持"教授治学"的主旋律的体现。第五，这些文件的关注点逐渐从注重学校学术委员会下移到二级学院学术委员会，以《高等学校学术委员会规程》为典型。这些制度环境供给促进高校学术委员会建设的规范化，但是并不意味着制度环境是学术委员会建设的唯一条件。

表3-1　新中国成立以来国家文件中学术委员会功能变迁

年份	文件名称	重要表述
1956	《中华人民共和国高等学校章程草案》	学术委员会讨论学衔授予等学校工作的问题
1963	《教育部直属高等学校自认科学研究工作会议纪要》	学术委员会评议重大研究成果
1978	《全国重点高等学校暂行工作条例(试行草案)》	学术委员会对大学基本学术事务具有讨论和审议权
1983	《关于高等学校教育管理干部评定职称的通知》	学术委员会的委员参与高等学校教学等业务管理干部的职称评审
1998	《中华人民共和国高等教育法》	学术委员会审议学科、专业的设置，教学、科学研究计划方案，评定教学、科学研究成果等有关学术事项
2003	《教育部关于加强依法治校工作的若干意见》	该文件要明确学术委员会的职责权限和议事规则
2010	《国家中长期教育改革和发展规划纲要(2010—2020年)》	发挥学术委员会在学科建设、学术评价、学术发展中的重要作用
2011	《高等学校章程制定暂行办法》	学术委员会独立地发挥咨询、审议、决策作用
2014	《高等学校学术委员会规程》	学术委员会是校内最高学术机构，统筹行使学术事务的决策、审议、评定和咨询等职权

续表

年份	文件名称	重要表述
2014	《关于坚持和完善普通高等学校党委领导下的校长负责制的实施意见》	发挥学术委员会在学科建设、学术评价、学术发展和学风建设等方面的重要作用
2014	《国家教育体制改革领导小组办公室关于进一步落实和扩大高校办学自主权完善高校内部治理结构的意见》	进一步强化了学术委员会独立行使学术事务的决策、审议、评定和咨询的权利
2016	修订《中华人民共和国高等教育法》	学术委员会在功能上实现从咨询功能向决策功能的转变

二、学院学术委员会具有权力配置的合理性

我国一流大学二级学院学术委员会的功能，涉及我国一流大学学校层面与二级学院的纵向分权和我国一流大学二级学院内部的横向分权。纵向分权的意义在于我国一流大学内部应不断下放权力，让二级学院掌握更多的权力；横向分权的意义在于促进我国一流大学二级学院内部形成权力均衡的治理体系。

一方面，我国一流大学的学校层面与二级学院的纵向分权符合学术权力的特点。美国教育改革家克拉克·克尔(Clark Kerr)将学术委员会在教师聘用和晋升中的评价作用，视为加州大学伯克利分校(University of California, Berkeley)保持高水平教师队伍的最重要原因。① 纵向分权符合我国一流大学二级学院“底部沉重”的组织特性。学术权力是扎根于学科专业的，保证教授研究和教学自由。我国一流大学的教学、科学研究、社会服务、国际交流等基本职能的实现都依赖学科专业的发展。因此，纵向分权有利于我国一流大学二级学院获得自主权，从而做出促进学科专业发展的学术决策。

另一方面，我国一流大学二级学院内部横向分权有利于形成不同类型的权力制衡。我国一流大学二级学院内部治理结构的困境是行政权力与学

---

① KERR C.The gold and the blue: a personal memoir of the university california: 1949—1967[M].Berkeley, CA: University of California Press,2001:413.

术权力之间的严重失衡,改革的关键是将集中的权力进行分权,并且实现不同权力之间的制衡。[①] 我国一流大学二级学院学术委员会行使学院决策权,院长行使执行权,二级学院的党政领导及全院教职工行使监督权,从而形成分权与制衡的我国一流大学二级学院内部治理结构。我国一流大学的学校层面与二级学院的分权、二级学院内部行政权力与学术权力的分权是形成制衡的基础。

三、学院学术委员会具有决策的专业性

我国一流大学二级学院成立学术委员会既是我国高等教育发展实际的必然,也是提高二级学院办学水平和办学质量的必然。有效的学院学术委员会在学院治理中的作用如下:

第一,有利于引领二级学院正确的办学方向。对我国一流大学二级学院而言,有效的学术委员会能够最大限度地发挥教授、学者在学院治理中的集体智慧和作用。基于学术规律和学术逻辑是学院治理的内在诉求,我国一流大学二级学院必须在学术事务问题的处理上尊重学术权威的话语权。

第二,有利于维护学院学术活动的正常秩序。自 2014 年教育部颁布《高等学校学术委员会规程》以来,不同类型大学包含不同层次的学术委员会,在学校层面、学部层面、学院层面甚至学系层面都设置了相应的学术委员会。此外,某些国家重点实验室或者研究中心也成立学术委员会。我国一流大学二级学院具有一定数量的教授,即可组成学院学术委员会,负责复杂多样的学术事务。

第三,有利于做出专业、公正、令人信服的学术判断。由于学院治理的对象主要是学术事务,决定了我国一流大学二级学院治理必须以学术治理为核心。我国一流大学二级学院学术委员会教授的数量相对较多,会议组织相对学校学术委员会难度较低,从而具有一定的效率保证。我国一流大学追求高深学问,高深学问的探究中存在很多的模糊地带,需要具有学术水平的教授进行学术评定。学术评定中存在的学术纠纷和学术矛盾,需要我国一流大学二级学院学术委员会做出专业的学术判断。

---

① 仰丙灿.学院自治:大学内部治理结构优化的路径选择[J].复旦教育论坛,2015(5):19-24.

第二节　学院学术委员会理想功能的运行逻辑

我国一流大学二级学院学术委员会理想功能的构建不是随意的，而是需要遵循一定的逻辑。塔尔克特·帕森斯结构功能主义重视发挥系统中每个子系统的功能，因此我国一流大学二级学院学术委员会理想功能的发挥需要遵循共治逻辑。在切斯特·巴纳德组织理论视野中，注重将组织特性与组织治理连接。我国一流大学二级学院的学术性是其根本组织特性，决定了学院学术委员会理想功能需要遵循学术逻辑。我国一流大学二级学院学术委员会的理想功能并不是无限放大、没有边界的，而是需要遵从限度逻辑。其中，共治逻辑是我国一流大学二级学院学术委员会发挥功能的逻辑基点；学术逻辑规定了我国一流大学二级学院学术委员会功能发挥的方向；限度逻辑规定了我国一流大学二级学院学术委员会功能发挥的边界。

一、学院学术委员会的共治逻辑

“共治逻辑”是指我国一流大学二级学院学术委员会和学院内部其他治理机构一样，共同参与学院治理。共治逻辑通常容易受到两种挑战：一方面，我国一流大学二级学院内部行政权力较大，对学术委员会的重视程度较低。另一方面，专任教师参与二级学院治理的积极性不高。因为专任教师忙于应对教学科研的绩效考核，参与二级学院治理的积极性较低。

共治逻辑的理论基础是共同治理理念(shared governance)。共同治理强调民主、协商和合作，要求利益相关者共同参与大学的治理。[①] 共同治理理念下的决策兼具自由平等与理性效率；决策程序应自下而上，决策方式应民主协商，决策目的是维护学术自由与促进我国一流大学二级学院发展。共同治理不是简单地让所有人共同参与治理，也不是简单地对应“教授治校”，而是包括拥有共同的所有权(shared ownership)、承担共同的责任

① 刘军仪.民主、协商、合作：来自美国明尼苏达大学共同治理模式的经验[J].外国教育研究，2011(12)：57-62.

(shared responsibility)和共同的职责(shared accountability)。[①]

我国一流大学二级学院学术委员会功能发挥需要遵循共治逻辑的意义在于:第一,能够避免二级学院处于完全的外行治理或专家治理的状态。因为外行治理的弊端在于缺乏专业性,专家治理的弊端在于视野的局限和治理效率不高。[②] 第二,有利于学院内部不同主体发挥相应优势。学院学术委员会能够处理相应的学术事务,从而促进二级学院的有效治理。第三,有利于我国一流大学二级学院内部治理机构都能相对自由地表达观点,做出促进学院发展的慎重决定。这个过程中可能会存在分歧和争论,但是每一种声音都是出于为组织长远的发展而考虑。

总之,共治逻辑有利于每个机构都承担组织发展的责任和任务,共享我国一流大学二级学院发展的荣誉。

二、学院学术委员会的学术逻辑

我国一流大学二级学院学术委员会应该遵循学术逻辑,其原因是二级学院的根本组织属性是学术性。我国一流大学二级学院的多重属性决定学院不能完全是传统的由教授管理学院的模式,也不能完全由行政管理二级学院。我国一流大学二级学院学术委员会遵循学术逻辑的根本原因在于二级学院是注重高深学问、平等的学术共同体和提倡民主协商的基层学术组织。

我国一流大学二级学院学术委员会的功能发挥遵循学术逻辑的意义在于:第一,我国一流大学二级学院学术委员会应该扮演好“学术守门人”的角色,在学术招聘、学术录用、学术晋升、学术评奖等学术事务中发挥重要作用,从而有效抵制依靠权力关系获得学术职位或实现学术晋升的现象,能够维护二级学院发展的公平正义的学术环境。第二,我国一流大学二级学院学术委员会不能成为助推“锦标赛体制”的助力器,沦落为充满科研成果数量竞争的“战场”。我国一流大学二级学院学术委员会不应该是只注重论文

---

① 常桐善.院校研究(9):高校治理与院校研究[EB/OL].(2020-09-28)[2021-05-20].https://mp.weixin.qq.com/s/EtHZZ0A5A0_y6_B2Wsvjrw.

② KEZAR A, ECKEL P. Meeting today's governance challenges: a synthesis of the literature and examination of a future agenda for scholarship[J]. The journal of higher education, 2004, 75(4): 371-399.

数量、课题项目数量，而是坚持学术标准，在“坚决克服唯分数、唯升学、唯文凭、唯论文、唯帽子的顽瘴痼疾”[①]的过程中，通过做出专业的学术判断，发挥引领学院发展的作用。第三，我国一流大学二级学院学术委员会应该注重提升所在学院科研成果的学术品质。我国一流大学二级学院学术委员会应该结合所在学院已有的学术研究成果及时进行反思，提出保障和提升学院学术水平的实质性举措。我国一流大学二级学院学术委员会应该凝练学科建设方向，而且二级学院通过对学术前沿的判断，寻找新的研究领域。

三、学院学术委员会的限度逻辑

“限度逻辑”是指我国一流大学二级学院学术委员会的功能在一个合理的范围内。共同治理理念首先确保我国一流大学二级学院学术委员会参与学院治理具有观念基础，同时也表明不能排斥行政系统参与学院治理。

我国一流大学二级学院学术委员会理想功能遵循限度逻辑的原因包括三点。第一，我国一流大学二级学院的多重组织属性决定了学院是一个需要治理的组织，完全的学术治理模式不符合二级学院具有政治属性、经济属性、科层属性和学术属性的事实。第二，我国一流大学二级学院的规模在不断扩大、职能在逐渐增加，决定二级学院的教授已经无力承担学院内部所有的学术事务，需要负责专门管理二级学院事务的行政人员。学院学术委员会的功能是有限的，不能无限夸大这一学术机构的功能，否则可能导致缺乏实效性，因为“教师常常不喜欢改革自身，但大学很多时候需要改革”[②]。第三，我国一流大学二级学院学术委员会的权力过大，会影响二级学院的院长、党政联席会等之间的权力平衡。

我国一流大学二级学院学术委员会遵从限度逻辑的意义在于：一方面，有利于该机构专注于学院学术事务，实现教授治学于学院的基本目的；另一方面，有利于该机构在功能定位大小和议题范畴中的合理定位，从而减少与学院内部其他机构之间的冲突和矛盾。

---

① 中共中央国务院印发《深化新时代教育评价改革总体方案》[EB/OL].(2020-10-13)[2021-05-30]. http://www.gov.cn/zhengce/2020-10/13/content_5551032.htm.

② 熊万曦.大学校长遴选:美国顶尖大学的经验:哈佛大学前校长德里克·博克专访[J].现代大学教育,2013(5):18-22.

第三节　学院学术委员会理想功能的基本图景

我国一流大学二级学院学术委员会的理想功能构建，需要研究者在研究之前悬置种种限制，通过提出学院学术委员会的理想功能，从而引领学院学术委员会建设。在教育研究过程中，现实和惯性会把人的思考和行动限制在既有框架范围中，导致人们无法走出思想藩篱。为了突破对我国一流大学二级学院学术委员会功能的已有认知，研究者需要一种“预言式思维”，即暂时搁置现实的限制，纯粹只靠逻辑、理性来寻找一种新的出路。[①] 在本研究中，这种预言不是一种对理想的我国一流大学二级学院学术委员会的虚幻构想，而是符合现实的需求。但是这种构想又必然与现实保持一定距离，而且符合我国一流大学二级学院的多重组织特性并存的特点。学者们已经意识到无论是在历史上还是现实中的高校，都并未完全实现绝对的学术自由和教授治校。[②] 从学术研究角度，本节内容综合切斯特·巴纳德的组织理论和塔尔克特·帕森斯的结构功能主义理论，构建我国一流大学二级学院学术委员会的理想功能，是一种重要的理论尝试。这种构建不是对我国一流大学二级学院内部治理的“另起炉灶”式幻想，而是将该机构嵌入学院已有治理体制的方式。

一、学院学术委员会的组织结构

我国一流大学二级学院学术委员会理想的组织结构，属于二级学院内部独立的学术事务决策系统。我国一流大学二级学院学术委员会应该是学院内部最高学术治理机构，下设教学委员会、道德风气委员会、学位委员会等专门委员会。这些专门委员会在一定程度上发挥了相应的功能，整合了我国一流大学二级学院的学术权力，避免了学术权力的分散。

---

① 高德胜.教育：从两端到中道[J].高等教育研究，2015(10)：19-29.

② 阎光才.文化乡愁与工具理性：学术活动制度化的轨迹[J].北京大学教育评论，2008(2)：141-151.

我国一流大学二级学院内部建立完整的组织结构是有效治理的关键。组织结构包括多种形式:直线型组织、职能型组织、直线参谋型组织、直线职能参谋型组织、事业部型组织、矩阵型组织、多维立体型组织。① 结合我国一流大学二级学院的办学实际情况,其组织结构为直线职能参谋型组织,即包含三种类型的组织机构:一套是按命令原则组织的机构,如党委会、党政联席会等;一套是分担二级学院内部具体职能管理的机构,如办公室等;一套是按专业化原则组织的职能机构,如学术委员会、教学指导委员会等各种专门委员会。

我国一流大学二级学院学术委员会的理想型组织结构如图 3-1 所示,学院内部的事务分为党政事务、行政事务、学术事务和学生事务,分别设置相应的专门委员会。

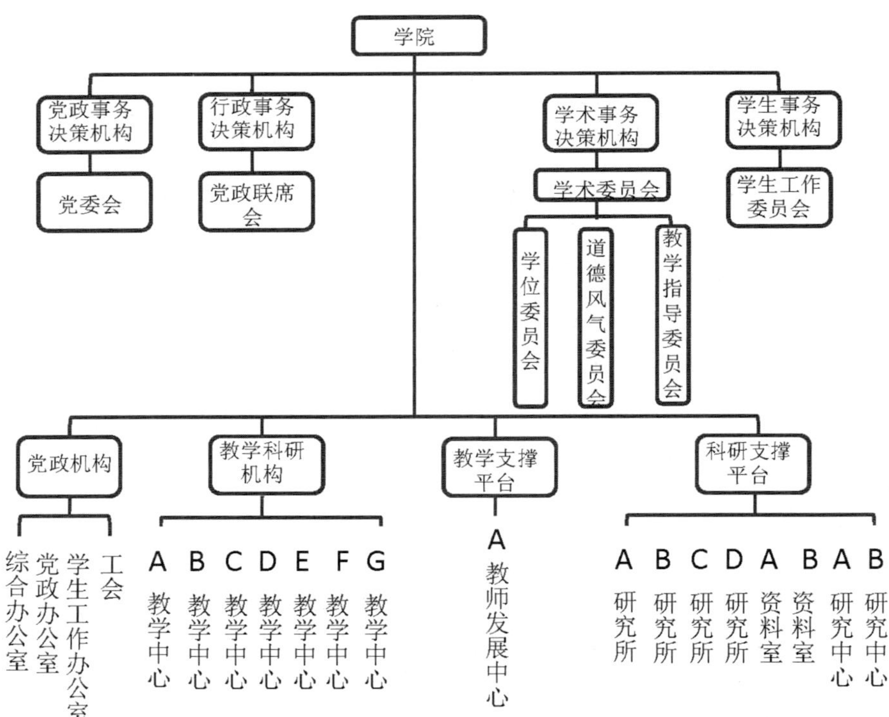

图 3-1 理想型学术委员会所在学院的组织结构

① 张国庆.让制度说话[M].北京:企业管理出版社,2010:61-62.

二、学院学术委员会的委员构成

根据二级学院的规模和学科数量，我国一流大学二级学院学术委员会一般包括 9～15 名委员（奇数），其中包括 1 名主任、2 名副主任、若干名委员、1 名委员会秘书。我国一流大学二级学院学术委员会的委员组成，应该考虑学科代表性或研究方向的代表性，吸纳学院的教授、副教授共同参与。

我国一流大学二级学院学术委员会委员构成需要注意三点。首先，职称要求。我国一流大学二级学院学术委员会应该包括教授和少数优秀的副教授。蒋梦麟校长在主政北京大学期间，倡导“教授治学、学生求学、职员治事、校长治校”，其中“教授治学”的“教授”不只是职称意义上的“教授”，而是资深教师或卓越教师代表。[①] 在《蒋梦麟教育思想研究》一书中也有类似的表述，即“北京大学当时的教授有 80 余人（不包括 150 多位讲师和助教）”[②]。梅贻琦校长在执掌清华大学期间，教授会是由全体教授和副教授组成。[③] 这既有利于倾听年轻教师的声音，也有利于提升我国一流大学二级学院学术委员会的治理能力。其次，我国一流大学二级学院学术委员会委员是学院内部专家与外部学者结合，有利于保障该机构的有效性和开放性。最后，我国一流大学二级学院学术委员会委员具有行政职务的教授与无行政职务的教授比例可以确定为 1∶4，能够加强学院学术委员会与学院内部行政团队之间的沟通。

我国一流大学二级学院学术委员会委员的产生方式：单学科类型的二级学院是学院内部每位专任教师提名；办公室秘书汇集所有提名的名单；全院教师在该汇集名单中投票，按照得票数高低产生学院学术委员会委员的最终名单；学院学术委员会委员的名单需要经学院党政联席会、党委会审议后才有效；学院学术委员会委员投票产生学术委员会的主任、副主任人选；该名单经由学院党政联席会和党委会最终审议才有效。多学科类型的二级学院注重委员的学科代表性，其他程序参照单学科类型的二级学院。

根据切斯特·巴纳德组织理论，我国一流大学二级学院学术委员会主

---

① 孙善根.走出象牙塔：蒋梦麟传[M].杭州：杭州出版社，2004：153.

② 马勇.蒋梦麟教育思想研究[M].沈阳：辽宁教育出版社，1997：71.

③ 黄延复.梅贻琦教育思想研究[M].沈阳：辽宁教育出版社，1994：170.

任的职能是努力地维持学院学术委员会这一机构与其他机构之间的协作，促进该机构内部委员之间的信息交流。切斯特·巴纳德认为，领导者的基本素质包括健康的身体、有决断力、处理人际关系的能力、高度的责任心和较高的智力。[①] 基于此，我国一流大学二级学院学术委员会主任的素养，也可以从四个方面来规范。第一，学院学术委员会主任的身体素质较好，精力旺盛，能够积极组织学术委员会的活动；第二，学院学术委员会主任的学术水平高，具有说服力、凝聚力，内心希望学术委员这个组织发展得更好。第三，学院学术委员会主任有更高的眼界、有更深的情怀和责任心。第四，学院学术委员会主任能够妥善地处理人际关系，包括与院长、党政联席会、内部委员及专任教师等之间的关系。

我国一流大学二级学院学术委员会委员应该具备的素养有四大要求。第一，学院学术委员会委员必须要有学术水平的鉴别力，兼顾学科代表性或专业研究方向。第二，学院学术委员会委员应该为人正直正派，不被人轻易改变或控制，能够发表独立意见。第三，学院学术委员会委员要遵守规章制度。学院学术委员会的委员在思想上不想违规操作，在行为上不敢违规操作，在内心里尊重学术、敬畏学术。第四，学院学术委员会委员要合理运用权力，既要把我国一流大学二级学院的兴衰看得很重，珍惜权力，也要能公平公正地处理学术问题，不把权力当作谋私的工具。

我国一流大学二级学院学术委员会的委员为任期制。学院学术委员会严格执行换届，每 5 年换届一次，学院学术委员会的每位委员最多连任两届。为了保证学院学术委员会工作的延续性，该机构委员的换届比例不超过当届总委员人数的 2/3。这有利于我国一流大学二级学院学术委员会保持一定的稳定性，同时也防止少数人的学术霸权。此外，我国一流大学二级学院学术委员会章程应该规定，对于 1 年内有两次或两次以上未能出席学院学术委员会的人应退出；对于退出的学院学术委员会中出现的委员差额，我国一流大学二级学院应通过投票方式增补新任委员。我国一流大学二级学院学术委员会换届的优势在于淘汰不称职的委员，提升学院学术委员会的治理能力；为学院学术委员会注入新的思想。但是，我国一流大学二级学院学术委员会换届的劣势在于可能不利于该机构的学术思想或学术政策的稳定。

---

① 切斯特·巴纳德.经理人员的职能[M].孙耀君，等译.北京：中国社会科学出版社，1997：3-4.

三、学院学术委员会的功能范围

我国一流大学二级学院学术委员会的功能范围厘清的意义在于让学术治理回归学术本位。我国一流大学二级学院学术委员会的功能范围主要基于以下四点依据。

首先，我国一流大学二级学院学术委员会的功能源于相关法律规定，如《高等教育法》《高等学校学术委员会规程》和相关大学章程等。以《高等学校学术委员会规程》为例，该规程对学术委员会的组成原则、职权范畴等都有明确的规定，包括学术事务的决策及对非学术事务的咨询。

其次，我国一流大学二级学院学术委员会的功能是源于学者的研究成果。相关研究者认为，学院学术委员会的功能主要在对二级学院学术事务的决策和对二级学院非学术事务的审议与咨询。[①] 教授应该具备有关大学发展与改革重大事项的决策权，开展教育与研究活动的决定权。[②]

再次，我国一流大学二级学院学术委员会的功能需要借鉴发达国家高校教师评议会经验。美国高校教师的权力主要集中在制定申请学位的要求、课程设置、终身教职、教师聘任和学位颁发等学术领域。[③] 比如，美国加州大学(University of California)教师评议会的核心权力包括课程开设、制定招生标准和授予学位。[④] 美国斯坦福大学(Stanford University)的校长杰拉德·卡斯帕尔(Gerhard Casper)认为，教师应该负责课程设置、教师聘任、选择研究项目、挑选学生等关键决策议题。[⑤] 一些学者认为，教师评议

---

① 毕宪顺，赵凤娟，甘金球.教授委员会：学术权力主导的高校内部管理体制[J].教育研究，2011(9)：45-50.

② 胡建华.关于彰显学术权力的若干问题[J].高等教育研究，2007(10)：27-31.

③ 张炜.大学治理：核心概念、哲学基础与辩证思考：基于对《高等教育哲学》的审读[J].中国高教研究，2019(2)：10-15.

④ 徐少君，眭依凡，俞婷婕，等.加州大学共同治理：权力结构、运行机制、问题与挑战：访加州大学学术评议会前主席 James A Chalfant 教授[J].复旦教育论坛，2019(1)：5-11.

⑤ 杰拉德·卡斯帕尔.成功的研究密集型大学必备的四种特性[J].李延成，译.国家高级教育行政学院学报，2002(5)：57-69.

会的权力集中在课程、晋升、终身教职、制定学术标准。① 这些研究表明，不同大学的教师评议会负责的议题存在一定的差异，总体上主要集中在课程设置、教师聘任和学术晋升三个方面。

最后，我国一流大学二级学院学术委员会的功能基于我国一流大学二级学院办学实际情况。我国一流大学二级学院学术委员会负责的学术事务范畴需要考虑我国高校现实制度环境和管理实践。我国一流大学二级学院学术委员会功能定位包括四类（见表 3-2）。第一类，学术决策机构。比如，同济大学物理科学与工程学院将学术委员会定位为决策机构。② 第二类，学术咨询机构。比如，北京航空航天大学航空发动机研究院的学院学术委员会定位是学术咨询机构。③ 第三类，审议和评定机构。比如，兰州大学地质科学与矿产资源学院将学术委员会定位为指导评议机构。④ 第四类，决策、审议、评定和咨询功能集于一身的复合机构。比如，北京师范大学系统科学学院将学术委员会定位为多种职能的机构。

表 3-2　我国一流大学二级学院学术委员会功能定位（部分）

学院名称	学院学术委员会功能定位
北京大学软件与微电子学院[1]	学术委员会负责规划学科发展战略、学科专业方向、课程体系设置和教学评估等工作
复旦大学经济学院[2]	学术委员会是院领导下的学术评议、咨询、协调组织，是学院学术上的最高权威的学术审议机构
中国人民大学农业与农村发展学院[3]	学术委员会是由本院教授代表组成的学术审议评议机构
中国人民大学环境学院[4]	学术委员会是学院学科建设、学术评议、项目审议的最高机构

① MINOR J T. Understanding faculty senates: moving from mystery to models [J]. The review of higher education, 2004,27(3):343-363.

② 同济大学.物理科学与工程学院[EB/OL].[2021-08-27]. http://physics.tongji.edu.cn/Web/Content/13.

③ 北京航空航天大学.航空发动机研究院学术委员会[EB/OL].[2021-08-27]. http://riae.buaa.edu.cn/xygk/zzjg/xswyh.htm.

④ 兰州大学.地质科学与矿产资源学院机构设置[EB/OL].[2021-08-27].http://earth.lzu.edu.cn/col_jgsz/index/.

续表

学院名称	学院学术委员会功能定位
武汉大学城市设计学院[5]	学术委员会负责学院学科发展、教学、科研重大决策的审议、科研成果的审定等
北京师范大学教育学部[6]	学术委员会是对科学研究和学术问题进行评议、决策的机构
北京师范大学系统科学学院[7]	学术委员会是学院最高学术机构，统筹行使学术事务的决策、审议、评定和咨询等职权
北京航空航天大学机械工程及自动化学院[8]	学术委员会讨论或审议学院学科建设与发展战略、科研改革的重大政策与措施；审议学科、专业的设置，确定学科方向，评估学科、专业建设情况；审定学术评价标准，评定科研和教研项目，评价研究成果
华南理工大学软件学院[9]	学术委员会统筹行使本院学术事务的决策、审议、评定和咨询等职权
中国科学技术大学地球和空间科学学院[10]	学术委员会拓展学院与国内外知名大学和科研院所在学生教育和人才培养方面的交流与合作，拓宽学生的知识面，增进学生的交流和合作能力等
东南大学建筑学院[11]	学术委员会负责审议学院学科建设与发展战略、学院重大教学改革、科学研究决策和措施；评定学院重大教学研究、科学研究成果等
东南大学外国语学院[12]	学术委员会对学院的学术和教学相关事务进行评定或审议

资料来源：

[1]北京大学.软件与微电子学院组织机构[EB/OL].[2021-08-27].http://www.ss.pku.edu.cn/index.php/overview/organization.

[2]复旦大学.复旦大学经济学院委员会[EB/OL].[2021-08-27].https://econ.fudan.edu.cn/xygk1/wyh1.htm.

[3]中国人民大学.农业与农村发展学院专门委员会[EB/OL].[2021-08-27].http://www.sard.ruc.edu.cn/index/index/organizationdetail/id/84.html.

[4]中国人民大学.环境学院专门委员会[EB/OL].[2021-08-27].https://envi.ruc.edu.cn/index/index/page/cid/28.html.

[5]武汉大学.城市设计学院学术机构[EB/OL].[2021-08-27].http://sud.whu.edu.cn/cmfx2020/article/index/id/1283/cid/6#.

[6]北京师范大学.教育学部组织机构[EB/OL].[2021-08-27].https://fe.bnu.edu.cn/pc/cms1info/list/1/7.

[7]北京师范大学.系统科学学院的学院章程[EB/OL].[2021-08-27].https://sss.bnu.edu.cn/tabid/44/Default.aspx.

[8]北京航空航天大学.机械工程及自动化学院学术机构[EB/OL].[2021-08-27].http://www.me.buaa.edu.cn/xygk/xsjg.htm.

[9]华南理工大学.软件学院组织架构[EB/OL].[2021-08-27].http://www2.scut.edu.cn/sse/16785/list.htm.

[10]中国科学技术大学.地球和空间科学学院组织结构[EB/OL].[2021-08-27].http://ess.ustc.edu.cn/introduction/committee.

[11]东南大学.建筑学院学术框架[EB/OL].[2021-08-27].https://arch.seu.edu.cn/9112/list.htm.

[12]东南大学.外国语学院教授委员会组织结构[EB/OL].[2021-08-27].https://sfl.seu.edu.cn/jswyh/list.htm.

综合以上四点考察,当前我国一流大学各二级学院对学术委员会共有四种定位。一是对纯学术问题的学术决策。二是学术评定。我国一流大学二级学院学术委员会做出的评定结果具有决策效力,应当作为学院相关管理部门做出决策的依据。学术委员会的学术评定范围包括高层次人才引进、人才选拔培养计划人选等。三是学术咨询。我国一流大学二级学院学术委员会为党委行政决策学院重大事项提供咨询和建议,包括制订与学术事务相关的全局性、重大发展规划;教学、科研经费的分配;教学、科研重大项目的申报及资金的分配等。四是学术仲裁。我国一流大学二级学院学术委员会委员在学术仲裁中需要摒弃个人的偏见,对所在学院学术不端行为进行处理。

我国一流大学二级学院学术委员会是处理二级学院学术事务的"学术公器",实现教授在学院层面的治学,而且与二级学院内部的行政形成良性合作关系。学院学术委员会可以平衡各学科的发展,监督二级学院的学术决策,形成健康的学术治理机制。

综上,我国学院学术委员会功能作用范围包括学院方面、教师事务方面、学生事务方面(见表 3-3)。

表 3-3　学院学术委员会理想功能

总体功能	治理主体	教师对院级学术委员会的评价	决策领域	治理效果	与行政管理体系的关系
"学术公器"	教授、少部分副教授参与	为二级学院学科建设做出实质性贡献;代表和保护教师的利益;促进人才培养工作科学化	学科建设;教师晋升、招聘、与教师工作条件相关的事物;审议人才培养方案,制定学生学位授予标准	促进二级学院学术发展	良性合作的关系

第一，我国一流大学二级学院层面包括学科建设、专业设置及教师队伍建设等重大学术规划，具体指学院发展方向的规划与反思和设置调整学科专业。通过这些规划，我国一流大学二级学院的教师既能把握当前学术前沿，又能继承并发扬所在学院的学科传统。

第二，我国一流大学二级学院学术委员会负责的教师事务，具体指制定教师职务聘任的学术标准与办法，包括专任教师的招聘录用和学术晋升、教学科研成果的认定条例和学术仲裁。我国一流大学二级学院学术委员会在教学科研序列、教学序列、研究员序列的学术晋升中发挥的功能不同。其一，教学科研序列：学院学术委员会需要审核申请者是否达到基本的标准，做出晋升或不晋升的学术决定，再由党政联席会审核学院学术委员会做出的决定是否公正、客观。其二，教学序列：学院教学指导委员会首先做出基本条件的审核，提交学院学术委员会做出是否晋升的学术决定，再提交党政联席会。其三，研究员序列：先由学院学术委员会做出学术晋升要求，再提交党政联席会。学院党政联席会将三个序列的晋升结果提交给学部学术委员会、学校学术委员会或学校职称评审委员会，再上报校长办公会。

第三，我国一流大学二级学院学术委员会应该审议人才培养方案、审议学位授予标准及细则、审议学院招生标准与办法、遴选或更换研究生导师。当前我国一流大学二级学院内部教学指导委员会负责人才培养方案的制定、学位委员会制定学位授予标准。但是，我国一流大学二级学院学术委员会作为学院内部最高的学术治理机构，应该对这些专门委员会的工作进行审议。我国一流大学二级学院学术委员会对有关学生事务的公正处理，有利于塑造二级学院的办学声誉。

第四章

我国一流大学二级学院学术委员会功能发挥的现状考察

本章是对我国一流大学二级学院学术委员会功能发挥现状的描述性研究，主要聚焦于学院学术委员会在哪些学术事务方面发挥功能、发挥多大功能。在对学术委员会类型的文献综述基础上，确定类型划分的维度，并结合调研材料，将我国一流大学二级学院学术委员会功能发挥现状归纳为四种类型，对每种类型的内涵、治理主体、具体运行情况、治理价值、治理风险等维度进行比较全面立体化的呈现。为了生动地再现学院学术委员会的功能发挥现状，本章的语言表述中会适时呈现研究对象的"本土概念"，即专属于研究对象个人经常使用的能够表达其情感、体现其思维方式的特殊语言。① 这些特殊语言不是研究群体普遍使用的大众化语言，而是研究对象个人特别的理解。② 本研究中本土概念的运用，既有利于理解我国一流大学二级

① 陈向明.质的研究方法与社会科学研究[M].北京：教育科学出版社，2000：284.

② 很多人文社会学科都积极地运用本土概念，比如社会学科中翟学伟教授运用"人缘"、"人情"和"人伦"三个本土概念概况中国人际关系。参见翟学伟.中国人际关系的特质：本土的概念及其模式[J].社会学研究，1993(4)：74-83.管理学中将"嫡系""亲信"等本土概念引入"领导—成员交换理论"，具体信息可参见王立.圈内人差序格局：本土概念对西方领导理论的扩展[J].领导科学，2018(29)：22-25.中文类学者用"一线圈"这一本土概念点评明清小说的架构。参见：张世君.一线圈：一个本土的叙事概念[J].暨南学报(哲学社会科学版)，2002(5)：85-91.但是本土概念的这种特征决定了其在相应的研究情境中具有不同的内涵。比如，学者陈向明在一项研究中发现，研究对象对本土概念"幸福"的理解是"物质意义上的、外在的、被赋予的东西"，而对本土概念"快乐"的理解是"内在的、自主的东西"。参见陈向明."本土概念"分析[J].外语教学与研究，2000(3)：196-199.这明显不同于常识意义上的理解引起研究者的警觉，通过深入研究后发现原因在于研究对象正处于从儿童期转向青春期，既需要外在的被赐予的"幸福"，也需要内在的"快乐"。总之，这些看似平淡无奇的"本土概念"由于被研究者赋予特别的意义，决定了其需要在完整的研究情境中进行解释本土概念。在教育研究中本土概念的发现和运用能够让研究者始终用教育学观看世界。参见叶飞."本土概念"及其教育学研究意义[J].教育理论与实践，2008(9)：15-18.

学院学术委员会功能发挥这一教育实践问题，也对于保持高等教育学科的特性和独立性具有重要意义。

第一节　学院学术委员会功能类型的分析框架

一、对学术委员会类型已有研究的批判

为了呈现学术委员会的研究现状，研究者可以对学术委员会进行类型化的分析。这种分析需要对学术委员会类型研究的批判性借鉴，具体而言：首先，充分呈现已有学术委员会相关研究中类型学方法的使用，再呈现具体的批判要点，最后得出构建的合理框架。

不同学科的研究者广泛地运用类型学的研究方法。在社会学研究中，曾旭辉等根据机会结构和功能实现两个维度，将代际关系划分为四种类型：紧密型（机会结构强、功能实现强）、工具型（机会结构弱、功能实现强）、独立型（机会结构弱、功能实现弱）和扶持型（机会结构弱、功能实现弱）。[①] 在教育学研究领域，相关研究者也选择运用类型学的方法。比如，王洪才将大学校长划分为学者型、管理型、协调型和经营型四种类型[②]，王建华将高等教育分为通识教育、专业教育、学术教育和职业教育四种类型。[③]

在美国大学层面教师评议会相关研究中也运用类型学的方法。美国学者詹姆斯・米勒认为运用类型学的方法，有利于呈现学术委员会运转的真实状况，[④]具体操作是通过调研 12 所高校，电话访谈 42 位评议会主席，总结出四种类型的教师评议会，具体如下：功能型评议会（functional senates），该类评议会是校长的咨询机构，其组织结构是非常传统的，委员产生方式为选

---

① 曾旭辉，李奕丰.变迁与延续：中国家庭代际关系的类型学研究[J].社会，2020(5)：190-212.

② 王洪才.大学校长的理想类型[J].江苏高教，2005(4)：10-12.

③ 王建华.高等教育的理想类型[J].高等教育研究，2010(1)：1-10.

④ MINOR J T. Understanding faculty senates：moving from mystery to models[J].The review of higher education，2004，27(3)：343-363.

举产生和领导任命结合，委员包括院长、学院其他行政人员，但总体上是教师主导；其通过正式的流程或投票表达意见或履行责任，评议的依据包括宪法、法律法规和教师手册等，负责的议题包括课程设置、教师的学术晋升、终身教职的确定、学术标准的制定等有关学术性事务的评判，对非学术事务没有影响；影响型评议会(influential senates)，该类评议会是合法的治理机构，对行政部门负责，其组织结构和委员产生方式与功能型评议会是相同的，负责的议题包括学校范围内的一切学术议题和非学术议题，影响力来源于组织文化，委员都是有影响力的教师权威代表；仪式型(ceremonial senates)评议会，该类评议会只是名义上象征性地存在，教师们对参与治理的兴趣不大，因为学校的行政权力非常大，在教师和行政人员共同关注的议题中发挥的沟通功能很小，没有实质性的决策功能；颠覆型评议会(subverted senates)，该类评议会的治理角色经常容易被低估，部分有威望的教师可以影响评议会的运行，往往在不正式的决策过程中做出有效的决策，其负责的议题包括课程设置、确定终身教职、指导学生，经常会受到消极文化的影响，教师把管理者看作压迫者，管理者谴责教师是不积极的人。

在詹姆斯·米勒的另外一项研究中，其基于对美国750所4年制社区学院的调查，得出另外四种类型的学术委员会。① 第一种，传统型教师评议会(traditional faculty senates)，该类评议会在决策过程中代表教师的利益，合法权力有限，负责的议题包括课程设置、项目标准、终身教职和学术晋升等，对于非学术议题(如财务管理、战略规划、外部关系等)的影响是非常有限的，其主要功能是向行政领导提出建议。这些建议可能被采纳，也可能被拒绝。该类评议会是代表教师利益的协会(association)，但不是校园治理中的合作伙伴(integrated partner)。第二种，影响型评议会(influential faculty senates)，该类评议会负责的议题包括课程设置和指导学生等学术性议题，其受益于完善的治理结构和制度体系，积极关切教师的利益和校园的整体发展，该类评议会是有能力做出学术决策的整合性治理机构(integrated governing body)。第三种，静止型评议会(dormant faculty senates)，该类评议会的委员不是很积极，对于教师而言只是一个仪式(ceremonial)，尽管其结构与其他高校的评议会非常相似，但在校园决策中发挥

① MINOR J T. Assessing the senate: critical issues considered[J]. The American behavioral scientist, 2003, 46(7): 960-977.

的功能是非常小的。第四种，文化型评议会(cultural faculty senates)，该类评议会在校园决策中的影响力是由学校文化所赋予的，负责的议题包括人事方面和社会互动，非正式的过程对决策的影响远高于正式的过程。

美国学者罗伯特·伯恩鲍姆也注重学术委员会的功能研究，通过经验总结的方式得出高校的学术委员会能够发挥显性功能和隐性功能。[①] 其中，显性功能包括两种类型的学术委员会：官僚式(bureaucracy)委员会是一个理性的等级组织(hierarchical rational organization)。该类学术委员会在澄清组织目标、分配收入资源、开发新资源、制定学位要求、规范学术行为等方面做出合理决策，同时有清晰的任务意识，能为学校的行政决策提前准备材料。第二个显性功能是政治系统(political system)委员会，该类型学院学术委员会是一个利益博弈的机构，组织的政策目标是在不断的沟通和妥协中逐步实现的。隐性功能包括八个类型的委员会：第一，象征式委员会(the senate as symbol)，决策结果和组织结构对参与者具有象征作用，即象征高等教育系统中的组织身份、教师集体和个体对于专业价值的承诺、教师和管理对于现存权威关系的接纳。第二，地位提供者委员会(the senate as status provider)，这个机构为教师提供具有大学参与治理的权利，从而能够与更有学术成就和有更高地位的管理者共同交流工作的机会。第三，"垃圾桶"和"冷冻机"(the senate as garbage can and deep freeze)，有时候组织很难快速做出决策，从而将难题投放到组织的"冷冻机"中。该类型学院学术委员会扮演着"垃圾箱"的功能。第四，注意提示的委员会(the senate as attention cue)，大学中有很多的问题需要解决，而行政管理人员的注意力是很有限的，该类型学院学术委员会的存在就是提示行政管理人员需要关注一些学术议题。第五，人员筛选装置的委员会(the senate as personnel screening device)，该评议会的委员一般具备必要的自信心和共情能力，是成为大学行政管理人员的基本特质。第六，作为组织管理的委员会(the senate as organizational conservator)，该类大学的校长和管理人员都不希望学校发生剧烈变化，需要该类型学院学术委员会扮演保守的角色。第七，仪式和娱乐委员会(the senate as ritual and as pastime)，该类型学院学术

① BIRNBAUM R.The latent organizational functions of the academic senate: why senates do not work but will not go away[J].The journal of higher education,1989,60(4):423-443.

委员会经常会定期组织活动，让委员面对面地讨论制定学术规章制度，虽然表面上看是“仪式”性的，但往往发挥着重要的功能，能够帮助组织更加稳定和有秩序。同时，该类型学院学术委员会也是一个“娱乐场所”，委员们可以见朋友、闲聊管理问题和抱怨停车问题等。第八，“替罪羔羊委员会”(the senate as scapegoat)，大学作为“去中心化”且松散型的组织，其特性决定了系统中很多的问题难以预测。但是，当大学的发展计划没有被执行或者办学目标没有能实现时，需要寻找一个具体的组织承担责任，而该类教师评议会在这个时候往往成为最佳选择。罗伯特·伯恩鲍姆的构想是象征组织系统中的委员会(academic senates in symbolic organizational systems)，该类型学院学术委员会有效的方法就是培育健康的大学文化。从这些类型划分的角度，可以看出国外大学层面的教师评议会发挥的功能大小不一，需要对其进行具体分析。

此外，我国学者在研究大学的学术治理机构时也运用类型学的方法。张君辉认为，大学内部存在着并行的学术权力和行政权力两大系统，据此将中外大学的教授委员会划分为三种类型：第一种，二元权力渗透、学术权力主导型，以德国、日本、法国的高校为代表，教授委员会审议决定学校的学术事务和行政事务；第二种，二元权力渗透、行政权力主导型，以美国高校为代表，教授委员会的主要功能范畴是课程等学术事务；第三种，二元权力分离、适度渗透类型，以我国高校为代表，教授委员会承担着学术委员会的决策功能。[①] 从权力类型的角度进行划分，这些划分有一定的合理性。但是高度概括化的组织类型隐藏了教授委员会的运行细节。

已有对中外大学教师评议会(类似的学术治理机构)的类型学研究，由于研究对象、研究方式的差异，不同的研究者或者同一研究者在不同研究中都总结出不同的组织类型。这些研究结论既体现了高等教育实践的复杂性，也大大丰富了后续研究者对于学术治理机构的实践的认知。

但是，这些研究也存在一些不足。第一，研究主题对大学二级学院学术委员会的关注度不足。相关研究者主要是通过类型学的方法对高校学校层面的学术治理机构(教师评议会、教授委员会等)开展相关研究，较为清晰地呈现了其在学校层面决策功能发挥的实际状况，但对学院层面学术治理机

---

① 张君辉.中外大学教授委员会的类型与功能比较[J].外国教育研究，2006(4)：53-56.

构的类型研究比较缺乏。第二,研究方法上没有将理论研究和实证研究完整地结合。第三,划分维度的选择上,国外学者研究主要是选择从该机构的治理效果维度,而我国的相关研究更多是从权力大小的维度。这使得研究结论中不同类型的学术委员会之间的区分度较低。第四,相关研究者对于已有学术治理机构类型的原因分析相对较少。

二、一个全新分析框架的浮现

(一)框架确定

从已有研究可以看出,相关学者运用类型学的方法分析学术委员会,具有三大益处。第一,类型学方法的运用能够将学术委员会的运行状况从完全“迷雾”的混沌状态转变为可以澄明认知的状态。第二,学术委员会治理类型可以通过思辨方法或者实证方法,可以选择治理效果、权力类型等维度进行划分。第三,类型学方法的运用,有利于更深入、更真实地认识当前大学内部学术治理机构功能发挥现状。

本研究基于结构功能主义视角,从结构上分析我国一流大学二级学院学术委员会受到其他组织机构的干预程度;从功能上分析我国一流大学二级学院学术委员会的治理效果强弱。因此,本研究选择从治理效果和干预程度(外部对于我国一流大学二级学院学术委员会的干预和内部学术权力的干预)两个维度,对我国一流大学二级学院学术委员会在学院治理中的功能定位进行分类。干预程度是外部环境对我国一流大学二级学院学术委员会的影响,治理效果是我国一流大学二级学院学术委员会的功能发挥情况。我国一流大学二级学院学术委员会治理效果分为强、弱两个等级;干预程度分为大、小两个水平。

(二)类型初现

根据“干预程度—治理效果”两个维度,我国一流大学二级学院学术委员会的功能定位分为四种类型(见图 4-1)。x 轴代表的是我国一流大学二级学院学术委员会受外界干预大小程度,主要是指学院学术委员会委员的组成情况:干预程度大是指我国一流大学二级学院学术委员会委员主要是由具有行政职务的人员组成,干预程度小是指我国一流大学二级学院学术委员会委员主要是由没有行政职务的人员组成。y 轴代表的是我国一流大学二级学院学术委员会治理效果的强弱程度:治理效果强是指我国一流大学二级学院学术委员会的决策结果能作为最终的决策依据，符合学院的利益和教师个体的利益；而治理效果弱是指我国一流大学二级学院学术委员会的决策结果不能作为最终的决策依据，不利于实现我国一流大学二级学院的利益和教师个人的利益。

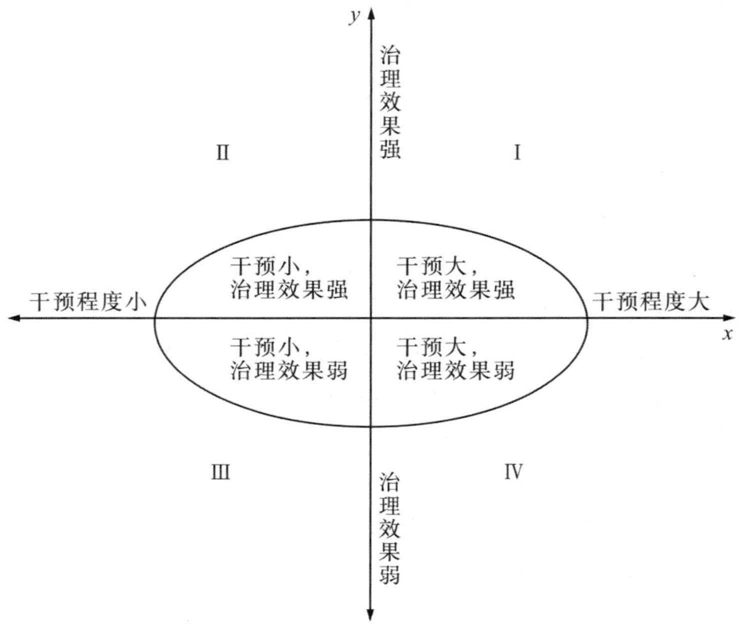

图 4-1　学院学术委员会功能类型分析

通过治理效果、干预程度两个维度，结合调研材料，本研究划分出四种类型的我国一流大学二级学院学术委员会，具体如下：第一种类型（Ⅰ）为受到干预程度大、治理效果强，对应的是“象征型”学院学术委员会；第二种类型（Ⅱ）为受到干预程度小、治理效果强，对应的是“共生型”学院学术委员会；第三种类型（Ⅲ）为受到干预程度小、治理效果弱，对应的是“冲突型”学院学术委员会；第四种类型（Ⅳ）为受到干预程度大、治理效果弱，对应的是“悬置型”学院学术委员会。

理论维度划分的类型与现实状况中我国一流大学二级学院学术委员会功能类型的契合程度需要实证材料的支撑。这种支撑结果是完全契合抑或存在些许偏差都需要接纳，因为“追求真实存在是真正爱知者的天性”[①]。

在我国一流大学二级学院学术委员会的具体分析中，主要关注这四种学院学术委员会的类型阐释、治理主体、运行方式、治理价值和治理风险。具体而言，“类型阐释”部分呈现学院学术委员会的内涵和成因；“治理主体”部分呈现学院学术委员会委员的构成和产生方式；“运行方式”部分呈现四类学院学术委员会的会议召开情况、委员参会的积极性和负责的学术议题；“治理价值”和“治理风险”部分呈现学院学术委员会实现学院及教师们发展的有利情况和不利情况。

第二节　“象征型”学院学术委员会

在本研究中，案例学院一般是在20世纪80年代至90年代由学系升格为二级学院，由于各种原因，其教授的数量相对有限，一般是通过成立教授委员会来代行学术委员会的职能。案例学院对应的是样本高校中的文科学院、理科学院。[②] 这类二级学院的学科在全国第四轮学科评估中的成绩为B，其委员主要是由学院内部具有行政职务的教授和少数教师代表组成，其主任一般是具有教授职称的二级学院的院长或党委书记兼任。本节重点介绍“象征型”学院学术委员会的成因、特征、效果、治理价值及其治理风险。

一、“象征型”学院学术委员会的类型阐释

“象征型”学术委员会是指由所在学院的全体行政人员和少数教师代表组成的工作机构。一般而言，学院的党政联席会、职称评审委员会、学术委员会三个重要机构的委员基本上都是学院的行政领导。因为委员的重叠，该类学术委员会做出的决策一般会得到其他相关机构的认可；与此同时，学

① 柏拉图.理想国[M].郭斌和，张竹明，译.北京：商务印书馆，2015：240.

② 本研究的45位研究对象来自不同学科的二级学院，每种类型学院学术委员会对应一定的学院原型，但并不表明在我国每所一流大学内部这类学院一定对应该类型的学院学术委员会。

术委员会也基本不会否定其他相关机构做出的决策。

M12 认为这种类型的学院学术委员会对应的隐喻是“橡皮图章”。“橡皮图章”是指学院学术委员会受到学校、学院内部党政联席会的命令或者为了学院自身的发展利益，而选择赞同、批准或处理学院的学术事务。“死耗子”是指一些比较难处理的事情。

学术委员会是“橡皮图章”，就是专门负责处理学院中的“死耗子”。比如，学院中一些很难解决的事情，学院会让学术委员会以自己的名义去处理。这样既象征民主，还能说服别人。因为学术委员会是由很多人组成的，很多人投票就可以形成一种推卸责任的效果，反正有什么事就说是由学术委员会的教授们投票决定的。那当事人能去埋怨谁呢？（M12）

“象征型”学院学术委员会的“象征”体现在治理主体组成、学术招聘和学术晋升等学术事务的处理中。

第一，治理主体的象征。该类型学院学术委员会的委员基本全部都是有行政职务的教授，与传统的管理机构是一样的，未能调动学院内部其他没有行政职务的教授参与到学院的治理中。

我们学院的党委会、党政联席会和学术委员会的人员基本上都是重叠的。因为我们的院长、副院长、党委书记、副书记都是中国共产党党员，也都有教授职称。这样的好处在于，学术委员会做出的一些决策能够得到有效执行。因为学术委员会的委员不可能自己否定自己。（P&M10）

第二，该类型学院学术委员会在学术招聘中的象征。案例学院在教师招聘中的权力是相对有限的。该类型学院学术委员会对于所有合适申请者的应聘材料基本都是全部审核通过，然后再向学校争取新进教师的名额。

P&M09 讲述二级学院在人才招聘中的策略，是尽量将材料合适的申请者全部推荐给学校。

我们学院在人才招聘的时候，基本上就是将材料差不多的申请者都推荐到学校。如果学院向学校报 3 个名额，学校可能只通过 1 个名额；如果学院申报 5 个名额，学校可能通过 3 个名额。现在学院进人越来越难，一方面是学校要求越来越高；另一方面是学校都很推崇量化标准。（P&M09）

P&M10 讲述在学术招聘中，二级学院为了尽量招聘更多的教师，而主动地不做出实质性的决策。“背书的事情”是知情同意，表明“象征型”学院学术委员会在处理事务中的不作为。这种不作为导致有些老师对学术决策的无奈。组织的正式结构成为一种仪式，就会发挥象征性功能，即“学校组织中的正式结构主要发挥象征功能"①。

学院基本所有与学术相关的事情都要到学术委员会过一下,都是些"背书的事情",包括职称评审也是这样。学院进人的时候,需要学术委员会投票。但是,学院想要做大,学术委员会就会不做出选择,不得罪任何人,把材料合适的申请者都留到学校里去"刷"。(P&M10)

第三,该类型学院学术委员会在学术晋升中的象征。该类型学院学术委员会与学院内部职称评聘委员会之间的关系是非常协调的。该类型学院学术委员会通过所有申请职称评审的材料,由于二级学院的行政领导会出面协调,通常情况是 1 位老师申请,或 1 位老师申报,然后学院学术委员会的委员直接全部投票通过。

P&M09 口中的"高抬贵手",一般是敬辞,其本意是恳求对方原谅或饶恕。在此处,作为副院长和学院学术委员会的委员表明这些做法是委员的自我意愿,而且能够产生内在的自足感。

在老师们申报评教授的时候,我们学术委员会的做法是:如果没有差额,学术委员会的委员都会投赞同票。如果有差额,学术委员会的委员就尽量将所有申请者都上报到学校。只要学校同意了,为什么学院的学术委员会不高抬贵手呢?因为,如果学校有 2 个指标,学院只报 1 个,而到了学校没有通过,那学院 1 个教授也上不了。如果学院同时都通过,那可能还多 1 个名额。这样的话,对学院和对教师个人都是有利的。(P&M09)

二、"象征型"学院学术委员会的治理主体

"象征型"学院学术委员会委员的构成,大部分为行政人员,极少部分为没有行政职务的人员,一般由 7 位学院内部的教授组成。该类型学院学术委员会的主任一般是学院的院长、书记或者负责科研的副院长。

"象征型"学院学术委员会委员的产生方式,包括两种情况:第一种,二级学院的行政领导任命。每个学科点的学科带头人是学院学术委员会的当然委员。该类型学院学术委员会的委员主要包括主管教学的副院长、主管科研的副院长、党委书记、党委副书记和两位教师代表等。第二种,该类型

① MEYER J, ROWAN B. Institutionalized organizations: formal structure as myth and ceremony[J].American journal of sociology,1977,83(2):340-363.

学院学术委员会中少部分委员由投票产生。但是专任教师习惯性地投票推选其所在学系的系主任担任委员。因为系主任一般具有一定的学术影响力，而多数系主任与院长关系熟络，更能够维护本系的利益；虽然系主任在行政上没有级别，但是在专任教师眼中是值得信赖的领导。在这种情况下，该类委员的投票选举就容易异化为一种表面民主。

在案例学院中，学院党政联席会、职称评审委员会、学术委员会的人员通常是重叠的，出现类似"一套人马、多个牌子"的现象，其客观原因既在于二级学院内部教授的人数是十分有限的，也是由很多委员会的组成特征决定的。比如，学院内部党委会由学院正副院长、正副书记中的中国共产党党员组成，党政联席会则只是在此基础上增加工会主席。①

我们的学院只有那么几个教授，也就只有那么几杆"枪"，在学院的那几个委员会中肯定都是会身兼数职的。(P&M02)

党政联席会和学术委员会的人是一定会重叠的。因为学院的各种委员会太多了，而学院总共只有那么几位教授。这样不同委员会之间的区别只能是说每个机构分管的领导不一样。(P&M09)

有时候，该类型学院学术委员会的主任由院长兼任。该类型学院学术委员会的人员组成在一定程度上有利于较好地规避党政联席会与学术委员会的冲突。但是这种安排只能是局部的规避，除非该院长非常的强势或者有极高的影响力，从而在党政联席会上能够占据完全主导地位。因为二级学院在院长和学院党委书记之间也存在一定的权力牵制关系。如果二级学院院长兼任学术委员会主任且同时兼任书记的话，就可以完全规避学院行政领导与学术委员会两个机构出现冲突的问题。但是，这会导致权力过度集中到一个人。

我觉得院长担任这个学术委员会主任有一定的合理性。院长汇总各方面的信息，然后环顾左右、做通盘考虑。党政联席会一般都认可学术委员会的决策，因为学术委员会的主任就是我们院长，他的两重身份是重合的，不可能会发生自己不认可自己的情况。如果学术委员会主任和院长不是同一个人，优势在于，这能保障学术委员会的独立性，有利于实现教授治校的理想和推进学院的治理现代化；风险在于，二者之间的沟通不畅会产生很多问

① 华中科技大学.马克思主义学院的机构设置[EB/OL].[2021-10-14].http://politics.hust.edu.cn/xygk/jgsz.htm.

题。教师治校要发挥作用,前提还是教授是值得信任的才行。没有行政职务的教授们通常主要考虑自己的学科方向和研究团队,没有大局观。(P&M09)

三、"象征型"学院学术委员会的具体运行

委员构成决定了该类型学院学术委员会受到的干预程度很大,但是相对而言,其目标达成度较高,具体运行情况如下。

第一,该类型学院学术委员会的开会次数是不固定的。案例学院的学术委员会是有事随时开会。这使得该类型学院学术委员会能够灵活处理一些学术事务。

我们学术委员会的工作都是"摸着石头过河",不知道要负责什么事情。我们开会是相对较少的,学院也不会规定我们必须开会,而是有事就要开会。(M05)

"走程序"是开会的主要工作内容。比如,案例学院的教师们学术晋升的时候,第一轮是学院学术委员会做出学术决策;第二轮是职称评审委员会评审;第三轮是党政联席会审核;第四轮是提交学部学术委员会;第五轮是学校职称评审委员会最终决定。实质上,学术委员会成员、职称评审委员会委员和党政联席会成员基本上都是学院的行政班子,意味着三个流程基本可以合并,也决定了学术委员会的决定的有效性。

学院进人的量化指标和考核的量化指标都已经规定好了,我们的学术委员会就像机器一样,检查一下申请者是否达到条件,说白了就是"走程序",但是这道程序不走又不行!(T09)

第二,该类型学院学术委员会的委员们开会的积极性不高。很多委员认为,尽管参加委员会的会议,但是依然无法充分表达自己的意见,因此觉得参加没有实质性的意义。有时候,一些委员们选择请假。长此以往,该类型学院学术委员会的委员不参加会议,就容易形成"参与式危机"。德国哲学家尤尔根·哈贝马斯(Jürgen Habermas)将这种从公共领域退回到个人领域的现状称为"唯私主义综合征"。[①] 该类型学院学术委员会主任对于委

① 尤尔根·哈贝马斯.在事实与规范之间:关于法律和民主法治国的商谈理论[M].童世骏,译.北京:生活·读书·新知三联书店,2003:670.

员不积极参加的情况，既担心出席学术委员会委员人数不足学术委员会总数的 2/3，但又对这些委员的不积极参与行为感到无能为力。

学术委员会是多一事不如少一事。一般开会的时候，委员们的积极性不是很高，总是因为各种各样的事情要请假。领导会觉得为难，但是也没有办法。(M05)

第三，"象征型"学院学术委员会负责的议题较多，包括学术招聘、学术晋升、教师出国、研究生导师遴选等议题。

学院的很多事情都需要到学术委员会去"过一下"的。学术委员会负责的事情，主要就是学院进人、老师们评职称、老师出国和研究生导师遴选等。其实，学术委员会决定了，基本上就不会被其他机构否定，因为基本上行政人员都在这个机构，不会自己再去否定自己。(P&M09)

图 4-2 所示为"象征型"学院学术委员会的组织结构，可以看出，学院内部的组织机构相对健全。

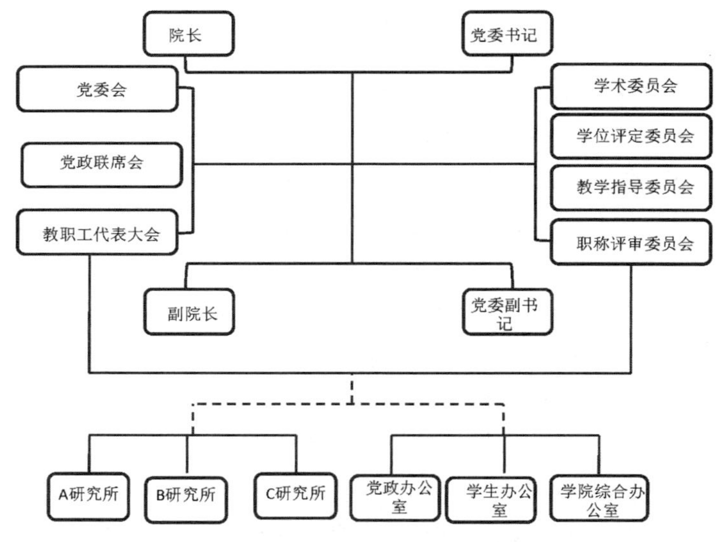

图 4-2 "象征型"学院学术委员会所在学院的组织结构

四、"象征型" 学院学术委员会的治理价值

该类型学院学术委员会对于所要处理的学术事务具有很强的影响力，具有一定的治理价值，具体体现如下。

第一，该类型学院学术委员会由于主要是由学院行政人员组成，具有一定的权威性。案例学院设置了独立的学术委员会办公室，为所在二级学院的教授们提供充分的互相交流的机会，同时也表达了对学术委员会的尊重。

我们学术委员会开会有专门的办公室，都是为了让教授们能多多沟通交流，也确实发挥了很好的作用。（M05）

第二，该类型学院学术委员会的大多数委员的行政能力很强，非常了解所在高校的制度，在学术招聘、学术晋升等议题的处理中具有一定的“行政智慧”，为教师的发展和学院做大做强起到了一定的作用。

我们学术委员会的委员通过权衡之后，尽量都会把合适的申请者上报给学校。无论是招聘还是评职称，其实只要对老师们有利的事情，对我们学院的发展也是有利的，何乐而不为呢？（P&M09）

第三，该类型学院学术委员会为了争取学院利益的最大化，偶尔会故意不做出实质性判断，而是将选择权留给学校，从而避免了专任教师个人与二级学院之间的直接冲突，既维护了学院稳定发展的秩序，也在一定程度上使得该校能够灵活地集中资源促进学科建设。

五、“象征型”学院学术委员会的治理风险

任何一种类型的学院学术委员会都可能存在一定的风险，只是每种类型的学院学术委员会的风险都具有一定的特殊性。“象征型”学院学术委员会的治理风险是因为该类型学院学术委员会选择主动地不发挥功能，避免了二级学院这个组织与教师个体之间的冲突。但是这种做法可能引发教师个体之间的利益冲突。

T09 讲述了自己的晋升教授的经历。囿于学缘的因素，该类型学院学术委员会有时候选择不主动作为，而是将选择的责任留给学部学术委员会或者学校学术委员会。个体在这种情况下要么选择做沉默的“受害者”，要么选择“把事情闹大”。这种高校内部学术晋升中的“欺软怕硬”是人性中欺善怕恶的自然表现。[①] 这一现象值得反思和警醒。

学院的职称评审一般是 6 个流程，包括秘书审核材料、院长提名、同行评议、学院学术委员会投票或学部学术委员会投票、学校聘任委员会审核。

① 黎鸣.中国人性分析报告[M].北京：中国社会出版社，2003：310.

我自己申评教授的时候，如果按照教学、科研、社会服务等指标打分，及格分是60分的话，另外一位申请人的成绩是30分，我的成绩就是300分。我当时想他能评上教授，我就能评上教授。年轻人不都是这样想的吗！但是，我们学院的院长将我们2个申请者都提名，然后学院的学术委员会都通过了，到学部的时候竟然是他通过了，而我被刷下来了。那位申请者的情况可以说是“三无”，即无博士学位、无论文、无课题。但他是这个学校的毕业生，所以在各个环节都有关系。于是我写信给校长说明了这个情况。校长看到那个人的材料觉得太离谱，后来到学校聘任委员会的时候就没有让他通过。这样我们学院将这个评正高的名额保留到了下一年，尽管对于学院没有损失，但是我却因此被耽误了1年。此后，我和这位老师“老死不相往来”。我自己在第二年顺利评上了教授，到现在也并不后悔自己当年的做法。因为如果我当时不这么做的话，可能我就永远都没有评上教授的机会了。人都是欺软怕硬的，至少这么做之后证明我不是好欺负的人。(T09)

第三节　“共生型”学院学术委员会

案例学院内部的教授数量较多，同时成立学术委员会、教授委员会等专业委员会，以学院学术委员会为最高学术决策机构。在本研究中，案例学院对应的样本学院是历史悠久的综合性大学中的文科学院、工科学院、医学院，在全国第四轮学科评估成绩为A。该类型学院学术委员会的委员人数为13人，二级学院院长是学术委员会中的当然委员。本节研究内容重点介绍“共生型”学院学术委员会的成因、特征、后果、治理价值及其治理风险。

一、“共生型”学院学术委员会的类型阐释

“共生型”学院学术委员会的内涵是指该机构被定位为学院内部的学术责任机构，有一定的独立决策能力，有相对独立的学术决策领域，能发挥实质性作用，在学院治理中与行政班子的利益一致，二者形成合力，相互配合。

该类型学院学术委员会负责的学术议题可以协助二级学院行政领导比

较客观合理、公平公正地处理二级学院的核心学术事务。

学术委员会是一个学院发展的责任机构。学术委员会应该承担很多的责任，而且学院中有很多的事情也必须通过学术委员会开会解决。我们这些委员就不是冲着津贴过去的，而是担着一种责任。（M06）

该类型学院学术委员会对应的隐喻是“众议院”。“众议院”既表明该类学术委员会能够发挥一定的功能，也表明该类型学院学术委员会功能发挥是有一定限制的。这种限制来自包括学院的党政联席会和学校层面的学术委员会（或聘任委员会）等机构。

我觉得我们学术委员会相当于是“众议院”，为我们学院的党政联席会这个“参议院”在学术方面做出专业判断。学术委员会主要是在进人和评职称的时候做出决策。但是学术委员会在学科建设方面发挥的作用是较小的。其实学院在制定“十四五”规划的时候，院长应该让学术委员会参与到方案的制定中。（M01）

学术委员会负责的议题都是和教师切身利益相关的，主要是关于招聘新任教师、教师评职称、评奖评优等方面。不过学术委员会在学院学科规划方面还有不足，虽然有些老师的学术影响力很大。但是如果这些老师没有担任过院长的话，那对于学院的布局方面还是会弱很多。这一方面我们也在思考，应该怎么样才能让学术委员会发挥更大的作用。（P&M11）

“共生型”学院学术委员会体现为在学术招聘和学术职称晋升过程中，做出专业性的学术判断，具体如下：

第一，在学术招聘中，该类型学院学术委员会帮助学院做出合适的学术决策。该类学术委员会严格评定所有申请人的竞聘材料，而且结合我国一流大学的要求和该院内部“非升即走”考核制度等的要求，最后做出是否录用的学术决策。案例学院的党政联席会往往尊重学术委员会的决策结果。

该类型学院学术委员会在做出学术招聘决策时，体现出我国一流大学的二级学院从对“海归”（海外留学归来）博士的绝对偏好到做出适合本院发展情况的理性的学术决策。这体现了我国一流大学二级学院办学的自信和从容。

T10 从国外知名高校获得博士学位后入职了我国某一流大学工作，在 33 岁左右破格晋升为教授、博士生导师，是所在二级学院的院长助理，而且在该校重要职能部门挂职副处长。T10 讲述了所在学院的学术委员会通过严格的学术标准，决定是否录用另外 2 名从海外名校毕业的博士。

前段时间，有两位申请人给我们学院投简历。他们在我们国内 TOP2 的名校获得本科学位。一位申请人是在哈佛大学（Harvard University）获得博士学位，一位申请人是在普林斯顿大学（Princeton University）获得博士学位。但是他们在国外某大学工作 7 年后都没有评上副教授。这两位申请者的学科背景都很好，只是近 7 年没有发表任何学术文章，存在一定的“学术空白”。尽管我们学院很喜欢海外留学的博士，但是学术委员会的委员们在开会讨论两位申请者的材料时，委员们担心如果将这样的申请者引进到学院后，最终无法通过学校的“非升即走”的考核制度，而且现在单位的用人成本都很高。所以委员们最终决定投票不通过。我们学院以学术委员会的判断作为最终决策依据，最后决定不引进这两位申请者。（T10）

第二，该类型学院学术委员会的委员在学术晋升中做出公正的学术决策。这些学术决策的结果既能够让申请者“心服口服”，也有利于在学院内部营造有正气的学术氛围。

我们学院学术委员会做出的结果都是很公正的，那些能评上正高职称或者副高职称的人，确实都是有学术成果的老师。（T01）

我们学术委员会是按照规范的招聘流程执行，具体包括：首先是预筛，看申请者的条件够不够，值不值得拿去全球同行评议[①]。然后，学术委员会根据同行评议的结果做综合评价。学术委员会基本上都会刷人，就是完全按照学术标准来。如果两位申请者的条件相差不多，然后再从学科发展角度、人员构成角度等做出最后决策。总体上，委员们都是根据规定和自己的学术判断，公正地给申请者评分。（M06）

M06 所在二级学院将全球同行评议的结果作为教师能否得到学术晋升的重要依据。这样可以保障学术评价的公平性，但是如果评价的标准过于严苛，也需要学院学术委员会及时反思或纠正。学院学术委员会委员应该对全球同行评议的很多细节和质量进行反思。第一种情况，同行评议成为学术晋升的唯一依据。同行评议也不是绝对公平的，因为是由学院决定送给哪些专家外审，在这个环节中存在可人为操作的空间。第二种情况，同行评议的结果成为委员们决定教师是否通过学术晋升的参考意见，代表作评价之后会给出专家鉴定意见。根据反思情况，学术委员会应该做出实质

① “同行评议”是指从事该领域或接近该领域的专家来评定一项工作的学术水平或重要性的一种机制。参见郑也夫.信任论[M].北京：中信出版社，2015:217.

性的改变。

我们学院老师们在职称评审的时候都是需要全球同行评议的。所以现在老师们要想评上副教授或者教授就很难。每位老师只有1次机会申请全球同行评议，所以大家都非常谨慎。比如，有位老师有10篇好文章，可能另外一位老师就有11篇、12篇好文章。这使得我们的老师出去交流（参加学术会议）的时候是副教授职称。尽管别人知道在我们这能评上副教授都很不容易，但是这并没有意义。因为老师们在跟校外其他老师竞争的时候就处于弱势的位置。我们学术委员会也希望能够改变这种现状，虽然职称评审依旧严格，但还是会朝着比较好的方向发展。（M06）

尽管该类型学院学术委员会的委员严格地依据已有学术标准做出决策，但是专任教师们认为学术委员会的委员也应该有魄力对具有创新性的研究成果做出判断。

我觉得学术委员会对学术这一块的评价，不是完全看申请者发表了多少文章，还是要看申请者的学术影响力。申请者可能只发表1篇文章，但是很有影响力，或者文章中的某个观点在学术界和实务界都很有影响力，那么这个可能比你发表一堆文章，或者看起来高层次期刊的文章都要好。学术委员会的委员在评价文章学术性的时候，要看文章的学术贡献、学术影响力和理论价值，不能只是看期刊的级别。这方面最典型的例子是，制度经济学的开创者罗纳德·科斯(Ronald Coase)于1934年自己掏(出)版面费，在很普通的期刊上发表了一篇具有重大影响力的论文。我觉得这就是学术委员会需要关注的地方，不能“以刊论文”，而是做出相对专业的判断。（T01）

第三，该类型学院学术委员会制定具有竞争力的学术晋升标准。学院学术委员会的委员在制定职称晋升条件时，注重维护我国一流大学的学术实力。

T01讲述所在学院学术委员会严格执行学校学术晋升的评审标准，并表示高度认同。

我们是全国数一数二的学科，本身学院里老师们评职称的各种要求就不能只是按照学校的标准，也不能只是满足于国内一般高校的标准。我们学术委员会在这一方面的把关是很严格的。（T01）

M10认为学术委员会如果不重新制定更高的学术标准，会觉得学校、学科及自己本人都很“low”(层次低)。尽管在现场投票中，该学院的学术委员会委员的最终投票结果是选择要求较低的B方案。但是，这种力求提高学院晋升标准的诉求，却逐渐获得专任教师们的认可，从而不断地内化为该学院发展的内驱力。

我们学院学术委员会负责讨论制定一些评职称的基本条件。这个有点"家丑"了。我们学院当时很多老师都没有科研成果,不发表文章、没有申请课题。我感觉如果这些老师没有发表几篇文章,就通过职称评审了,那是不合适的。我们学术委员会的一些委员提出,"985"高校[①]应该有更高的标准,希望学院能够提高评职称的要求。最终,学院准备了要求高的 A 方案和要求较低的 B 方案。学术委员会的委员中只有三个人投了 A 方案,最终还是选择了 B 方案。有些教师评职称的时候觉得申请课题是很困难的,就说用 5 篇文章抵 1 个课题。我真是觉得这种做法很 low(档次低)。学术委员会的委员们的想法肯定会有分歧,但是投票原则是服从自己心目中学者的标准。我们是全国数一数二的学科,所以,每个人都要维护学科的学术形象。我觉得如果什么"阿猫阿狗"都能评上副教授或者教授,那自己都很 low(档次低)。(M10)

二、"共生型"学院学术委员会的治理主体

该类型学院学术委员会的委员是由没有行政职务的教授和少数有行政职务的教授参加,二级学院的院长是当然委员。该类型学术委员会的治理取向是追求公平正义,委员是由学院内部教师投票产生的。具体而言,学院先统一分配委员的名额指标到各个系,然后由全院的教师投票产生,得票数前 2 名的老师分别担任学术委员会的主任和副主任。根据学校的制度规定,该类样本学院的学术委员会实行每 5 年换届一次。对于该类型学院学术委员会委员的组成,包括如下两种观点。

第一种观点,学院学术委员会中有行政职务的教授不应该加入。因为很多人认为,有行政职务的教授,容易有自己的"小算盘"或者代表所在学科"学术部落"的学科利益。而且部分有行政职务的教师为了避嫌,也认为自己应该定位为一名普通的学术委员会委员,甚至不应该继续做学术委员会委员。

---

① "985 工程",是指中国共产党和中华人民共和国国务院在 1998 年 5 月 4 日做出的我国要建设世界先进水平的一流大学的决定。在同年 12 月,教育部颁布《面向 21 世纪教育振兴行动计划》文件,正式启动"985 工程"。具体参见:中华人民共和国教育部.面向 21 世纪教育振兴行动计划[EB/OL].(1998-12-24)[2020-05-20]. http://www.moe.gov.cn/jyb_sjzl/moe_177/tnull_2487.html.

P&M11认为，自己的定位应该是“裁判员”，所以在学院学术委员会尽量定位为普通委员。

中国大学的学术和行政确实是不能完全分开的。学院中的“双肩挑”领导往往起到了主导作用。但是很多人提出学院的运动员、教练员、裁判员不能都是同一个人。我觉得自己作为院长，最好的定位就是做裁判员，在学术委员会中做一名普通的委员。(P&M11)

T01认为，学院学术委员会中有行政职务的委员，在学术事务的处理中会加入其他不利的因素。

学术委员会中部分委员是有行政职务的。我倒不是说有行政职务的委员学术水平就不高。但是我觉得学术性不等同于行政性。有行政职务的委员考虑事情的视角，可能不是以学术性作为最重要的依据。(T01)

第二种观点，学院学术委员会的委员应该是通过投票产生的，委员构成应该包括学院内部具有学术威望的教授，而是否有行政职务并不是最重要的考量因素。

学术委员会委员的产生应该走“群众路线”，就是由学院的教师无记名投票产生。这不同于学院的领导“钦点”委员。这样产生的委员才有公信力。这些当选的委员可以有行政职务，也可以没有行政职务。但他们都应该是学术精英。我觉得那种执着地认为学术委员会的委员应该都没有行政职务的想法，是没有必要的。如果有些学院这么做了，那也是多此一举。(M01)

案例学院的实践经验是由院长推选具有学术威望的教授或上一届的行政领导(如院长)担任学术委员会主任。这种方式的初衷是该学院在不断地思考让学术委员会更好地发挥作用。实质上，上一届行政领导担任学术委员会主任可以有另外一种解读，即虽无行政职务，但是仍旧在学院受到重用。诚然，这些退休后的院长是学院的宝贵资本还是“不良资产”，确实需要不同的探索与实践。当笔者追问这位受访者目前这种方式探索的有效性及可推广性的时候，其表示仍旧持保守观望的态度。

在我们学院，学术委员会的委员都是很有影响力的教授，包括我们的院长或者是上一届院长。我们老师也需要学术委员会这个机构。(T11)

我们学院最近两届的学术委员会的主任都很有学术威望，做事都是非常公正的。作为院长，我只是学术委员会里的普通委员。学院为了让学术委员会更加主动地发挥作用，想了很多的办法。比如，现在学术委员会的主任是我们学院上一届院长。因为他有学术影响力，而且有行政能力，对学院的运转也更加了解。这种做法确实更有效。但是我觉得其他学院还是不要照搬。因为每个学院的发展阶段不一样，而且面临学校内部的发展环境不一样，还是要根据各个学院的情况保持自身的灵活性。(P&M07)

三、"共生型"学院学术委员会的具体运行

"共生型"学院学术委员会是以学术人员为本，受到外部干预的程度相对较小，从运转情况来看，目标的达成度较高。该类型学院学术委员会的具体运行体现在会议召开次数、委员开会积极性及其负责核心的学术议题等方面。

第一，该类型学院学术委员会的开会次数较多。该类型学院学术委员会每年有最低的会议次数要求，不定期开会，平均每月至少开会1次。开会次数取决于学院学术委员会章程的规定及其学院学术事务的临时安排。在该类型学院学术委员会开会之前，学院学术委员会的秘书会提前确定委员们的出席情况，并准备会议的议程。

我们学院的学术委员会既包括例会，也包括不定期召开的临时会议，有事情的话就要随时开会。学术委员会一个学期平均会开4～5次会议，每次开会的时长是不确定的，有的时候可能时间很长，因为对有些问题的讨论会很激烈。(M01)

第二，该类型学院学术委员会委员开会的积极性很高。该类型学院学术委员会委员只要没有课程、没有出差都会出席会议，委员会在召开会议的时候都是执行严格的人数要求，即全体委员人数的2/3到会。该类型学院学术委员会委员认为，只要当选为委员，就要出席会议，既不能辜负学院领导的信任，也肩负着学院其他同事的期待，需要持高度负责的态度。

学术委员会的委员们都是很积极的，因为大家知道这是一个公共事务。(M09)

这么多年来，我们学术委员会的委员还真是没有不来开会的。大家都愿意为学院的事情做一些服务。(M06)

我们学术委员会的委员积极性都是很高的。因为(你)既然是委员，就必须有责任和担当。学术委员会章程也有规定，出席人数少于委员总数2/3的话，会议就开不起来，做出的决定也是无效的。为了有更多的委员参与，学术委员会的秘书在开会之前会发布会议"预通知"和正式通知。我觉得做学术委员会委员既是一种责任，也是一种奉献。我们开会的时候，也有极少

数沉默的委员，但大部分的委员发言都是很多的。总体上而言，大家都是很投入的。（M01）

该类型学院学术委员会还会吸引一些没有行政职务的专任教师竞选成为委员。在该学院内部，专任教师对于成为学术委员会委员的积极性很高。这种积极性高的驱动力在于委员们既希望自己能够在参与工作中做出有价值的思考，也希望能够积极地为学院发展和老师们的利益做出贡献。

T01 参加了所在学院学术委员会的竞选，其已经通过质优量多的学术论文和项目课题晋升为教授，对于学院的学科发展在全国的地位具有荣誉感和责任感，同时也意识到学院在发展过程中遇到了一些问题，比如工作效率、工资待遇与学科地位的不对等情况、教师流动性较大等。所以，T01 非常关注所在学院学术委员会的运转情况。

我们学院的学术委员会委员都是要“竞争上岗”的，就是由全院所有的教师投票产生。我今年有竞选学术委员会委员，只是没有被评上。我愿意参加学术委员会的工作，因为这是一种职责，另外是想为学院做些事情。对自己来说，这种参与能够激发有价值的思考，也可以让自己“发光发热”。（T01）

第三，该类型学院学术委员会负责的议题较多，而且能发挥实质性的决策功能，主要如下：(1)在学术招聘方面，对申请者的学术成就、学术潜力做评估；(2)学术晋升；(3)年底教师业绩认定；(4)学术纠纷和学术仲裁；(5)审议本科生或研究生的人才培养方案；(6)制定科研奖励标准；(7)制定和调整学术规章制度；(8)其他议题。比如，博士后入站评估或出站考核等。

在学术招聘的时候，该类型学术委员会对申请者的学术成就、学术潜力做整体性评估，确定好候选人，然后将名单提交到党政联席会。党政联席会基本尊重学术委员会的决定；如果学术委员会否定这个申请者，党政联席会不会起用这个申请者。在学术晋升的时候，学术委员会的委员评定申请者的材料，然后职称评审委员会刷掉一半申请者，形成最终的评审结果，向学校提交材料，由学校层面审查程序。

学术委员会主任就是根据委员给申请者的票数，决定是否推荐给党政联席会。每个议题的有效通过人数是不一样的，有的议题需要出席人数2/3同意通过，有的议题需要出席人数 1/2 同意通过，有的议题需要出席人数 3/4 同意通过，有的议题需要出席人数 4/5 同意通过。每次开会的时候，学术委员会的秘书会预先跟我们每位委员都联系好。如果申请者的材料差不多，我们就看申请者的毕业学校和科研项目的参与情况。如果有认识申请者的委员，可以介绍一下情况，但我们都是采用无记名投票。学术委员会还是从学术的角度，基本上选出来的都是优秀的申请者。学术委员会应该有利于学院发展，否则学术委员会如果只是靠关系进人、评职称，这对学科、对学院的发展都有不好的影响。（M06）

一般而言，二级学院的学术治理中有三种表决方式，即举手表决、记名投票、无记名投票。委员举手表决将态度直接公布于当场所有委员；记名投票是将表决情况交给有权者；无记名投票则是最有利于保护投票者的隐私。无记名投票能够允许委员按照内心的自由投票；记名投票在另一种意义上可能影响委员按照自由意志投票，但却又是一种负责任的监督机制。

在“共生型”学院学术委员会委员中采用表决方式主要是无记名投票。学院学术委员会根据是否有差额的情况，决定投票的有效性。比如，《北京大学学术委员会章程》中明确规定，“差额投票 1/2 为通过，无差额投票以 2/3 通过。”[①]学院学术委员会的投票结果就作为相关学术议题的最终的依据，不存在党政联席会能够否定的问题。

图 4-3 为“共生型”学院学术委员会组织结构，负责学院学术事务的决策。

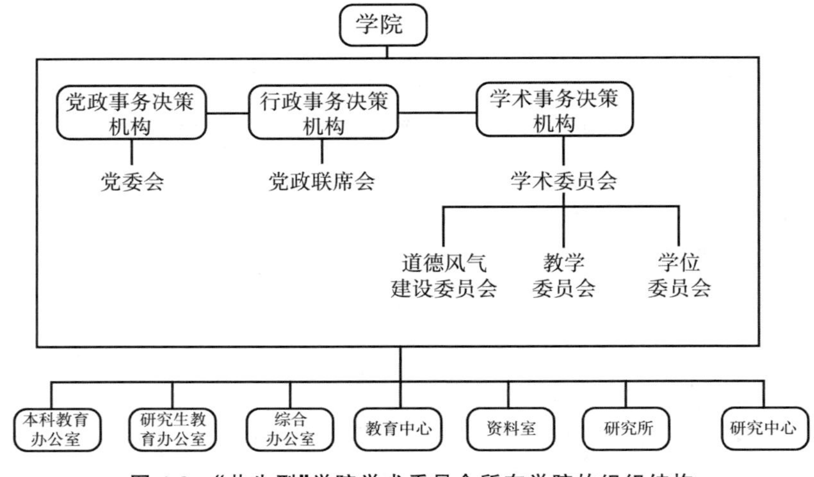

图 4-3 “共生型”学院学术委员会所在学院的组织结构

① 北京大学.北京大学的学术委员会[EB/OL].（2018-07-04）[2020-05-20]. https://www.xswyh.pku.edu.cn/zdwj/bdgz/278791.htm.

四、"共生型"学院学术委员会的治理价值

"共生型"学院学术委员会的治理价值在于在处理学院内部的学术招聘、学术晋升等具体的学术事务中发挥学术决策的作用。从治理效果的角度而言,该类型的学院学术委员会最为接近有效的学院学术委员会。

第一,"共生型"学院学术委员会在学术招聘环节的严格把关,确保学院师资队伍的质量。该类型学院学术委员会将人情关系挡在学术招聘环节,从而吸引了具有学术竞争力的人才为学院的发展效力。这种良性循环有利于学院师资队伍的长效建设。

第二,"共生型"学院学术委员会有利于保障教师学术晋升过程的公正性。学术晋升过程的公正性是指教师学术晋升流程符合规范,学院学术委员会在学术晋升中公正地评定申请者的学术水平。评审结果的公正是指达到相应晋升条件的申请者能够顺利通过学术晋升,而且未达到晋升条件的申请者不能通过学术晋升。

我们学院的竞争是比较激烈的。评副教授的时候,我发表了 6 篇一类核心论文,是学校要求的 2 倍。评教授的时候,我有 15 篇一类核心论文,是学校要求的 3 倍。当时有 7 位老师的材料一起去送外审。但是即便是我们的外审通过了,学院的学术委员会的委员根据科研成果打分,还是会刷掉一些申请者。那次评审的最后结果,好像是 5 位老师评上正高。至少我看到那些获得高聘的老师,都还是被大家认可的。我们学科在全国是非常靠前的,科研氛围很好、科研成果比较强,竞争是很激烈的。(T01)

第三,"共生型"学院学术委员会助力于所在学院取得标志性科研成果,获得该学科学术共同体的认可,而且在教育部学科评估中能够保持较好的排名。

我们当年引进的很多青年教师都取得了一定的成绩,证明了我们学术委员会当年看人的眼光。其中一位老师已经发表了多篇具有国际影响力的文章,最近还在《科学》(*Science*)这样的顶级刊物上发表了论文。(M01)

"共生型"学院学术委员会并未在学院的学科规划中发挥作用。这种有限作用的原因在于高等教育大众化之后,二级学院伴随着大学行政管理加强,其行政属性也在加强。

五、"共生型"学院学术委员会的治理风险

"共生型"学院学术委员会委员坚持学术标准，在具体学术事务的决策过程中，能够充分表达自身的学术观点。但是该类型学院学术委员会运行中可能存在的风险是，委员们公正的学术决策会影响到个别权威人物的利益，从而可能为学院的发展留下未知的隐患。

M10 讲述所在学院的学术委员会坚持学术标准和学术良心，未投票同意推荐某位老师，而那位老师最后担任学校的校领导。

我们学术委员会后面比较规范，确实是有过学校授意要通过某位老师，让他到学校去担任行政职位，那我们学术委员会没有让他通过。学院领导确实让我们多投了几次票。但是，我们这些委员越往后投票，那位老师得到的赞同票就越少。学院最后干脆不让我们投票了。我觉得这件事情我们还是做得很漂亮的，证明学术委员会还是有良知的，因为我们就是坚持真理。当然，那个人最后还是到学校层面当领导了。可能他"上位"(担任行政职务)之后，会不待见我们这些人，但是我们也管不了那么多了。(M10)

第四节 "冲突型"学院学术委员会

该类型学院学术委员会不甘于依附以院长为代表的行政班子，学术委员会与行政领导班子之间直接对抗，形成冲突。该类型的学院学术委员会对应的案例学院是综合性大学中处于发展中期的工科学院，学院内部教授数量较多，而且教授内部形成等级，即存在"大牌教授"和"普通教授"的区别。该学院的学科具有一定的实力，全国第四轮学科评估成绩为 B+。本节研究内容重点介绍"冲突型"学院学术委员会的成因、特征、后果、治理价值及其治理风险。

一、"冲突型"学院学术委员会的类型阐释

该类型学院学术委员会有一定的独立决策能力，有相对独立的学术决

策领域，在学院治理中与行政班子的立场不一致时，二者形成“冲突”。这种冲突形成的原因是学术委员会委员没有任何现任的学院行政领导，从而导致学术委员会与学院的其他决策机构之间沟通不畅。在大学内部，这种不同性质之间的权力冲突是很正常的，即大学内部权力的拥有者要为权力的繁衍而相互冲突。①

“冲突型”学院学术委员会包括三种情况的冲突：第一种情况，学院学术委员会与院长为代表的行政班子之间的冲突。第二种情况，学院学术委员会内部委员之间的冲突，进一步又细分为学术委员会委员个人与大多数委员之间的冲突，或学术委员会内部很多委员之间存在错综复杂的利益冲突。第三种情况，学术委员会委员个体与学院之间的冲突。

P&M01 认为学院行政班子做好决策后，授意学院学术委员直接通过；而学术委员会认为这种做法剥夺了学术委员会的权力，于是全部投票不通过。P&M01 认为这种做法让学术委员会成为“二手货”。“二手货”原意是指已经被人使用过，再拿到市场上进行交换的产品。此处受访者对“二手货”的理解与我们通常的理解不一样，但是由于该类型学院学术委员会的特殊的委员构成和冲突事件的发生，又较为准确地概括了受访者对学院学术委员会运行的不满及其内心的愤怒，是一个需要在特定的情境下才能理解的本土概念。

尽管在一般二级学院学术事务处理中，规范的决策程序是先由学院行政班子审核材料，然后再交给学术委员会审议。但是如果学院行政班子直接做出最终的决定，则会让学院学术委员会这一机构不能发挥任何的功能。

在学术招聘和职称晋升两个方面，我们学院的学术委员会其实是“二手货”。有时候，党政联席会给学术委员会提供一个名单，然后学术委员会直接同意通过。有时候，在申请人都满足基本要求的时候，我们学术委员会就是依据两条标准：第一，谁更优秀；第二，谁更适合学科建设。（P&M01）

（一）“冲突型”学院学术委员会的成因

“冲突型”学院学术委员会的冲突主要是指学院学术委员会与以院长为代表的行政班子之间的冲突。这种冲突的原因主要包括以下三个方面。

第一，在本研究中，该类型学院学术委员会对应的案例学院是工科学院，而在工科学院中教授获得的经费数额相对较大，具有一定的自主性。所以，

① 杰勒德·德兰迪.知识社会中的大学[M].黄建如，译.北京：北京大学出版社，2010：109.

工科教授组成的学院学术委员会在一定程度上相对摆脱学院内的行政控制。

M02 讲述学院的教授们申报经费的数额很大，既是为了更好地做科研，也能够让这些教授与学院保持相对独立。

工科的经费高，决定了教授们可以从外面拿到资源，相对而言是独立于学院的。工科的经费经常有几千万，因为要有硬件投入，需要买仪器设备做实验。申报经费也是一门学问。现在横向项目基本有竞争机制，纵向项目没有竞争机制，基本是“大佬们”瓜分。当然，能够获得经费的科研团队或者老师，都可以更加的独立，因为你能从外面拿到资源。(M02)

第二，案例学院的学科发展水平较高，导致案例学院内部出现了一些比较有学术影响力的教授。当该类型学院学术委员会与以院长为代表的行政班子的利益诉求尚未完全一致的时候，这些由没有行政职务的教授组成的学术委员会能够与学院内部的行政班子之间进行对抗。

真正学科发展好的学院，获得项目和学术头衔对于个人和学院都是很重要的。行政人员和“学阀”之间的目标可以是一致的，二者可以实现利益共享。因为行政人员在“学阀”的成功中也可以沾到光。但是，当“学阀”和行政领导班子的利益不一致的时候，那就会形成冲突。这种冲突有时候也不见得是不好的事情。(T04)

第三，该类型学院学术委员会与以院长为代表的行政班子双方权威互相不被认可。这种不认可体现为两个方面：一方面，学院学术委员会认为没有得到行政领导班子的尊重。切斯特·巴纳德指出，要使权威对一个人发生作用，需要具备四个要素：“执行人能够理解命令；认为所遵守的命令同组织目的没有矛盾；与个人的利益一致；精神和肉体上能够执行命令。”[①]另一方面，二级学院院长为代表的行政班子认为学术委员会的委员没有相应的行政素养，不能运转好学术委员会这一机构。

教授们不会做多么出格的事情，但却是很固执的。所以这样下去，学术委员会就会产生一些问题，运转效果不是很理想。(P07)

(二)冲突的典型事件

该类型学院学术委员会的典型冲突事件是，学院的行政领导提前确定所有通过学术晋升的名单，让学院学术委员会直接投票通过。但是，学院学

---

① 切斯特·巴纳德.经理人员的职能[M].孙耀君，等译.北京：中国社会科学出版社，1997：131.

术委员会委员认为自己的权力被剥夺，于是选择否定行政领导班子提名的所有名额，其结果是牺牲了本来能够实现学术晋升的专任教师的利益。在这场博弈中，行政团队和学术委员会在最后都没有成为赢家，权力博弈的结果是“零和博弈”，即“1＋(－1)＝0”。

学院的行政班子和学术委员会的冲突在于本来职称评审的时候，行政班子给出的名单应该是比例之上的20％，然后由学术委员会委员投票。比如说，我们学院有10个评副教授的指标，党政联席会需要选出12位申请者，然后学术委员会在这个里面投出10位申请者。但是这一次学院领导就只提出10位申请者。这意味着我们学术委员会就不用选择，直接投票给行政班子想要上(通过)的10个人。学术委员会觉得自己被剥夺了选择的权力，于是决定投票全部不给通过。我们的考虑是既然行政人员不尊重教授们的意见，那么学术委员会就不会去配合他们。这种做法导致那一年的“老百姓”都没有评上职称。(P&M01)

P&M01将申报学术晋升的专任教师称为“老百姓”。在这一典型冲突事件中，“鹬蚌相争，渔翁得利”演变为“鹬蚌相争，渔翁受损”。这种冲突的原因在于学院学术委员会不满意被行政人员支配，即学院学术委员会价值被否定。这既是认知意义上的冲突(感觉到权力被剥夺)，也包括非认知意义上的冲突。

由于学院学术委员会和行政班子之间的冲突，导致这次职称评审中“老百姓”全部被刷。“老百姓”觉得本来是行政人员和学术委员会之间的斗争，但最后却是自己的利益受损，感觉很冤。本来可以评上职称的老师都没有评上去，这些名额也全部浪费掉了。所以学院不管有什么制度，最终都是人的问题，就是人心不行什么都不行。因为大家都是意气用事。我真的觉得学院的发展只是依靠制度不行，关键在人心。只有每个人都公平公正，才能够解决问题。(P&M01)

在该起典型事件中，案例学院的行政领导班子和学术委员会的“意气用事”引发了二者的冲突。该类型学院学术委员会的“意气用事”是指当人们受到一种生气的情绪主宰时，冲动就会左右人的选择和行为。人的情绪取决于三种重要的关切：身体健康、个人成就和自我价值。① 此外，最为牵动

① ARCHER M.Realism and the problem of agency[J]. Journal of critical realism Alethia, 2002,5(1):11-20.

个人情绪的是利益关切。这份情绪本身不足以使得学院学术委员会直接产生与学院内部行政对抗的行为，其更深层次的原因在于这一行为激怒了谁的愤怒情绪，即谁的“意气用事”更为重要。弱势者的愤怒是可以自我压抑的，而具有底气的强者的“意气用事”才可以转化为对抗性行为，即“掌权者没有掩饰情绪的压力和必要”。① 该类型学院学术委员会和行政人员之间都带有非理性的因素，即“所有的冲突都源于理性与非理性或不充分理性的因素之间的冲撞”。②

二、“冲突型”学院学术委员会的治理主体

该类型学院学术委员会的委员一般为 11 人。根据该校学术委员会章程的要求，案例学院所有具有行政职务的教授全部退出学术委员会，而是全部由没有职务的具有正高职称的教师担任学术委员会委员。案例学院的院长不是学院学术委员会委员。

“冲突型”学院学术委员会的委员产生方式：院长在学院内部提名委员名单之后，党政联席会审核名单，推荐没有行政职务的教授参加学术委员会。学术委员会委员主任是“大牌教授”，即学术水平高、具有学术威望的教授。没有行政职务的“大牌教授”，可能是从学校层面校级领导退休或学院的院长退休后兼任。这种安排的初衷是考虑到既符合该校相关制度中无行政职务的要求，同时这些“大牌教授”具有一定的学术影响力和行政能力。对于这种安排，有些党政联席会成员认为是比较合理的做法。

我认为，那些担任过行政职务的教授是非常优秀的，一方面学术威望并不差，另外行政能力更强，确实就是比那些“素人”教授会做得更好一些。(P07)

三、“冲突型”学院学术委员会的具体运行

“冲突型”学院学术委员会的会议召开次数、委员的积极性和负责的议题如下。

---

① PFEFFER J. You're still the same: why theories of power hold over time and across contexts[J].The academy of management perspectives,2013,27(4):269-280.

② 以赛亚·柏林.自由论[M].胡传胜，译.南京：译林出版社，2003:226.

第一，该类型学院学术委员会的会议召开的时间和次数取决于学院的行政领导安排，而不是该类型学术委员会的主动性。

M02将这种“安排”概括为“命令”，其实是二级学院的科层属性的体现，偏离了学院的学术属性。这种“命令”造成了“他们”（行政领导）与“我们”（学术委员会委员）之间的分离。

学院的行政领导命令我们学术委员会开会，我们就要开会。如果是关于学院的学科建设，领导们就不叫我们开会，学院有其他的“大动作”也不会叫我们开会。他们（学院的行政领导）总是很霸道。因为他们怕我们有意见，从而使得学院不稳定。在他们的心里，稳定是第一位的。（M02）

第二，该类型学院学术委员会委员的开会积极性是很高的，原因在于委员们认为成为委员既可以感受到一种“权力感”，也能够为同一个科研团队的“圈内人”投票。

P&M01讲述该类型学院学术委员会委员开会的积极性很高，因为当委员是在行使一种“权力”，也很享受那种权力带来的满足感。

我们学院学术委员会开会的时候，所有委员都积极地参加。我们参加会议既是因为觉得领导重用你，同时也是可以为其他老师做点事情。这就好像我给国家课题做评委的时候，只要确定了我是评委，手机的各种短信都来了，很多的院士都会打来电话，说“×老师，×教授……”你要知道，这些人平时根本都不愿意理你的。为什么大家愿意当评委呢？因为这就是一种权力感。同样的道理，大家之所以愿意当学术委员会委员，而且在学术委员会开会的时候都很积极，因为这就是一种权力。（P&M01）

M02讲述该类型学院学术委员会的委员开会积极性很高，原因在于开会都是给团队中的人投票。同一个科研团队的人，也不属于一般回避制度中规定的亲戚关系或血缘关系。因此，已有的回避制度对此是无效的。

大的科研团队成员中的很多人都是学术委员会委员。大家开会是很积极的，因为他们要去给同一个团队的人投票。（M02）

第三，该类型学院学术委员会负责的议题，主要包括学术招聘、学术晋升和教师评奖评优等核心学术议题。

学院学术委员会在学术招聘和学术晋升等核心学术事务中，扮演的角色是在党政联席会框定的人选中进行“排序”；党政联席会一般尊重学术委员会的排序结果。案例学院教师招聘程序通常包括八大步骤：(1)通过人事处发布招聘信息；(2)应聘者提交应聘材料；(3)院长看申请者材料后，决定提交党政联席会；(4)党政联席会成员作为学院的聘任委员会成员，做出相应建议；(5)学院学术委员会根据申请者的教育背景、岗位需求、科研成果等，做出是否录用的结论；(6)学部学术委员会评议；(7)人事处审查应聘者所有材料；(8)提交给学校聘任委员会。

M07 讲述学院招聘程序非常的完整，主要是高校由用人成本决定的。因为用人单位的用人成本高，如果某些老师不适合岗位，对于高校的经济损失及没有学术产出导致的损失都非常大。

我们学校的招聘程序还是非常规范的。高校招聘一个人是非常谨慎的。因为高校的用人成本很高，如果招进来了不能用的话，还是很麻烦的。(M07)

图 4-4 是"冲突型"学院学术委员会组织结构按照案例学院的规定，学院学术委员会是置于学院聘任委员会下面的专门委员会。

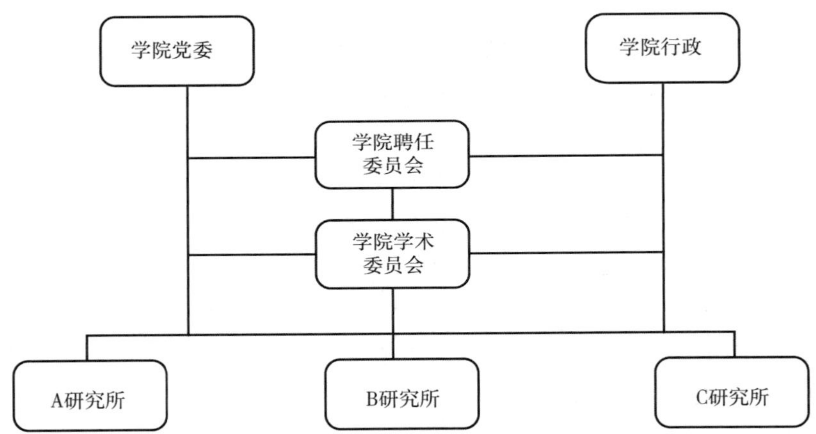

图 4-4 "冲突型"学院学术委员会所在学院的组织结构

四、"冲突型"学院学术委员会的治理价值

在"冲突型"学院学术委员会中，委员们的学术权力意识正在觉醒，其目标是对学院内部行政班子行政权力的平衡和监督。在一定意义上，学院学术委员会和学院的行政领导之间的冲突可能是难以避免的。因为人与人之间不可能完全分隔，也不可能总是认同并遵守相同的行动准则。[①] 该类型

① 詹姆斯·M.布坎南.自由的界限：在无政府与利维坦之间[M].董子云，译.杭州：浙江大学出版社，2013：32.

学院学术委员会的治理价值如下。

第一，在权力主体上，该类型学院学术委员会从之前完全的由行政领导主导转型为由部分没有行政职务的教授参与学院治理，是一种具有理想气质的高等教育实践的尝试。

第二，从治理效果角度来看，在该类型的学院学术委员会中，学院层面的行政人员全部退出学术委员会，表面上有利于减少对该机构的干预程度。但是，该类学术委员会的运转，并没按照预期想象的由于被外部干预程度小，从而能够运转得好；相反，由于没有行政人员的参与，恰恰是导致该类型学院学术委员会与行政领导机构形成冲突的根源。如同美国组织行为学教授杰弗瑞·菲佛(Jeffrey Pfeffer)认为，组织管理中有很多需要学习到的教训，可是"任何问题的答案不仅有正确的答案，也有错误的答案"。[①]

第三，该类型学院学术委员会能催生一种新的"问题观"。学院内部的冲突是不可能全部消失的，决定了学院的管理者需要发挥正视冲突、管理冲突、限制冲突的消极作用，挖掘冲突的积极作用。[②] 学院运转问题的呈现包括四种类型：其一，学院运转的表相没有问题(表相)，实质上也没有问题(真相)。其二，学院运转的表相没有问题，实质上是有问题的。学院运转的表相没有问题并不表明真的没有问题，可能是其他因素导致这些问题处于被遮蔽的状态。这种遮蔽导致组织错过了自我认识、改正的机会。美国学者路易斯·科赛(Lewis Coser)将压制冲突的行为比喻为"消除有用的警报"[③]。其三，学院运转的表相有问题，运转实质上也是有问题的。在这种情况下，学院需要认清问题，寻找针对性的解决建议。其四，学院运转的表相看起来是有问题的，实质上却是没有问题的。学院运转表面呈现出问题，表明学院确实运转出现了问题，但并不是最坏的结果，而是出现了需要改变的切入点和契机。一个二级学院发展的实际状况通常包括以下流程：有问题—没有问题—解决问题—产生新的问题—解决新的问题……

但是这种新的"问题观"转变起来实在是困难重重，因为人们总是偏爱没有问题的表相，即使是假象也可以。这不仅是学院内部人的选择，更是针对

---

① PFEFFER J. Understanding power in organization[J]. California management review, 1992, 34(2): 29-50.

② 周作宇.论大学组织冲突[J].教育研究，2012(9)：58-66.

③ L.科赛.社会冲突的功能[M].孙立平，等译.北京：华夏出版社，1989：137.

学院外部人的选择,因为“表相总是比真相起着更重要的作用”[①]。在这种情况下,“冲突型”学院学术委员会成为一种暴露问题的委员会,是学院学术委员会委员学术权力意识的彰显,“冲突有助于建立和维持社会或群体的身份和边界线”[②]。这种新的“问题观”建立,需要学院内外部的人员共同努力。

五、“冲突型”学院学术委员会的治理风险

“冲突型”学院学术委员会由于在委员构成上没有行政人员的参与,导致行政领导班子和学术委员会缺乏沟通,从而在一些学术事务的处理中发挥负功能,其具体的治理风险体现如下:

第一,在案例学院中,部分专任教师的利益受到损害。该类型学院学术委员会与行政领导班子如果在有些学术事务的处理上没有达成共识,则会形成权力斗争,从而可能造成当事人的利益受损。以案例学院教师学术晋升中的“差额—等额”事件为例,导致学院内当年学术晋升名额全部被浪费。

第二,该类型学院学术委员会在与学院行政班子发生冲突后,该机构本身能否继续存在是一个问题。

T04 所在学院的学术委员会与学院行政领导班子形成冲突,结果是该届学院学术委员会被行政领导班子解散掉,从而以其他学院治理机构代行其相关职能。

我们院长要引进一位国外名校毕业的教师,本来允诺这位老师到我们学院就会被聘任为教授,但是后来学校以副教授引进这位老师。为了兑现自己的承诺,我们院长在之后的一年内连续 2 次推选这位老师评正高,可被学术委员会连续否定 2 次。学术委员会的主任是一位大牌教授,很有影响力。学术委员会的理由是,那位老师的申请材料应该以我们大学为第一单位,而不是凭借之前的科研材料来评我们学校的正高。其实在我看来,院长和学术委员会都是没有错的。不过最后这个学术委员会还是被院长“干掉了”。(T04)

P07 认为,学院的学术委员会与行政班子之间一旦形成冲突,就要改组

① 古斯塔夫·勒庞.乌合之众:大众心理研究[M].冯克利,译.北京:中央编译出版社,2004:38.

② L.科赛.社会冲突的功能[M].孙立平,等译.北京:华夏出版社,1989:23.

学术委员会。"改组"是指学院行政班子改变当届学院学术委员会委员的人员构成等做法。

当党政联席会或者聘任委员会做出的决策，经常被学术委员会否决掉，那表明学术委员会在情绪上已经不合作了。在这种情况下，学院就应该改组学术委员会。(P07)

无论是从行政人员的"改组"意愿，还是从一个学院学术委员会被"改组"的事实情况中，都能看出在学院内部学术委员会与行政班子形成对抗后要自食"苦果"。这使得学术委员会在学院治理中"昙花一现"。在这里也表明了，学院学术委员会要想在学院治理中发挥实质性功能，需要与学院行政人员之间进行有效的沟通。

第三，"冲突型"学院学术委员会对二级学院的氛围造成不好的影响。在传统的观念中，二级学院中的和谐是不可争议的好东西，不和谐则是一种麻烦。[①] 在"冲突型"学院学术委员会中，学术委员会与行政班子之间的冲突冒出的火星，溅到弱势的一方则成为同情的感慨，溅到强势的一方则成为愤恨的火花，溅到不关心学院公共事务的人身上则成为惋惜的谈资，而溅到疏远学院公共事务的人身上则成为幸灾乐祸的笑话。这火星伴随的感慨、火花、谈资与笑话裹挟而下，使得学院的工作中生发出让人焦虑、紧张而又微妙的气氛。总之，这种学院行政班子与学院学术委员会之间的冲突可能会形成一个分裂的、更加难以治理的二级学院。

第五节　"悬置型"学院学术委员会

"悬置型"学院学术委员会的委员人数一般为 9 人，院长是学术委员会中的重要委员。二级学院内部的教授数量较少，一般需要从学院外部(包括其他学科相近学院或学校职能部门)邀请部分教授补充到学术委员会来成为委员。在本研究中，案例学院对应的是综合性大学中的文科学院。案例学院成立于 20 世纪 80 年代左右，2000 年初升格为二级学院，在全国第四

① OVERVOLD G. The imperative of organizational harmony: a critique of contemporary human relations theory[J].Journal of business ethics,1987,6(7):559-565.

轮学科评估成绩为C+。在案例学院中，学院学术委员会的治理机构在学院治理中发挥的作用非常微小。本节重点介绍“悬置型”学院学术委员会的成因、特征、后果、治理价值及其治理风险。

一、“悬置型”学院学术委员会的类型阐释

“悬置型”学院学术委员会是指在学院强势的院长或其他行政领导的影响下，本该由学院学术委员会负责的为教师群体发声、为学院帮忙做学术决策的机构不能发挥实质性的作用。该类型学院学术委员会没有独立的学术决策领域，不独立发挥作用，在学院治理中处于悬置的状态。

该类型学院学术委员会在学院治理中“悬置”的表现就像“摆设”“陪衬”，即指学院学术委员会在学院治理中只是存在这个机构，但是不发挥实际性的作用。

好多学院的学术委员会就是一种“陪衬”，学院的大小事情主要还是领导说了算。(M08)

我们学院的学术委员会就是一个陪衬。这个机构的一切权力都被学院的行政人员剥夺了。(M14)

学院的学术委员会基本上都是装饰性的，还是行政人员“通吃”。(M13)

P06认同党政联席会是学院内部的最高决策机构。在北京航空航天大学章程中规定，“‘三重一大’(学院重大决策、重要干部任免、重大项目安排和大额资金使用)的议题必须经党政联席会议集体讨论决定”[①]。P06认为学院学术委员会是“底下的组织”，是“基层组织”。在案例学院，一些行政人员认为，学院学术委员会参与处理学院学术事务是党政联席会“争取基层意见”。

教育部的文件明确规定了党政联席会是学院的最高决策机构，负责学院内部大大小小的事情，包括负责人才引进、学术聘任等。学术招聘的时候先要工作单位根据编制问题，发布招聘信息，符合条件的人申报。学院秘书整理好申请人的材料之后，党政联席会成员在这些人中推选。比如，我们学院要招聘2位老师，报名的有20位老师。我们党政联席会在这20人的材料中筛选出6位，推选进入“底下”的学术委员会里去面试。这个是要去

① 北京航空航天大学.北京航空航天大学章程[EB/OL].(2016-01-21)[2020-05-20].http://xxgk.buaa.edu.cn/info/1017/1083.htm.

"过"一下。这些事情还是要争取"基层"的意见。这个时候，学术委员会的任务就是在这6位申请者中排名，比如李某第一名，赵某第二名……学术委员会排序确定后，再将这个名单拿到党政联席会讨论。我们的老师在评职称的时候，学术委员会也是负责排序。排序后的名单同样回到党政联席会，做出最终的决定。一般来说，我们党政联席会的最终决策是比较公正的，那些本身条件较好的应聘者最后就会"浮在水面上"。(P06)

案例学院中学术事务处理的具体流程为：党政联席会确定名单—学术委员会排序—党政联席会最后确定。尽管党政联席会认为争取了学院学术委员会委员的意见，但是学术委员会的"排序"并不一定会被党政联席会完全采纳。在一些学术事务处理的程序上，党政联席会需要学院学术委员会委员签字同意，而委员将这种没有经过自己的学术判断而签字的自己，戏谑地自嘲为"签字工具"。

我们学院的学术委员会变成一个傀儡，就是负责排序，然后签字。我们并不能决定什么。我们这些委员几乎就是"签字工具"。(M14)

"悬置型"学院学术委员会之所以"悬置"，首要原因不在于学院学术委员会本身是否有治理能力，而在于学院层面的行政权力很大，具体原因如下：

第一，该类型学院学术委员会在组织结构上并未嵌入学院治理，而是处于学院治理的"外围"。其一，案例学校的大学章程规定，学院学术委员会与学校学术委员会的关系是"指导与被指导的关系"，但是实质上学院学术委员会既缺乏来自学校层面相应机构的监督，同时也缺乏来自学校层面相关机构赋予的权力。学院学术委员会与学校层面的学术委员会(或者其他类似机构)之间应该是逐层把关的关系。其二，在学院内部，学院学术委员会是在党政联席会之后决策的范围框架内做出极其有限的选择。这使得该类型学院学术委员会不能独立发挥决策作用，而且该类学术委员会与学院内部其他学术机构并无任何实质性的工作关系。

第二，案例学院的专任教师不了解学术委员会这个机构。尽管案例学院中的专任教师感觉到有一些问题需要专门的学术治理机构处理，但是却认为其诉求如果诉诸学院学术委员会，结果是无效的。

M14认为案例学院对外交流(举办学术会议)时候既不会让学术委员会发挥实质性作用，甚至也不提及学院的学术委员会。

学院的教师们其实并不了解我们这个委员会。这也不怪他们，我自己在成为委员之前，也是不了解的。我们院长"巴不得"(希望)我们学术委员会的委员赶快下去(换届)。院长在负责学术活动的时候,只是把我这个学术委员会主任和另一位副主任喊过去。他向外校的教授介绍我们的时候就说我们是学院的资深教授,但是从来不提及学术委员会这个事情。(M14)

第三,在案例学院的内部,行政领导的权力过大,使得案例学院的学术招聘和学术晋升基本由院长或学院层面的聘任委员会决定,具体分为两种情况:

第一种情况,学院学术委员会在学术招聘中的“悬置”。学院学术委员会委员将学术委员会不发挥实质作用的决策过程定义为“走过场”。

我们学术委员会在重大议题上并不发挥作用。比如进人的时候,我们这些委员并没有实质性参与,只是签署一下意见。这些最后还是由学院的聘任委员会决定。聘任委员会的委员其实就是党政联席会的成员,包括正副院长、党委书记、工会主席等。我们学术委员会在进人方面基本上没有什么选择。我们学术委员的委员和申请者不熟悉,也见不了面,只能是看一下申请者的材料,等聘任委员会框定好人选后,我们就负责“走过场”。(M14)

第二种情况,学院学术委员会在学术晋升中的“悬置”。该类型学院学术委员会在学术晋升中没有真正发挥作用,任由二级学院的领导决定。学院内部的其他教师出于自身利益的考量,也选择“睁一只眼闭一只眼”。在学术晋升中,申请者和其他专任教师之间发生利益共谋,加剧学院学术委员会成为“悬置”状态。

M14 讲述所在学院的学术晋升主要是由行政领导决定,导致学院学术委员会委员只能是“提前看到名单”。

评职称的事情是由学院的领导说了算。我们学术委员会没有任何的权力。如果院长决定了、书记决定了,就是聘任委员会决定了,那我们这些委员就是看到最终通过职称评审的名单要早于其他老师。(M14)

在 M08 讲述中,学院学术委员会在职称晋升中“悬置”,体现为对晋升标准中学术文章的模糊认可。很多高校将相应学科中的期刊划分为不同的等级,比如“人文社科一类核心学术刊物”“人文社科二类核心学术刊物”,而且规定所发表学术论文的有效期是根据来源期刊目录公布的时间范围执行。该类文件由学校人事处和社科处负责解释。

我们学院的那一位老师对照学校的评教授标准其实是不够的。学校规定评教授要 5 篇一类核心论文。但是他实实在在的只有 3 篇一类核心论文。一方面,没有其他人和他竞争,另外因为学院的副教授指标没了,大家都抢副教授指标,希望他评上教授后,把副教授指标腾出来。我们学院制定职称评审标准的时候有模糊的地方，关于评教授的要求没有写什么级别的奖项能够抵扣1篇一类核心论文。这位老师就盯着这里不放，说："文件中没有具体到是全国、全省的奖项能够抵消一篇论文。你们不给我评教授，我就要去其他大学工作了。"然后还有更复杂的情况，学院的老领导就出来帮他说话。这位老师的另一篇论文也有问题。我们学科原来一类核心只有3种，2017年之后学校增加了论文种类，而他的一篇论文是发表在2017年调整之前。但是我们学术委员会对于这些情况没有关心，种种情况导致这位老师就这样评上了正高。(M08)

"悬置型"学院学术委员会在学院治理中几乎不发挥实质性作用，只是偶尔在极小的事情上发挥一些作用。这种作用的特征如下：其一，学院学术委员会中的主任在个别事情中发挥作用，而不是学术委员会整个机构发挥作用；其二，学院学术委员会发挥功能的频率不高，比如在领导需要卸责的时候，个别委员在一些需要做出学术判断的事务处理中发挥作用；其三，学院学术委员会发挥功能的对象具有特殊性，比如在一些个别人因为得罪领导的情况中才会发生作用；其四，学院学术委员会的个别委员可能是在一种无意识的情况下做出学术判断，从而做出学术判断的结果可能并不是完全符合学术准则。

我们学院的党委书记很勤勉，但是不会用好学术委员会。学院领导们就是为了避免矛盾，在小事情上就让我这个学术委员会主任去做判断。学术委员会就是在一些个别的小事情上才发挥作用。比如，学院的一位老师要评职称，发表了英文文章，但是有抄袭的嫌疑。这位老师要么是得罪了研究生院的人，要么是得罪了我们本院的某个人。在我不知道的情况下，学院让我作为专业人员去判断。我觉得我们这种专业的人，从汉语文章到英语文章是可以请"帮手"的。所以我的判断是，认定这篇文章对于这位老师评职称是有效的。(M14)

二、"悬置型"学院学术委员会的治理主体

该类样本学院的学术委员会委员人数一般为9人，二级学院的院长是学术委员会中的重要委员。"悬置型"学术委员会最大的亮点是部分没有任何行政职位的教授参与学院治理。

该类型学院学术委员会委员产生方式一般有如下几个步骤：首先，根据

党政联席会提名的名单，教师们投票产生部分委员。其次，二级学院的院长邀请全国范围内具有行政职务的同行成为委员。该类型学院学术委员会的主任是由提名后的全体委员投票产生的。学院学术委员会主任的首要条件是“群众基础好”。这些“群众基础好的人”可能是领导眼中“听话的人”，即不会惹事、能够支持领导工作的人。这些“听话的人”当选为学院学术委员会主任或副主任后，也为学术委员会成为“摆设”的命运埋下伏笔。

我是高票当选学术委员会主任的……不过，学术委员会中的很多事情还是要听领导的，不然领导就不邀请你成为下一届的委员了。(M14)

我的群众基础还是很好的，高票当选为学术委员会的副主任。现在的院长和书记其实都巴不得我们学术委员会的委员赶紧“下台”(换届)，换一些更听他们话的人。(M08)

在“悬置型”学术委员会中实行 4 年一次的委员换届制。在案例学院中，学院学术委员会的委员换届不是为了实现该机构的吐故纳新和学术权力的更替交换，而是变成了学院领导威胁委员们的一个“砝码”。由于该类型学院学术委员会的委员是在行政领导控制下产生的，委员换届成为行政人员控制委员们的权力，成为委员担心能否续任为下一届委员的“身份威胁”方式。

三、“悬置型”学院学术委员会的具体运行

“悬置型”学院学术委员会采用的是一种权威化的管理方式，其特征为决策权威集中在组织的最高层、组织规则具有传递性、僭越行为被严格禁止。[①] 这种管理方式与注重互动沟通的治理理念有一定的差距。

第一，该类型学院学术委员会的会议召开情况是典型的科层制运作方式。学院科层式运作方式就是通过不同的委员会去开会，而学院学术委员会这个机构是否开会、开会的次数多少、负责的议题范畴都完全取决于学院内部行政领导的意志。

我们学术委员会不需要定期组织开会，而是院长决定开会的时间和具体的哪些议题，然后需要我们这些委员出席一下就行了。(M08)

第二，该类型学院学术委员会委员的“荣誉感”很强，参会的积极性很

① 丁轶.反科层制治理：国家治理的中国经验[J].学术界，2016(11)：26-41.

高。"悬置型"学院学术委员会虽然是非常被动的学术治理机构,也将委员们异化为"签字工具"。但是,学院学术委员会委员依旧积极参加会议,心甘情愿地成为"签字工具"。这其中的一个原因在于,委员们认为学术委员会是一个荣誉机构,能够成为委员,是一种来自所在学院的领导和其他教师选举的认可,因为"认可是学术共同体内部最有价值的无形资源,决定了个体在整个学术系统中的等级、权力和地位。"①

只要是开会,我们学术委员会的委员都还是会积极地参加,因为这是一份荣誉。我自己评上教授很多年了,但是每年都发表论文、申报课题,其实都是为了一份荣誉。(M14)

第三,该类型学院学术委员会负责的议题较少,在特定的情境中可能涉及学术招聘、学术晋升和评奖评优等议题。

院长和学术委员会主任会提前商量,哪些议题放到学术委员会上去"过"一下,主要就是进人、职称评审或者评奖等议题。(M08)

图 4-5 是"悬置型"学院学术委员会组织结构。在案例学院的治理结构中,学院学术委员会在当前学院治理结构的边缘,未能嵌入学院当前的治理结构中。

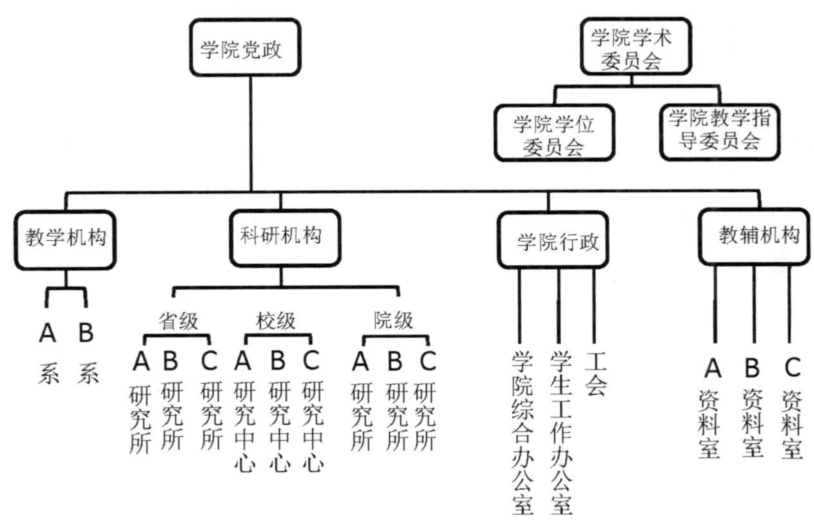

图 4-5　"悬置型"学术委员会所在学院的组织结构

① 阎光才.学术认可与学术系统内部的运行规则[J].高等教育研究,2007(4):21-28.

四、“悬置型”学院学术委员会的治理价值

“悬置型”学院学术委员会的治理价值看起来是微小的，实质上也存在一些隐性的价值。一方面，作为治理结构的学术委员会从无到有的设置，是学院层面教授治学的重要尝试。在一定程度上，该类型学院学术委员会的存在本身是一种进步。另一方面，从治理主题上，之前完全由学院领导直接决定的学术事务，到部分议题需要学术委员会委员的参与，尽管可能不会发挥实质性作用，但至少在一定程度上体现了形式民主。

五、“悬置型”学院学术委员会的治理风险

“悬置型”学院学术委员会成为学院行政班子的附庸，在学院治理中是被边缘化的状态，没有发挥实质性的功能。具体而言，“悬置型”学院学术委员会的治理风险表现为以下四个方面。

第一，案例学院招聘的教师学术水平不高，造成整体师资质量不高。这种情况长期持续，将会导致师资队伍的“断层”。案例学院在人才招聘中重视申请者的名校背景，即从国外知名大学获得博士学位(或者博士后)，或者本科、硕士、博士均在国内知名大学获得相应的学位，即“本硕博三个 985”。这种有名校教育背景的申请者，即使没有一定数量的文章发表，但是因为“有潜力”也会得到工作单位的青睐。而在后面的实际工作过程中，这类申请者并不一定都能适应学校环境或者满足考核要求。如果这种学术招聘标准没有重新评估、反思和改进，就会造成学院内部的师资队伍质量无法提升。

在我们学院，有些教师在被招录进来之后，3 年内也没有办法发表一篇学术文章。这些老师虽然是“海归”(国外名校获得博士学位)或者是从国内名校毕业的博士，但是在招进来的时候都是凭借人际关系。领导们用“有潜力”来搪塞我们学术委员会。尽管学术委员会应该负责职称评定和引进教师，但还是由每个学院的领导说了算。在职称评定和引进教师的时候，领导们会对自己想进的人评价道：“这个有科研潜力，那个有潜力”。但是，(那位老师的)潜力在哪里呢？(M08)

第二，该类型学院学术委员会可能阻止合理的学术晋升。在案例学院中，能够得到学院行政领导支持的人，即使没有相应的科研成果，也能够顺

利通过学术晋升;反之,有些具备科研成果的老师却不能通过学术晋升。

学院的老师还是不能"得罪"领导。否则,即使你满足了评职称的要求,那也是不行的。一旦这位老师被领导"按"在那里,什么时候想获得"新生"(通过学术晋升)就说不定了。(M14)

等你自己评职称的时候就会发现,各种"妖魔鬼怪"("关系户")都有。我的材料早就达到标准了,但还是要等一段时间才能申评。(T12)

第三,该类型学院学术委员会在学院治理中并没有发挥实质性的作用,甚至造成一系列失误的学术决策。这些最终影响案例学院的学科发展状况和发展活力。二级学院发展活力受损的依据在于这些失误的学术决策,可能引起二级学院的发展危机,而组织危机是威胁组织发展活力的重要事件。①

M14 所在二级学院中,学院的院长直接决定很多的学术事务。比如,学院研究生招生名额的分配比例。这使得学术委员会这一学术决策机构没有任何发挥作用的机会。

我们学院的很多做法就是非常的"奇葩"②。我们学校研究生院给了我们学院很多招收学术型研究生的指标。但是前任院长全部将招生名额转移给专业硕士类。我们学院有一位副院长带的专业硕士的论文被抽查不通过。这个事情出来后学校要惩罚我们学院,学院领导做出的决定竟然是停止学术型硕士的招生。这真是极其荒谬!学院现在面临很多的问题,都是因为这些行政领导胡作非为导致的。他们不知道怎么用学术委员会,也从来不信任学术委员会。所以,我们院的这个学术委员会名存实亡,是实实在在的"傀儡"。学术委员会的很多制度都是一纸空文。(M14)

第四,案例学院内部教师的士气低沉。在"悬置型"学院学术委员会中,教师们的学术晋升急需学术正义。正义是指"正义各安其位,各得其所,恰如眼睛是用来看的,耳朵是用来听的,正义是心灵的德性"③,学术正义是指在学术事务处理中的参与人员和治理机构都处于各得其所、分工协作的理想状态。

---

① PEARSON C, CLALR J. Reframing crisis management[J]. Academy of management review, 1998, 23(1): 59-76.

② "奇葩"的本意是褒义词,表示"美丽的花"。但是日常用语中是当作贬义词,表示"很惊讶、不可思议的事情"。

③ 柏拉图.理想国[M].郭斌和,张竹明,译.北京:商务印书馆,2015:42.

我们学院现在很惨，做什么事情都很乱，真的很希望学校对学院的行政及时纠正，赶紧匡扶正义。一个缺乏正气的学院，真的很难发展得好的。(M14)

综上所述，我国一流大学二级学院学术委员会包括四种类型，这四种类型的大致情况如表 4-1 所示：

表 4-1　我国一流大学四种类型学院学术委员会特征

类型	类型阐释	治理主体			具体运行			治理效果	
		委员数量	组成	院长角色	会议情况	委员积极性	议题	治理价值	治理效果
“象征型”	发挥象征民主的功能	7	由行政人员主导，少量教师代表参与	学术委员会主任	例行会议，临时会议	例行公事	学术招聘、学术晋升、教师出国、研究生导师遴选等	象征民主	有学缘关系的人获益；没学缘关系的人受损
“共生型”	帮助学院处理学术事务	13	打破是否有行政职务的标签	当然委员	例行会议、临时会议	很高	学术招聘；学术晋升；年底教师业绩认定；学术纠纷、学术仲裁；审议本科或研究生人才培养方案修订；制定科研奖励标准；制定学术规章制度；对其他议题咨询听取意见，比如博士后出站入站评估	实现正义	教师和学院获益

续表

类型	类型阐释	治理主体			具体运行			治理效果	
		委员数量	组成	院长角色	会议情况	委员积极性	议题	治理价值	治理效果
“冲突型”	与学院行政班子对立	11	全部由没有行政职务的教授参与	不参与	领导决定	高	学术招聘；学术晋升；评奖评优	权力意识的觉醒	所有人利益受损
“悬置型”	陪衬	9	既有学术人员参与，也有行政人员参与	重要委员	领导决定	高	学术招聘、学术晋升和评奖评优	从无到有的尝试	部分人利益受损；与领导关系好的获益

第五章

我国一流大学二级学院学术委员会功能发挥的影响因素

美国学者韦克·卡尔认为大学组织结构的各系统区别于机械结构中各系统的牢固联合，是一种松散联合(loose coupling)，即"组织的子系统相互之间是一种微弱的结合"①。大学组织内的某个子系统的变化，并不会必然地导致另一个子系统做出改变。但是大学组织中也不可避免地存在某种牢固的联合，这时系统将对功能产生影响。本章在考察我国一流大学二级学院学术委员会功能现状的基础上，探究影响其功能发挥的主要因素。由于本章是解释性研究，会涉及很多一手访谈材料，因此继续沿用第四章中重视运用"本土概念"的呈现方法。

第一节　学院学术委员会的制度影响因素

当前教育部、大学内部或学院内部的很多相关制度，对学院学术委员会在学院治理中该发挥什么样的功能和如何作用等规定比较抽象或模糊，造成该机构的功能发挥受到一定阻碍，即"名不正则言不顺，言不顺则事不成"。本研究认为，无论是学校内部的制度还是学院内部的制度，都应该为学院学术委员会名正言顺地发挥功能提供基本的保障。每种类型的学院学术委员会受到制度的影响因素是不同的，具体分析如下。

---

① WEICK K E. Educational organizations as loosely coupled systems[J].Administrative science quarterly ,1976,21(1):1-19.

一、"象征型"学院学术委员会的制度偏差

"象征型"学院学术委员会的制度主要表现为在制度的执行环节出现偏差。学院内外各种因素的干扰造成学术委员会在制度执行过程中存在偏差。学院的制度在执行过程中出现的"放松"现象,是由多方面原因造成的,包括权力因素的干扰和个体自我保护的需要。这种制度执行偏差将会导致学院制度被"束之高阁"。

二级学院中制度的执行偏差有很多理由。比如,M12 认为在于制度执行的标准太高;M04 认为是自己年轻委员的身份,决定不能完全根据制度的规定。M12、M04 作为没有行政职务的委员,在投票的时候有很多需要考虑的因素,其中包括对"同一个工作单位"的考虑,如有学者认为"中国社会中的'单位制'远远超过了一般社会组织的意义,成为一种统治形式"。[①] 但是,他们都认为自己的做法虽然不符合相关制度的规定,却可能并不会影响学院学术委员会这个机构的运行。

我觉得中国人都是非常讲人情,但是人情影响我们遵守制度。我们学院的学术委员会的规则和制定看起来是特别的严格,但是在执行的时候却特别放松。而且,如果完全按照制度来,可能我们谁都不符合制度规定的标准。委员们何必自己为难自己呢?学术委员会有很多人都在投票,我这一票也不能起决定作用。(M12)

我的性格属于谨小慎微的那种。我觉得自己在学术委员会中没有发言权。因此,我给自己的定位就是"充票数"。我无法克服自己的这种心理,但是这也不影响大局。因为我只有一票,毕竟一共有那么多位委员。作为年轻的委员,我在学术委员会中就是"菜鸟"。每当轮到委员发言的时候,我都是绝对不积极的。因为你自己觉得是在遵守学术规则,但是别人可能会认为你在故意"找碴整人"。所以,你说的有些话可能会传到别人耳朵里。大家都在同一个工作单位,关系弄僵是很不好的。我给学生的课程成绩打低分,学生都会恨我,更何况是同事之间呢?(M04)

任何类型的学院学术委员会的功能发挥都需要制度保障,但是该类型

① 李汉林,渠敬东.制度规范行为:关于单位的研究与思考[J].社会学研究,2002(5):1-22.

的学院学术委员会在制度的执行环节却有很多的阻碍。M04 认为制度内容“冠冕堂皇”,但是并不知道如何执行;P&M02 认为制度实施环节如果遇到多重阻力,则会使其成为墙上很美的“画卷”。

这个学术委员会的设置是没问题的。你查看大学章程,里面的内容指定都是很好的、很理想的、冠冕堂皇的。但是,我们还是不清楚学院的学术委员会负责哪些事务、委员应该怎么换届、怎么工作。学术委员会的工作程序就算都有了,但是执行起来还是不一样的。(M04)

为什么学院要建章建制?我觉得人是千奇百怪的,所以学院的发展还是要靠制度。学院应该要把一些该规范的东西规范化,不要留下太多人为操作的空间。我在分管学科建设的时候发现,有些制度是缺失的,那就需要重新制定制度。这实际上是在“打补丁”。尤其是现在高校各种突发事件日益增多的情况下,制度建设就显得尤为迫切。但目前很多的制度还是稍显薄弱。我觉得制度制定过程中就存在很大的阻力。比如,有些人认为你这个制度有 bug(漏洞),或者认为这个制度偏向某些人的利益。因此,制度制定过程就需要充分体现民主集中制的优越性。虽然我不能保证所有人都给新制定的制度“竖大拇指”(称赞)。但是这个制度的执行效果能够保障大多数人的利益。我们不可能有完美的制度。有些制度好像是墙上很美的“画卷”,但是却没有作用。制度出台后怎么实施才是最重要的。这就需要分管的领导和执行者都有遵守制度的意志力,不能根据人情世故处理问题。所以,领导者要背负很多的压力。我觉得如果在这个学术委员会,就要减少制度偏差,不要想着做“老好人”(不得罪别人的人)。你要想做“老好人”,那就退出这个学术委员会吧!(P&M02)

二、“共生型”学院学术委员会的制度相容

“共生型”学院学术委员会的制度相容,主要是指不同制度之间互相协调。案例学院定期会对学院的制度进行审查,对不合适的地方进行重新修订,有利于保证制度之间不会相互冲突。

我们学院重视制定制度,主张“制度立院”。学院有问题的地方就需要有制度,问题如果变化,制度就需要调整。所以,我们的制度建设是很全的,每年都会调整制度,保证制度之间的内容互相不要“打架”(冲突)。比如,学院在发布招聘通知的时候,同时教师职务聘任条例、教师“准聘—长聘”的管

理办法、岗位绩效考核评价实施细则都会一起公布。这样就很透明，申请者也不需要到处打听“小道消息”。(P&M11)

该类型学院学术委员会制度相容的体现如下：

第一，大学章程、大学和学院的学术委员会章程都明确规定学院学术委员会是在学院党委领导下的学术决策机构，其办公室设置在学院党政办公室。

M01 所在学院中，党政联席会尊重学术委员会做出的所有学术决策。

现在学术委员会的主任和院长都旗帜鲜明地强调，学术委员会的委员要遵守相关制度要求，本着认真负责的态度评审材料。学术委员会做出的决策是相对独立的，如果被党政联席会否决，则是非常荒谬的。这样传出去也是一个笑话！(M01)

第二，学校的规章制度明确规定委员实行任期制，每届任期为 5 年。该类型学院学术委员会委员的任职条件是要有教授(研究员)职称，教学工作和科研工作突出且具有参与学院学术决策的意愿和能力。学院学术委员会委员的退出环节也有明确的规定，如连续 1 年以上未参加学术委员会的会议要做如下处理：由学术委员会主任提出退出建议和增补名单，得到学术委员会全体委员同意后，将名单报党政联席会议通过。

我们学院的学术委员会有约定俗成的议事规则，根据不同的议题，有的是出席委员的 2/3 以上，有的需要出席委员的 1/2 半数通过。大学的行政系统、党委系统 5 年换届一次，我们学院的学术委员会也参照这个规定执行。如果有委员总是缺席会议，超过 3 次的，那么我们任何一个委员都可以提出来，让他退出委员会，其他人没有不同意的。学院学术委员会的章程也有明确的规定。这是基本的规则意识。(M01)

第三，该类型学院学术委员会章程规定学院学术委员会负责的议题，具体包括：(1)审议学院的师资队伍建设方案，学院本科生、研究生教学计划和培养方案；(2)评定和对外推荐教学、科学研究成果等有关的学术事项；(3)人才引进、职称评聘等重要学术决策；(4)为学院人才培养、教学科研和学科建设提供咨询意见；(5)其他院长和学术委员会委员联名提请讨论的重大事项。这些明确的议题范围为学院学术委员会做出学术决策的主动性和独立性做好保障。

我们学院的学术委员会章程是参照学校的大学章程和学术委员会章程，并结合我们学院的实际情况而制定的。学院章程规定学术委员会负责

的议题，就都是我们的基本责任。（P&M11）

第四，该类型学院学术委员会在表决环节严格遵守规定。该类型学院学术委员会章程规定，学术委员会总人数 2/3 以上出席，开会才有效，实行无记名投票（包括现场投票和通讯投票）。重大事项需要超过到会学术委员会人数的 2/3 做出决议才有效，一般事项超过学术委员会人数的半数做出决议才有效。学院的"重大事项"一般包括学术招聘录用、学术晋升等核心学术事务的处理。该类学术委员会在表决环节中设置回避制度，涉及学术委员会委员个人的审议事项时，相关学术委员会委员应该回避。

M06 所在案例学院的学术招聘条件规定申请者应具有博士后经历。其中，某位申请者没有博士后经历但是学术成果非常突出，最后也未能被该学院录用。这是该学院遵守学术招聘标准的体现。[①]

我们就是按照制度来投票。比如，我所在的研究所要引进人才，如果觉得那位申请者比较合适，我一定会给这个人投票。但是从其他人的角度，可能觉得这位申请者很一般，那就不投票。这都是正常的情况。前段时间有两位优秀的应聘者给我们学院投递简历：一位申请者是哈佛大学（Harvard University）的博士，该申请者的科研发表和主持的课题都很不错，但是没有博士后经历；另一位申请者在各方面条件要稍微逊色一些，但是有博士后经历。最后，我们学术委员会投票给了后者。因为申请者具有博士后工作经历是我们的制度要求，那就是我们投票的时候要遵守的原则。（M06）

M01 所在的学院严格执行"非升即走"的考核制度。"非升即走"考核制度使得学校对新招的教师有一个考核期。这一制度在一定程度上避免了很多人情关系，也成为学术委员会委员做出学术招聘决策的重要依据，从而在源头上避免了学术招聘中的不规范行为。但这并不表明"非升即走"制度本身就是完美的。我国一流大学的"非升即走"制度，应该与我国《教师法》进一步耦合，对教师考核、续聘或解聘的主体和程序应该进一步规范。

学院将申请者的材料拿到学院的学术委员会来评判。学术委员会主要

① 本研究肯定案例学院在学术招聘中遵循应聘者是否有博士后经历的制度，但是并不认为具有博士后工作经历的应聘者一定比无博士后经历的应聘者更加优秀。每种类型的学院应根据其发展的实际情况，决定在学术招聘环节是否需要设置博士后工作经历的要求。

是根据学校招聘中"硬杠杠"的要求，对申请者的学术水平、学术成绩、学术潜力做出评估，从而判断申请者是否适合这个专业。这个过程一般不存在徇私舞弊(情节)。以前也有我们上面的校领导给学院"打招呼"，下面(学院)就将某位申请者招聘进来的情况。但是那位申请者要去想："这个关系能不能跟着我一辈子？这个关系会不会遇到其他的阻力？"我们现在的"非升即走"制度其实是让新进的老师们在一个"待定区"。该制度规定新进教师三年一个聘期，"待定区"的老师们通过两个聘期的考核后，才能转入学校的正式编制；如果没有通过，那么这个人就面临着"走人"的风险。到时候就是学院的学术委员会做出评估，提交给学部学术委员会，那就只能是完全依据学校的考核指标，达不到要求就否决了。现在尽管还是有人"跑路"(关系)，但是基本上没有什么效果。所以，这也导致现在学院招聘的时候没有哪个校领导敢"打招呼"。这个"非升即走"的制度一旦实践的时间久了，就能够形成好的风气。(M01)

第五，学校层面对学院学术委员会设置了有效的监督制度。很多学校层面每年定期公布学术委员会的工作报告，包括委员会具体开展的工作、历届学院学术委员会委员名单等。学院层面的学术委员会通过向学校提交年度报告，接受学校层面学术委员会的监督。

T03 认为，学校学术委员会对学院学术委员会的监督是很重要的，但更为重要的是内心对制度的认同。因为制度只能是管理人的表象行为，很难深入到人的内心。

我们的监督制度是非常有效的。如果学术委员会做出一些离谱的决定，我们这些老师都可以向学校反映。不过我们这些委员们都算是很公正的，就算是没有这些制度，也会认真履责。(T03)

M01 认为，学院学术委员会做出的决定，受到学校层面学术委员会的直接监督，因而真正发挥了作用。

以前学术委员会运转得不好，就是由于很多制度是不透明的。现在我们学术委员会就是按照规矩来。我们的监督机制设计得很好，包括学校监督、当事人或者相关教师网上举报、向学校提出申诉制度等。如果学校发现学院学术委员会做出的决定有很大偏颇，"板子"就会打回到学术委员会，那就很难看了。(M01)

三、"冲突型"学院学术委员会的制度失灵

"冲突型"学院学术委员会制度失灵是指设计好的制度,表面上遵从程序,但是运行效果却偏离制度设计的初衷,最集中的体现是"票决制"的失灵。在该类型学院学术委员会运行过程中发现,"票决制"既能体现民主,却也是引发问题的根源。"票决制"的内涵是学院学术事务的决策者每人一票,每一票的价值与作用是相同的,即"一人一票一值"(One Person, One Vote, One Value)。[①] 但是在该类型学院学术委员会的内部,有一些大科研团队的成员,使得大科研团队的投票人数永远处于优势地位,而小科研团队或独立从事科研的工作者会被不断地边缘化。在这种情况下,"票决制"成为简单民主和程序民主的代言词,在相关学术事务的决策中代表大科研团队的意志。

一般而言,关于运用"票决制"有四种观点。第一种,一些集权式的决策者不主张用"票决制"。这种决策思维认为,"票决制"会降低决策的效率或准确率,而青睐于个人决策。第二种,有些决策者认为"票决制"是最公平的,能够通过大多数人的投票表达自身的意见,从而防止少数人的专断。在美国的《独立宣言》(The Declaration of Independence)、《葛底斯堡演说》(Gettysburg Address)中,都表明"票决制"是政治平等的保障。[②] 第三种,有些决策者依赖"票决制"。"票决制"既可以集思广益,也是一种"甩包袱"的机制。由于决策者分散,决策责任难以追究。[③] 第四种,有些决策者主张慎用"票决制"。这种大多数人的投票也有可能会异化为"多数人的暴政",将坚持学术标准者异化为格格不入的人。这是学术民主与学术真理之间的较量。在该类型的学院学术委员会中,票决制的运用体现出一定的复杂性。

制度要想运行好,需要制定制度的人带头遵守,否则就会形同虚设。(P02)

我觉得,"票决制"相对于那种一个人说了算的老制度,肯定是有进步

---

① 屠振宇.选举制度[M].南京:江苏人民出版社,2016:45.

② 白雪峰.沃伦法院与美国议席分配制度改革[J].世界历史,2001(3):47-54.

③ 李福华,孙百才.论我国高等学校管理决策中的票决制与议决制[J].清华大学教育研究,2015(4):10-16.

的。但是,“票决制”并不是十全十美的。因为有什么事情,就说是大家投票投出来的,没有人需要为最终的决策结果负责。(P07)

“依赖票决制”和“慎用票决制”成为看似对立而又统一的表决法则。在这种情况下,不同类型学科、学院学术委员会委员的组成等成为要考量的因素,也需要学院学术委员会主任的智慧,即合理判断学院学术委员会的表决方式。一般而言,使用“票决制”的准则是,“讨论的问题愈重大,则应采纳愈是接近全体一致的意见;事情愈是需要迅速解决的,则同意票和不同意票的差值就愈应缩小;必须立刻做出决定的讨论中,只需要超过半数的同意票”。[①] 该类型学院学术委员会运用“票决制”的初衷是防止个人的专制,但是完全地依赖“票决制”,则会让大科研团队更加获益,而且使个人的观点淹没在群体中。

M02 所在的学院学术委员会委员中有大的科研团队,使得“票决制”的运行结果基本上都是倾向于大科研团队。从决策程序上来看,这些做法是完全合乎“票决制”的要求,也具有“票决制”的优势,但是忽略了少数人的利益。

由于大科研团队的人基本在学术委员会里担任委员,导致我们每次投票最终都是大科研团队有优势,而不在大科研团队委员的意见全部被边缘化,从而很难获得发展。从得票数看,这些结果那是没有问题的。大科研团队在短期会给学院带来很多的利益。但是一个学院是不是只依靠这个团队就够了?没有人会去反思:以这样的投票结果作为决策依据,是否会导致决策失误?(M02)

四、“悬置型”学院学术委员会的制度缺失

“悬置型”学院学术委员会中制度缺失主要是指案例学院缺乏一些基本的学术制度,包括学术委员会的换届制度、表决制度和评价制度。这些基本制度的缺失,在一定程度上使得学院学术委员会的运行缺乏规范,具体体现如下。

第一,该类型学院学术委员会缺乏运行制度,导致议题范畴、开会到场人数、表决有效人数等缺乏规范。

---

① 卢梭.社会契约论[M].李平沤,译.北京:商务印书馆,2011:121.

我认为学术委员会应该有一些规范的条例。以前我们学院的老师们评职称，就是学院的领导班子说了算，没有成立专门的学术组织。后来我们学校在学院层面成立学术委员会。但是院长会根据情况，决定把哪个议题拿到学术委员会来讨论。院长和其他领导班子觉得自己能决定的事情，有时候就不会拿到学术委员会。(M08)

第二，该类型学院学术委员会委员换届制度的缺失。这种换届制度缺失的现实原因可能在于有些学院的规模较小，相应的教授数量较少。

P&M04、M13 认为，学院学术委员会委员不换届的主要原因在于学术委员会内部通常是由学院的"老先生""老资格"掌权，即"权力应该赋予年长者，让他们去管理和督教所有比较年轻的人"①。很多教授直到退休之前都一直是学术委员会委员。此外，固定的教授在学术委员会中掌握话语权，为其他想要寻求关系的人提供稳定的人脉关系。

我们学院的学术委员会委员从来没有换届。一般情况下，学术委员会委员只要上来了(进入学术委员会)、够资格了，一直到退休才能被替换掉。(P&M04)

如果现任的学术委员会委员没有什么问题，就是不能被替换掉的。因为老先生们的资格老、学术上的功底深、积累多，决定了他的位置就在那里，所以年轻的(教授)就上不来(成为学术委员会的新任委员)。那些年轻的教授就等着(资历老的教授)退休了才能补充上来。(M13)

一般而言，学院学术委员会委员不换届的前提是资历更老的教授具有更高的治理水平。但是以 P06 为代表的党政联席会成员也逐渐反思这种不换届的风险。

我们这些比较年轻的教授认为，老一辈的教授确实是有资历的，但是他们接受的学术训练还是相对要差一点，所以学术水平、治理能力都还是比较弱一点的。(P06)

第三，该类型学院学术委员会缺乏规范的表决制度。一般而言，学院学术委员会总数为奇数，投票选项为"同意""不同意""弃权"。虽然表决结果应该是以票数多少为决策依据，但是如果投票结果不符合学校或学院行政领导的意志，则委员们需要重新表决。

每当遇到委员们投票不能达成共识的时候，院长和学术委员会主任商

① 柏拉图.理想国[M].郭斌和，张竹明，译.北京：商务印书馆，2015：203-204.

量，是不是再投票一次？评职称的时候特别容易出现这个问题。如果院长觉得谁谁谁的条件够了，而赞同票的数量没够，他就要求学术委员会的委员们重新投票。（提这种要求）的人有时候是院长，有时候也可能是学术委员会主任本人。委员们遇到这种情况就感觉很为难。如果直接不通过的话，院长或学术委员会主任怎么解决后面的矛盾呢？尽管按照程序，学术委员会投票应该是一次性的，那院长或主任想要通过的人没有通过，委员们就必须重新投票。（M14）

为了避免任何个人的干扰，学院学术委员会章程应该在制度中规定投票次数。比如，《电子科技大学高级专业技术职务聘任办法》中就明确规定，推荐候选人时决议规则是只投 1 轮票，得票数为出席数 1/2 方通过；评审候选人时决议规则是同意票的数量占出席人数的 2/3 方可通过，投票最多不超过 3 轮。[①] 这种规定有利于在表决环节防止权力渗透。

第四，该类型学院学术委员会工作总结制度缺失。由于工作评价制度缺失，导致既没有学院学术委员会开展工作的详细情况，也没有对学院学术委员会运行现状进行反思。

我们没有学术委员会的工作的总结制度，所以学校也不知道我们学术委员会有没有开展工作，开展了哪些工作，又是如何开展工作的。（M13）

第二节　学院学术委员会的权力影响因素

2014 年，教育部颁布《高等学校学术委员会规程》，大学内部的学术权力与行政权力的分工合作日益得到提倡，“管理离不开权力，组织的设置是对权力合法性的认定，组织的分工与结构以权力分配为基础”[②]。本部分的研究内容主要探讨学校内部行政权力和学术权力的相互作用方式，从而影响学院学术委员会的功能。

---

① 电子科技大学.《电子科技大学高级专业技术职务聘任办法》（校人通知〔2010〕33 号）[EB/OL].（2018-02-28）[2020-05-20].https://www.sice.uestc.edu.cn/info/1008/1382.htm.

② 潘懋元.多学科观点的高等教育研究[M].上海：上海教育出版社，2001：314.

一、"象征型"学院学术委员会：行政权力架空学术权力

"象征型"学院学术委员会中行政权力架空学术权力，具体情况如下。

（一）学校层面人事处的行政权力干预

案例学校层面人事处的行政权力过大，以学院的学术招聘和学术晋升为例。

第一，在案例学院中，学校的行政权力对学院学术委员会的学术招聘造成干扰，具体体现为学院需要招聘专任教师，但是很难通过学校的审核。

学院不是不想进人，而是学校的要求太高了，导致我们进不了人。评职称的时候，学院分到的名额也会很少，学院层面一般也是将满足条件的直接报到学校，留给学校去"刷人"。（P&M08）

第二，学校行政权力过大在学术晋升中的体现。学校层面统筹全校的职称盘子。二级学院的学术委员会要发挥作用，前提是二级学院应该是相对独立的办学实体单位。T08 认为，自己没有评上教学系列教授的原因在于所在学院没有在学校层面担任行政职务的领导，导致自己的学术晋升会"被学校卡住"。

在评职称的时候，学校为了统筹全校范围内的"职称大盘子"，可以一票否决学院的推选。其实，学校否决一个人要给出明确的意见。学校和学院是上下级关系，最后做决定的都是学校。我每次职称评审都卡在学校层面。2017 年，我评正高的材料都准备好之后，尝试过 4 次申报评教授，但是都失败了。我每次都是到学校这一关就被"卡住"。我们学校的教务处处长是 R 学院的，所以 R 学院权力就比较大，每年都有人评上了"教学口"的教授。我们学院十几年没有一个"教学口"教授 。（T08）

P&M08 认为，该类型学院学术委员会做出的学术决策受到学校层面的权力限制。但是，在学校的统筹之下，该学院却实现了稳定的发展。

我们学院急需引进人才。但是我们学校的招聘要求比较高。所以，学院在学术招聘方面是非常被动的。不过学校统筹也有一定的好处。一方面，我们学院的发展相对比较稳定。另一方面，因为学校就是"火车头"，学院就是"火车车厢"。"火车头"拉起来了，"火车车厢"就得跟上。学校就是要集中力量办大事，我们现在有好几个学科都走到了国家前面。我们学校

就受到重视，其实也给我们学院营造一个好的发展环境。(P&M08)

(二)学院内部的行政权力干预

该类型学院学术委员会委员与党政联席会成员是完全重叠的。由于学院学术委员会委员基本上都具有行政职务，决定了该类委员会在处理学术议题的时候很难避免行政思维。这使得学院学术委员会在学术事务方面很难独立发挥作用。在二级学院层面，建设现代学院制度的关键在于厘清党政联席会的政治决策权，确保二级学院院长的行政管理权、学术委员会的学术权、教代会的民主监督权之间的关系。

我们院长就是勤恳的"老黄牛"。我们学院平均两周开一次党政联席会，都是业务性的会。我们党政联席会的成员都是学术委员会的委员，因为在我们国家的大学能做行政工作，基本都是很优秀的老师，而且很多老师也都有教授职称。(P&M08)

我们学院的这些委员会很多，所以人都会重叠。人为什么会重叠？这不是因为其他的原因，而是每个委员会的分管领导不一样，然后学院教授的数量只有那么多。我们职称评定委员会是书记主管，因为书记管人事。我是主管科研的副院长，就要负责学术委员会。(P&M09)

我国一流大学二级学院内部机构众多，而且每个机构的"分管领导不一样"。以电子科技大学的航空航天学院为例，第一，学校的人力资源部或人事处对应三个机构：学院教授委员会负责人才学术评议、学院聘任小组负责高级专业技术人员评聘、岗位设置聘用小组负责专业技术岗位晋级评聘；第二，学校的发展规划与学科建设处对应的是学院学术委员会，专门负责规划学科专业方向；第三，研究生院对应的是学院的学位委员会，专门负责研究生人才培养、招生工作领导小组；第四，教务处对应的是学院的本科教学指导委员会；第五，校工会对应的是学院工会、教职工代表大会。[①] 这些不同的机构虽然使得学院内部分工清晰，但是由于学院内部教授数量相对有限，造成部分教授同时在多个机构任职。

(三)学院学术委员会内部无声的行政权力

在案例学院中，行政权力既可以通过声音表达权力意志，也可以无声地影响他人。行政权力即使沉默不语，但是依旧能够发挥作用的原因在于"揣

---

① 电子科技大学.航空航天学院机构设置[EB/OL].[2021-07-18].https://www.iaa.uestc.edu.cn/xygk1/jgsz.htm.

摩上意"的底层智慧。对于有声的行政权力,学院学术委员会委员即使表面是顺从的,但内心可能还是反抗的。但是,这种主动迎合行政权力的集体行为,使得学术委员会从根本意义上难以发挥实质性作用。

T09 讲述了其在学院的"破格"选拔中的经历的"无声的行政权力"。

当时我和我们院长的学生一起申请破格评为教授。这需要学术委员会开会讨论,决定将一位申请者推荐到学部去申请"破格",另一位申请者则在学院申请"破格"。最终,学术委员会的决定是:院长的学生就留在学院申请"破格",而我就直接被推荐到学部那边的名额,与其他学院申请破格的老师们一起 PK(竞争)。从学部申请破格的难度更大,我是能通过就通过,不通过就直接被学校刷下来了;而在学院申请破格,相对来说难度要低一些。后来,有一位认识我的学术委员会委员告诉我,在开会讨论的时候,院长并没有明说,但大家都心知肚明要如何去投票。我知道这个情况后,虽然心里不舒服,但是想想:谁叫我的竞争对手是院长的学生呢?(T09)

尽管该类型学院学术委员会委员做出有利于院长学生的"破格"决定,但是最终 T09 和院长的学生都通过"破格"而评为教授。这种"皆大欢喜"的结果既是学院层面的统筹考虑,也有利于教师的利益。

好在幸运的是,我竟然通过学校层面的"破格",院长的学生也通过了学院的"破格"。最终我们都顺利地评上了教授。(T09)

二、"共生型"学院学术委员会:学术权力与行政权力协作

在"共生型"学院学术委员会中,委员们能够较好地运用学术决策权力,与行政权力之间进行有效的合作,从而促进学术事务得到公正处理。在该类型案例学院内部,行政权力尊重学术权力,促进学院发展,证实了"权力不是'最脏的字眼',而是组织成功的秘诀"[1]。

(一)学校层面对二级学院的放权

在案例学院中,学校层面的放权主要体现在校级学术委员会(聘任委员会)尊重学院层面提交的学术决策。这份尊重的前提是学校信任二级学院

① SALANCIK G R, PFEFFER J.Who gets power and how they hold on to it: a strategic-contingency model of power[J].Organizational Dynamics,1977,5(3):3-21.

能够结合自身的学科特点，更好地运用好权力。

学术委员会委员投票之后，（投票结果）直接交给学部层面的学术委员会，最后提交到学校层面的学术委员会。一般而言，学校学术委员会基本上都会尊重学院学术委员会做出的决策。如果学校基于其他考虑，否定了学院的意见，也会做出说明。不过，这种情况出现得很少。（M06）

（二）学院内部对权力分配的共识

在“共生型”学术委员会中行政权力注重权力分配，如此有助于实现权力的制约。这区别于行政权力的妄自尊大。这种做法并不意味着放弃自身的权力，而是想要在学院内部形成良好的权力互动机制，体现如下：

第一，案例学院院长的角色定位是“服务者”。该学院的院长自称“怕教授的院长”，不是以管理者的角色自居，而是定位为学院的“服务者”。院长“怕教授”不是出于外在屈服，而是因为自身对于行政权力的克制，也是由于该类型学院内的教授们在相应研究领域的学术影响力很大，某种程度上验证了“打铁还需自身硬”的古语。这是我国一流大学的顶尖二级学院学术委员会能够发挥功能的关键。

学院的院长就是为院里服务的。我们没有教授会怕院长，都是院长害怕教授。因为我们学院的每位老师在自己的领域里面都是专家，都是权威。我觉得作为院长并不比别的老师要有优越感。（P&M06）

此外，这种“害怕”的措辞并不是口头说说而已，而是由院长自身的行动逻辑和内在谦逊所决定的。当笔者在访谈结束后提到该院长是教育部“长江学者”的身份时，该院长的反应迟疑了几秒，然后表示“是的”。这种迟疑不是自我夸赞、不是表面的谦虚或者敷衍，而是一种内在的克制。

除了二级学院院长本人的角色定位，党政联席会的其他成员认为院长的魅力就在于注重发展均衡，而且该类型学院学术委员会委员也认为院长拥有的权力非常有限。

院长的魅力是不能“赢者通吃”，而是提出要通过科学发展和均衡发展把学院做强。（P04）

二级学院虽然是很小的机构，但是要想治理好就是需要分权的。分权对于党政联席会和学术委员会都有益处。（P01）

你别以为院长有多大的权力。我们学院的院长真的没有什么权力，也没有分配经费的权力。我们学院的经费包括两种：第一种，买设备的经费，总金额也没多少钱；第二种，以前是“985 高校”的建设经费，现在是“双一流"高校的建设经费。这部分经费是由学术委员会负责,其实也没多少钱。我们顶多就是在申请课题的时候找院长签字。难道他会不给你签字吗?我还没听说过有这样的事情。大家都不是很在乎院长和党委书记,很多东西他们也不会"搞过头"(有原则)的。(M01)

第二,案例学院的党政联席会需要平衡与学院学术委员会的关系。一般而言,党政联席会整体尊重学术委员会的决策结果,但可能会局部做出一些调整,并会有充分的调整依据。在该种类型的学院学术委员会中,党政联席会和学院学术委员会有不同的分工,两者之间需要进行权力的相互制约。

学术委员会是对院长或党政联席会进行权力制约的机构。我们学院的领导就是相信教授们,让我们学术委员会这个机构能够自主运行,不成为被操控的工具。否则我们的学术委员会也就运转不好了。(M01)

二级学院本身是很复杂的。许多的权力应该是要相互分工、相互制约。行政权力、学术权力的过度集中都可能会导致权力的异化。反正我觉得学院中与学术相关的事情应该交给学术委员会。目前,我们学院在这一方面做得还是不错的。(M03)

在案例学院中,行政领导认为学术委员会能发挥相应功能的前提是该机构被赋权,从而促使其能够发挥功能,承担学院治理的相应责任。

P&M11 认为,学院应该注意在追求学术事务的处理效率中,通过赋权学院学术委员会,从而促进该机构承担相应的责任。

学院的行政领导要坚定自己的意志,哪怕有些事情真的很紧急,必须是由学术委员会负责的,就应该交给学术委员会。因为赋权是真正放手,赋权就是赋能。学院真正的放权就是让学术委员会对学院的学术议题做出决策、咨询和评价。学院赋权之后就是赋能,让学术委员会知道他们的责任,是为学术共同体做事。(P&M11)

(三)学院学术委员会内部的权力约束

该类型学院学术委员会内部的权力约束主要表现为主任的素养和委员们对所在学院的服务意识。

第一,该类型学院学术委员会主任需要具备三个条件:在相应学科领域具有重大影响力;为人公正,具有公信力;从学校或学院重要行政职位退休,具有一定的行政能力。

M09 所在学院的学术委员会主任不会在开会前发布引导性发言。学院学术委员会主任的自我定位是一名普通委员,负责主持会议,不去引导委员们投票。M06认为，即使学院的学术委员会主任发布了引导性语言，最终也不会影响其他委员们的判断。

我们学术委员会主任就是组织一下会议，不会事先统一大家的意见。他相信教授们都有自己的学术判断，所以都是让我们自己投票。（M09）

学术委员会主任只是一个主持会议的人。比如，他要负责掌握会议的时间，不会引导其他委员去投票。即使他想要引导大家，也是没有用的。因为我们每个委员都有自己的判断。（M06）

第二，在该类型学院学术委员会中，委员们都是非常称职的。一个称职的学院学术委员会委员具备一定的治理能力，珍惜学术权力，并能比较好地运用学术权力。该类型学院学术委员会委员认为学术委员会是责任机构，将学术委员会所负责的事务当作公共事务，并且愿意为学术委员会“服务”。

我自己也积极竞选成为下一届学术委员会委员。我很想为学院做点事情，而且做这些事情也是一个学习的过程。（T01）

我只要不去出差，都会参加学术委员会召开的每次会议。因为学院中有很多公共的事情需要教授们积极参与，而且学院也相信我们教授会给出自己的学术判断。我自己也是非常愿意为学院服务的。（M09）

三、“冲突型”学院学术委员会：学术权力与行政权力博弈

在“冲突型”学院学术委员会中，委员们不愿意接受行政权力的支配，通过学院学术委员会这一机构与行政权力抗衡，以学术委员会为代表的学术权力和以院长为代表的行政权力之间的隔阂、疏远和冲突，主要体现为四种形式：学术权力视角下行政权力的泛滥、行政权力视角下学术权力的“固执”、学术权力视角下学术权力的“面具”、行政权力视角下行政权力的“双面”。

（一）行政权力的泛滥

“学术权力视角下行政权力的泛滥”主要是指该类型学院学术委员会委员认为行政人员滥用职权，主要体现如下。

第一，该类型学院学术委员会全部由无行政职务的教授组成，理想化地对学院学术委员会这一机构“去行政化”，反而导致学术权力虚化，行政权力张扬。

M02讲述了该类型学院学术委员会的两大特点：一方面，学术委员会

主任是“大牌教授”，极具学术影响力；另一方面，该类型学院学术委员会委员全部是由没有行政职务的教授组成，使得该委员会与院长、党委会、党政联席会等机构之间形成一定的隔阂，从而沟通不畅。

我们学院学术委员会的主任是一位很“大牌的教授”，委员都是没有任何行政职务的教授。这个设计的出发点本来是很好的，想让这个学术委员会机构受到的干预少。但是学院的行政权力很大，如果没有行政人员参与学术委员会，就会导致学术委员会和行政领导之间缺乏沟通，使得这一机构完全就是虚的。（M02）

第二，案例学院中“心不在焉的兼职院长”对行政权力的滥用。根据案例学校的规章制度，案例学院的院长退出了学院学术委员会。因此院长对于学院学术委员会的影响主要在于外部干预。

P&M01 是该学院的前任院长、担任学校层面的委员，讲述了所在学院希望借助兼职院长在全世界范围内的学术影响力，引领该学科的发展；但是，兼职院长对于学院发展精力投入不足，产生了不好的影响。

现在是一位国外高校的教授兼职做我们学院的院长。我们很多老师都发现兼职的院长心思不在我们这里。这个院长根本不会考虑怎么用好学术委员会，而是只考虑自己的利益。尽管学校给这位院长很高的待遇，但他运用自己的权力胡作非为。（P&M01）

即便是从学术转型做行政工作的教授，在行政工作中依然不能让教师们满意。因为高校内部的行政工作是复杂的，学术精英一旦成为权力精英，其思维方式可能会发生一些改变。这种变化使得其在学术事务的处理中与之前的预期会有所不同。

很多人普遍对管理和行政缺乏研究，认为专业好了就可以管理。行政人员又觉得自己可以领导专业。但是我们可以看到很多学术很棒的老师，专职做行政工作之后，也还是很难让大家满意的。（T04）

(二)学术权力的“固执”

“行政权力视角下学术权力的固执”是指行政人员认为没有担任行政职务的教授非常坚持自己的做法，从而不是很好沟通。但是学院的行政人员认为学术委员会的固执，使得其并没有隔绝“人情”等因素的干扰，相反却在一些事情上是对学术权力的滥用。

P07 认为，学术权力的滥用导致学院学术委员会从一个本应该是“服务”的身份，转变成“老大难的问题”。

在我们学院，学术委员会是一个“老大难的问题”。学校的制度要求设置这个机构，从而实现教授治校、教授治学。但是学术委员会存在很多的问题。第一，有些年长的教授学术水平不是很高，不能达到教授治院的水平。第二，学术委员会处理事务的程序可能都是正确的，但是还会将人情关系带到这个机构，从而很难做到真正的公平公正。很多教授非常固执地坚持自己的做法，很难跳出自身的利益去做学术判断。(P07)

根据该类型学院学术委员会中存在的问题，党政联席会成员认为主要原因在于学院内部行政人员全部退出学术委员会。

P07 认为，改变学院学术委员会运转不佳的措施很多，具体如下：第一，学术委员会委员应该约束自身的权力；第二，学校建立对学院学术委员会的纠偏机制；第三，学院层面的所有行政人员加入学术委员会；第四，学院层面党委和学术委员会之间可以建立联席机制。

学术委员会应该是为学院的老师服务、为行政人员服务。学术委员会能够做出正确的判断，能够按照这个正确的规范来做事就好了。我觉得学院的行政人员应该都在学术委员会里面才对。因为行政体系的领导还是很优秀的。而且学校应该加强对学术委员会的问责机制。如果学术委员会出了什么严重问题，学校能有一个纠偏机制。也许只有大家觉得“当官”没有那么重要了，学术委员会才能更好地发挥作用。而且党的领导和学术委员会之间应该建立联席机制。(P07)

这些措施对于案例学院当前所存在的问题，有一定的针对性。但是，这些措施能否被采用、在实践中是否会遇到新的问题，又不得而知。

(三)学术权力的“面具”

学术权力的“面具”是指学院学术委员会内部资历老的委员与资历较浅的委员之间在互动过程中的掩饰。学术权力的运用并不是以“强势的面孔”出现，而是蕴藏在细节之中，甚至戴着“协商”的面具出现。

M02 讲述的“大佬”是指学院学术委员会具有学术影响力的资深教授，不同的“大佬”之间可能进行直接的冲突。但是“大佬”与青年委员之间的沟通可能是戴着面具进行虚假沟通。这个过程却能掩盖复杂的权力关系及由此产生的权力操纵行为。

当学术委员会开会的时候，学院的“大佬们”(有话语权的教授)会激烈地对抗，有时候是因为学术意见的碰撞，有时候也有其他原因。在这个过程中，我一般都不会发言。投票的时候，我都是选择“同意通过”。有一次开会，一位“大佬”与我沟通一个事情，尽管对我自己所代表的小学科是不利的，理论上我肯定不能同意。但是，那位“大佬”很有学术地位，表面上是很恳切地与我交流，好像也没有强迫我。于是，我就好像很不好意思拒绝他，然后犹犹豫豫地不说话。这个时候也有其他的委员拍案而起，为我主持正义。这就是很真实的一个场面。所以，我到现在都不怎么想去现场开会了。(M02)

T04 讲述了学院学术委员会中“大佬们”形成的“学术江湖”，使得学术委员会内部有很多的利益纷争。

学术委员会中有很多的“大佬”。为了权力、钱、地位、自己和手下人(跟随者)的职称，有的“大佬”会和学术委员会的其他委员直接对抗。所以，哪位大佬更霸道，就可以为自己手下人争取更多的资源。我曾经以为自己在大学这个“象牙塔”里，后来才发现自己在大学里“裸奔”。大学就是“江湖”，有人的地方就有江湖。(T04)

(四)行政权力的“双面”

行政权力的“双面”包括行政权力风光的一面和行政权力艰难的一面。

一方面，高校中的行政人员表面上“风光无限”。但是学院内部具有行政职务的教授认为，在中国的大学是“科研优则行政”，行政人员一般都是从学术水平高的老师中挑选出来的。这既是选拔行政人员的规则，也符合一般教师对于行政人员的期待。

行政人员都还是很优秀的，基本上都有教授职称，而且调动资源的能力很强。如果没有行政职务的教授担任学术委员会委员，其实对学院的情况不是很了解。(P07)

P&M01 曾经是该案例学院的院长，在学院是比较有威望的教授，但是仍旧觉得行政权力很强大。

因为领导觉得我这个老院长的威望很高，老是跟他们“不对付”(关系不好)，从而制定一些条例，限制我参与学院学术委员会的工作。在大学范围内就是如此，你说是学校副处长的权力大，还是普通教授的权力大呢？当然是副处长，不然为什么那么多的教授都会竞聘做副处长呢！相比院长，我们学术委员会主任又能有多大权力呢？(P&M01)

另一方面，行政人员自身也有不少的“艰难”之处。行政人员深感从事行政工作的复杂和被动。

M07 曾历任所在学校的人事处处长和发展规划处处长，尽管在别人看来表面上风光无限，但是深感从事行政工作的艰难。这种艰难的实质就是行政权力的强势，即“领导认为你行你就行，你不行也行；领导认为你不行，你行也不行”。这是由大学的科层属性决定的，表明行政权力既能让人得到一些资源，也会让人身不由己。因此，M07 选择坚持笔耕不辍，专心从事科研，而且深信科研才是自己的立身之本，是主动掌握自身命运的“武器”。

我说一点正面的东西，做行政工作既能让你看到不一样的“风景”，也能让你得到很多的资源。你也可以在不违背原则的情况下，帮助一些你想帮助的人。但是，教师做行政（人员）不能做一辈子。我觉得我的底色是老师，教学科研是我的天职。做老师的时候能够掌握自己的命运。因为你做老师做得好，别人不会压制你。但是，你做行政就不是这样的。行政的逻辑是领导认为你行你就行，你不行也行；领导认为你不行，你行也不行。（M07）

四、“悬置型”学院学术委员会：行政权力对学术权力的渗透

在“悬置型”学院学术委员会中，行政权力很大，学术权力比较弱小。具体而言，该类型的学院学术委员会在委员产生环节、投票环节和表决环节均受到行政权力不同程度的干预。

（一）委员产生环节的行政权力渗透

在案例学院内部行政权力对学院学术委员会外部的干预，主要是指院长对学院学术委员会运行的干预。在“悬置型”学院学术委员会中，行政人员占有绝对性的优势，而且这种优势是行政权力渗透在不同的微小环节中，包括委员产生环节、投票表决环节、投票结果环节。

M08 是所在学院的学术委员会副主任，对该机构的委员产生方式非常了解，认为委员的产生主要是取决于“老大”，而这种产生方式引发了很多问题，是有待规范的。“老大”是指二级学院的院长，这个称谓体现了二级学院院长在学院中的地位。

学术委员会委员构成存在的问题，是需要加强规范的。学术委员会本身是处理学术事务的机构，该机构的委员不应该是行政领导资源交换的结果。但是，我们就是院长说了算。他就把省内周边的高校那种有行政职务的教授邀请到我们学术委员会。老大（院长）决定了，其他人不能有反对意见。（M08）

M14 认为该学院的院长和副院长是“草包”，即没有工作能力且不重视学术委员会的意见。

我们的院长和副院长名实不符，都是个“草包”。他们不知道如何用好学术委员会。这个院长、副院长的学术造诣和个人的修养都跟不上，根本不懂得学科建设，不愿意听取学术委员会的意见。我们只要提不同的意见，就要找我们“做工作”；我们要还是不同意，他们就觉得我们不支持领导的工作。现在学院的领导全部是搞歪门邪道的，喜欢到处去“找关系”。我们学院的院党委书记倒是很能干，工作上很尽心，但是他也不太重视这个委员会。这使得本来很多该由学术委员会负责的事情，都是由行政人员包揽，根本没有发挥学术委员会的功能。(M14)

(二)投票环节的行政权力渗透

该类型学院学术委员会的内部行政权力的渗透体现为在投票前的引导性发言。“话语本身是欲望和权力两种力量运作的体现。”[①]在现场投票中，语言可能承载着权力意志，其发言秩序和发言内容为整个学术决策奠定了基调。由于某些委员的率先发言或者发言内容具有导向性，让一些年轻的、资历较浅的委员选择尽量少发言、不发言或者具有倾向式地发言，使得不同委员之间缺乏充分的信息交流，从而影响该机构的学术决策，因为“言论自由是每个人的权利，没有自由就没有智慧”[②]。总之，在该类型学院学术委员会委员投票环节，委员的发言顺序、发言多寡、发言分量、发言倾向等都在不同程度上受到行政权力的干预，影响学术决策。

每次我们院的学术委员会开会的时候，老先生一般会率先发言，提前定好基调，那后面的人就不大好说话了。(P&M03)

学术委员会开会的时候，院长都会提前发表讲话。院长的每次讲话都是有导向性的，“这个不错、那个不错”。后来，我们也就不好讲话。在学术委员会投票的时候，院长总是把自己喜欢的申请者颂扬一番、高歌猛进一番。这些都是干预学术委员会的行为，都是不好的。理想的情况是，学术委员会委员不受引导性话语的影响，委员们可以按照自己的想法直接投票。因为请来的学术委员会委员都知道申请者的材料是否有分量。(M08)

学院学术委员会主任的语言对委员们投票产生影响。这种引导性语言

---

① 罗兰·巴尔特.符号学原理[M].王东亮，等译.北京：生活·读书·新知三联书店，1999:2-3.

② 乔尔·斯普林格.脑中之轮：教育哲学导论[M].贾晨阳，译.北京：北京大学出版社，2005:35.

通常是言在此而意在彼，通过一些场面上的话语，维护其自身或者其需要帮助者的利益。这些话语的表面意思听起来是合理的，但是在权力裹挟之后就变成了“引导性发言”或者“套话”。这种表演式“套话”是由于言说者别有用心的思考，引导性语言是有话语权者根据内在的立场、场合和利益而有不同的表达。在《邹忌讽齐王纳谏》中，邹忌的家人和下属均认为邹忌比城北徐公[①]的外貌更加俊美，但是邹忌自知不如，分析其中的原因是：“吾妻之美我者，私我也；妾之美我者，畏我也；客之美我者，欲有求于我也。”[②]这段话的原意是邹忌的妻子、小妾、客人等出于不同的诉求，而给出了与事实不相符合的答案，表明言语者身处不同的立场，但是都有不同的用意。这证实语言承载着权力的意志，也形塑人本身。

P&M03 讲述在学校学术委员会中，校长会发布引导性语言，暗示作为委员的院长；学院层面在院长授意下，学术委员会主任也会发布类似的引导性语言，暗示其他的委员。

学校的学术委员会是一个“摆设”。每次开会的时候，校领导都提前发布有指导意见之类的暗示性讲话。校长一般会说“谁谁比较好，如果没有当上博士研究生导师还是很可惜的，对这个学位点的发展是很不利的。各位委员要尊重自己的投票权，认真投票……”尽管校长并没有让我们直接给某人投票，但是我们委员都能听懂他的话。然后，我们委员们开始投票，就都会通过那位老师的评选。到了二级学院的学术委员会开会，等到委员们表决的时候，我们学术委员会主任就像校长一样发布引导性说话。比如，“我们学科建设很重要，就是要填补空缺。各位委员要从我们学院发展的大局出发。”这样我们学院的委员也会按照这个话去投票的。（P&M03）

（三）表决环节的行政权力渗透

学院学术委员会内部行政权力在表决环节的权力渗透体现在现场表决及通讯投票中：现场表决环节容易有暗示性语言，而在通讯投票时虽然委员们互相不见面，可背后是另一套操作技术。

M08 所在的学院引进了一位专任教师，作为学术委员会副主任的他在投票表决环节并没有见到应聘者及其材料，决定“弃权”。但是由于学院的现任院长和老领导已经提前选定这位申请者，M08 最后在院长的要求下，

① 徐公是战国时齐国城北的一位容貌俊美男子的名字。

② 吴楚材，吴调侯．古文观止（上）[M]．杭州：浙江教育出版社，2016：125.

只能将“弃权”修改为“同意”。

前一段时间我们学院需要引进一位教师，也是需要我们学术委员会去表决。在疫情防控期间[①]，我们既没有看到申请者本人，也没有看到申请者的材料。后来匿名投票的时候，我直接写“弃权”。因为我没有看到材料。我当时看到了另外一位委员也写了“弃权”。后来，我们领导发信息问我：“××，你投票表决了吗?”我就回复三个字：“表决了。”然后，这位领导又打电话给我，问：“你对他有意见吗?”我又回答三个字：“不熟悉。”后来我觉得这样的回答好像不是很好，因为总是要考虑各种各样的关系。我就又补充解释了一下，说：“我根本没有看过这个人的材料，没有看到过这个人。”后来我们院长对我说：“因为现在是疫情防控期间，所以你们没有看到申请者。老院长和我已经在线上面试过这位申请者了。”然后我说：“那您满意嘛？如果您满意，我就同意。”最后，我就只好改为投赞同票了。(M08)

(四)表决结果的行政权力渗透

“民主集中制”是学术组织中较为常见的程序，其内涵为在大家充分讨论的基础上形成共识。但是，该类型学院学术委员会的“民主”是教授们一起投票决定，然后由学院领导对投票结果进行“集中”，从而“民主”与“集中”被行政权力曲解，导致表决结果被行政权力干预，背离了民主的初衷，也消解了民主的意义。

在这个情境中，“民主集中制”被异化为“牧羊人的金戒指”。[②] 古希腊的哲学家柏拉图讲述牧羊人利用金戒指的隐身功能，杀掉了国王，夺取了王位，用“牧羊人的金戒指”比喻一个人很难在有特权的情况下做正义的事情。“民主”是金戒指朝外转的时候，行政领导的决策是透明的，即委员们按照自身的判断先投票；“集中”则是金戒指朝里转的时候，行政领导是隐身的，而正是在这个环节按照行政权力的意志进行一些操作行为。

M08 在讲述所在学院学术委员会运行的时候，多次说到“民主集中”，但是“民主”徒有其表，在“集中”环节则变成了行政领导的个人意志。

其实委员们投票还是比较公平的。但是这个过程美其名曰“民主集中”，只是如果民主集中就假了。真的，你(学院的行政领导)不要民主集中不集中。学术委员会委员们就投票“同意”或“不同意”。然后学术委员会根

---

① 此处的“疫情”是指 2019 新型冠状病毒(2019-nCoV)。

② 柏拉图.理想国[M].郭斌和，张竹明，译.北京：商务印书馆，2015:47.

据不同事项，提前规定有效比例。这样规定之后，领导们就不用民主集中不集中。（M08）

M14 对于行政权力的渗透非常不满，并提出自己的改进建议：第一，学院学术委员会委员都应该是具有学术水平的教师；第二，在学院学术委员会委员投票前，主任不能发布引导性语言；第三，学院学术委员会委员的投票结果需要当场公布，不能曲解民主集中制。在该类学术委员会中，这些建议具有一定的实用性。

我觉得学院内真正有学术含量的人可以进到学术委员会，而不是做行政的人，因为做行政的人是互相运用行政资源。在表决的时候，委员会的秘书把申请者的材料分发给大家，不需要主任在上面带有导向性地介绍这个介绍那个。委员们应该直接表决，而且表决结果不要被行政领导带走，不要再去滥用民主集中制，而是当场公布投票结果。这样的话，学术委员会才可能发挥作用。（M14）

二级学院的领导在学术招聘环节运用行政权力。行政权力的运用使得学术招聘的决策依据不是学术能力，而是取决于行政领导者的意愿，通常用申请者的“潜力”作为挡箭牌。“潜力”的评估具有两面性，一种是行政领导的慧眼，另一种则可能是人际关系的影响。

在 M08 的讲述中，该院的专任教师招聘环节则是以“潜力”为托词，为人际关系寻找可以操作的空间。这种做法使得案例学院所招聘的师资队伍质量有待提升。

我们学院引进了从国外名校毕业的一些博士，这么多年来都没有发表一篇核心论文。这些人并不是所谓的“水土不服”，而是本来就不该引进。有些和我熟悉的学术委员会委员跟我说：“院长怎么能看申请者是否有潜力呢？申请者没有发表一篇文章，只是看申请者的导师和毕业学校。这样做怎么行呢？”比如，我们要引进一位从世界名校毕业的博士，事先院长也和我们说过。我想如果能够引进一位优秀的“海归”，那也很不错。于是，我就问：“这位申请者是否有科研成果？”院长的回答是：“他现在还没有发表文章。但是，他很有潜力。”这样的话，其他的委员也就跟着“打同意票”，最后全部委员都同意通过。谁不同意，下次（院长）就不邀请你来（学术委员会）了。（M08）

二级学院的领导班子在其他教师学术晋升中滥用行政权力。某些专任教师的成果达到晋升副教授、教授的标准，但是由于与学院领导之间存在矛盾所以未通过学术晋升。

我们一个老师获得大奖了，本来应该在评职称的时候破格晋升。然而院长跟他有“过节”（矛盾），就把他“按”在那里。（M14）

在“悬置型”学院学术委员会中，学术委员会委员是被行政权力支配的，但也存在个体主动对行政权力迎合的情况。行政权力在多个环节的连续性渗透之后，使得学院学术委员会在学院治理中处于“悬置”状态。

第三节 学院学术委员会的文化影响因素

组织文化是一个群体的共识，能够有效地维持组织模式，并且健康的组织文化能够教会年轻成员学会正确地思考。[①] 本节内容分析了四种类型学院学术委员会对应文化的内涵、特征和决策策略。

一、“象征型”学院学术委员会的学缘文化

（一）学缘文化的内涵

学缘文化是基于个体的教育背景（本科、硕士、博士学历）与任职高校的相关度而形成的互相认可、互相帮衬的文化。学缘文化的载体是学缘关系。在学缘文化中，有学缘关系的人之间相互依赖，对没有学缘关系的人则是有意或无意地排斥。学缘文化不会总是导致坏的结果，但是就长期而言可能是危险的。[②]

T08 认为，自己在达到学术晋升标准的情况下，却不能顺利实现晋升的原因在于没有“自己人”。“自己人”是信任的基础，[③]没有“自己人”则可能导致学术晋升不顺利。T08 意识到这一点，但是其情绪比较稳定，表示选择“现在就是等”。这种反应既是个人的性格导致的，也是在学缘文化中的适应能力造成的。

---

① SCHEIN E. Organizational culture and leadership[M]. San Francisco, CA: Jossey-Bass, 2010: 18.

② 阎光才.高校学术“学缘”及其效应的分析和探讨[J].复旦教育论坛，2009(4): 31-38.

③ 杨宜音.“自己人”：信任建构过程的个案研究[J].社会学研究，1999(2):38-52.

我评正高的文章已经凑够了，课题的数量和级别也符合学校的要求。但是我评正高却被学校层面“卡住了”。因为我是“外来户”，在学校没有“自己人”，即没有自己的同门关系（指导师、师兄、师弟、师姐、师妹等关系）。我现在就是只能等着吧。如果我给毕业生的建议，那就是第一选择肯定是留校。不管你自己多牛，只要换一个学校，一切都是要从头开始的。（T08）

T08 结合自己的个人经历，提出的建议具有一定的个人色彩，对于具体个人的学术职业发展、学院发展甚至学校发展是否具有意义，则有待验证。

我国高校由于学科水平、城市位置、人事标准等多种因素的影响，形成了每个高校对专任教师的不同聘任模式。我国一流大学中教师的学缘结构包括四种模式：“本校海外模式（本校和海外高校）、国内聘用模式（国内高校）、多种结合模式（海外高校、本校、国内其他学校三者结合）、学缘模式（主要是本校毕业生）”。[①] 学缘结构的单一化容易减少教师学缘的多样性。

M12 在其工作的高校相继获得本科学位、硕士学位和博士学位，其博士导师是一位院士，是所在学院的院长，属于“院士弟子”。凭借这个身份，M12 成为学院学术委员会委员，而且在评正高的时候顺利获得晋升。

我评教授的时候，自己并不是很着急，是我师母（其博士研究生导师的妻子）在催我申评正高，一直催我提交材料，我只好提交材料。评正高（教授或研究员）的要求是综合的，需要申请者提交教学、科研、社会服务所有方面的材料。我的水平不属于高的，所有材料都是刚好达到学校的基本线，可以说是“低空飘过”。我这样的材料放到现在很难评上教授了。我感觉自己属于学院的“历史遗留问题”。（M12）

（二）学缘文化的特征

学缘文化是建立于固定的学缘关系基础上的。在信息不对称的情况下，学缘关系的选择可能是随意的；但是在信息充分的情况下，学缘关系的选择则可能是刻意为之。无论是哪种情况，学缘关系一旦确立，就是相对稳定的。学缘文化能够凝聚有学缘关系的人，但会在有意或无意中排斥没有相应学缘关系的人。

P&M08 在国内知名 A 高校获得学士学位和硕士学位，在国内知名 B 高校获得博士学位，后回到 A 高校工作。P&M08 在自己求学的高校工作，

① 李丽萍，沈文钦，赵芳祺.精英大学教师的学缘结构及其十年变化趋势：以化学学科为例[J].教育学术月刊，2019(10)：78-83.

很顺利地晋升为教授、博士生导师,并且是所在学院的副院长。

我觉得在自己的母院工作很好。因为你的很多同事都是你之前的老师。即使自己做错了什么事情,老师们也都会原谅你的。(P&M08)

(三)学缘文化的决策策略

"象征型"学术委员会中包含很多仪式。在任何一种文化中的决策,都不可避免地包含仪式的成分,因为"决策是一个高度情境化的活动,其周围围绕着各种神话和仪式"①。由于该类型学院学术委员会就是由学院内部具有行政职务的人员组成,学院学术委员会的决策与学院内部的"顶层决策"保持一致。

P&M09 本科和硕士都是在其工作的 E 高校求学,博士在同省知名的 F 大学。P&M09 将这个过程称为"我只是在外面拿了个博士学位,最后还是回到母校工作。"

我本科和硕士都是我们学校的,只是去外面拿了个博士学位。因为自己对母校也很有感情,刚好毕业的时候母校也有工作机会,所以就回来了。我们那个时候有博士学位的人还是比较少的,面试就是分享自己的博士论文。面试现场就像是小型研讨会一样,很多人都会过来旁听。(P&M09)

在重视学缘文化的氛围中,管理者会根据申请者的学术成果、教学工作量、学缘关系等综合因素考量,做出有利于维持管理秩序的决策。维持管理秩序的稳定或许是一种管理技术和管理智慧,但是也将非学术标准引入到教师的学术晋升之中。这种对于秩序的追求被称为"维序欲",即"予混乱以秩序,变动荡为和谐,多样为同一,这是人类智慧的本能"。② 但是,这种"秩序取向"的思维在没有行政职务的委员的眼里是非理性和不公平的。

P&M09 指出,学院的学术晋升中最主要看申请者的科研成果,兼顾"论资排辈"和"讲人情"。但是申请者不能差距太大,否则评审结果就不能令人信服。

职称评审的时候,学术委员会主是看申请者是否符合面上的(学校制度)规定。在申请者的成果相差不大的情况下,我们会有论资排辈的倾向。如果申请者的学术成果太差,那是"摆不平"(令人信服)的。比如,A1 老师

① MARSH J.Decisions and organizations[M].Oxford: Basil Blackwell,1988:14.

② 阿道司·赫胥黎.美丽新世界·重返美丽新世界[M].陈亚萍,译.上海:华东师范大学出版社,2014:232.

可能评了3次副教授，而A2老师才第一次申请评副教授，那我们会偏向A1老师。比如，可能B1老师比B2老师少2篇文章，而B1老师工作时间长一点，那我们会偏向B1老师。这种偏向可能是隐性的，不能写在规则上面。学院领导会在投票之前再一次重申我们的这种规则。这样做就是从管理的角度出发，我们的学院才会有序。这样既能体现规则，也能体现我们中国人所讲究的“人情”。(P&M09)

(四)学缘文化的决策结果

学缘文化可能会有利于科研工作者互相促进某一特定研究领域的发展，但是任何事情都是“物极必反”。学缘文化发展到一定程度，在二级学院范围内成为一种具有压倒性优势的文化时，而且以学缘关系的远近亲疏作为决策依据，造成的决策结果是维护有学缘关系者。这些做法既可能有利于保持学术传统，促进某些重要的研究领域获得发展，但是也排斥了没有学缘关系的教师，使得二级学院的学缘单一化，从而影响一些新的研究领域的发展。

二、“共生型”学院学术委员会的信任文化

在信任文化中，每个人是信任而又相互独立的，个体之间是相互连接的，共同承担责任。在这种文化中，每个人是受内心的学术判断所支配，避免被外在的权力、“面子”、人情关系等因素所影响。

(一)信任文化的内涵

信任文化是指人与人之间形成了一种相互信任的关系，并且非常珍视这种信任关系，从而极力地维护这种关系。相对而言，信任文化是一种比较宽松的文化。在二级学院中，这种信任既包括以院长为代表的行政团队对学院学术委员会委员的信任，也包括学院学术委员会内部委员之间的相互信任。这种文化符合二级学院的学术性这一根本组织属性。

P&M12作为一名年轻的二级学院的院长，非常强调学院的学术性、重视学院内部的文化建设，注重基于信任基础上的“协商”，使得学院的学术声誉很高、学术影响力很大。

学院不是在工厂里办公，而是需要有好的环境。学院是(由)高知群体组成的，学院不是公司、不是小区。学院需要好的制度。作为行政人员的我，也有情绪激动的时候，但是我不能将教授们痛打一顿。学院就是一个教育机构，我们对知识分子要足够的尊重、对学生要足够的包容。我们学院的

文化就是非常的学术本位。学院需要研究“高深的学问”，所以我们不喜欢太俗气的学者，不喜欢张扬和盲目跟风，而是强调学者要有脱俗的精神。我们学院的老师们评奖还要行政人员去动员，很少有人为了评奖而去争先恐后。我们学院的学术声誉很好。作为管理者，我遇到事情不擅自做主，而是要与其他老师商量，也很尊重“老人家”（资历更老的教师），我们（在决策时）经常是以协商为主，先（做好）内部（自我）管理，再变为一种风气，形成一种文化，进而传承文化。因此我们都彼此信任，所以大家人际关系处理得很好。当然我们希望学院要创新、希望学院要有活力。（P&M12）

T05是一名工科学院的二级教授，是该学科领域内的高被引学者，认为自己在学术上取得成就的原因之一在于学院内部自由宽松的环境，给予教师们充分的信任，从而有充分的时间进行专业学习。

大学不是企业，不会每天都给人安排很多的事情。我们学院的学术水平在全国都是顶尖的。学院的领导也充分信任我们会努力向上。所以我一有时间就去学习。我好好学习英语，到处旁听其他教授的授课，自己也认真备课，参与了很多教授的课题，也愿意花时间指导学生。我没有灵感的时候，就钻到图书馆里查阅材料，阅读全世界该领域的文献。最后，我获得了博士学位，慢慢评上了助教、讲师、副教授、教授和国家二级教授。我自己觉得你要想行就得拼。（T05）

T07认为，所在学院的信任文化让人觉得非常宽松，但是并不会影响其对科研的追求。

我们学科在全国的地位决定了我们有很多的光环，同时学院对我们这些老师是很信任的。所以我们不大可能会放松对自己在科研上的要求。（T07）

P&M06认为学院的教师都是该领域的专家，都具有学术水平和学术影响力。

我们的副教授、教授职称都不是白给老师们的，而是信任老师们的学术水平到了这个程度。对管理者来讲，学院的每个老师都是很自负的。因为他们在自己的领域都是权威。如果行政领导用强权对待他们，那每个老师都是不会服气的。（P&M06）

（二）信任文化的特征

在案例学院中，信任文化主要是指行政领导班子信任教授的学术水平和学术判断力，其信任的前提是教授具有学术影响力和学术正义感。信任文化的传承过程中，会让人有比较大的责任感，成为驱动人自身发展的动力，从而每个人在这个环境中，能够看到个体职业发展的希望和学院发展的希望。

我觉得学院的管理者会给教授们一些光荣。这种光荣不是指一点经济补贴，而是一些精神性的东西。具体来说，这种光荣让每个人看到自己能够得到发展的希望，也能够看到学院发展的希望。（M11）

我们学院很相信学术委员会，相信每一个教授的学术水平和学术判断能力。学术委员会主任也相信每一个委员的学术判断，尊重每位学术委员会委员。（M09）

（三）信任文化的决策策略

信任文化的决策策略是学术共同体模式，[①]选择协商式决策。信任文化排斥人情关系的渗透，主张基于全部事实做出的理性决策，不受制于核心行动者的情绪。但是，人的理性是有限的，在心灵和环境的限制中无法找到决策的绝对自由和绝对条件。[②]

M06 讲述学院学术委员会的委员们在学术录用、学术晋升环节会给予彼此信任，在申请者学术水平相同的情况下，从全局的角度而进行投票表决，只不过在这一过程中会适当地考虑学科之间的平衡。

学术委员会应该为一个学院的建设着想。在学院，我们本来就是一个小学科，进一个人或评上教授都很重要；大学科多进一个人或少进一个人影响不是特别大。这个时候可能大家倾向将进人的名额分给小学科。这个对于我们学科发展是有好处的。如果到了这种情况，你不用去吱声，大家心里也都知道。如果一位老师一直投弃权票，同意票不过半数，那我可能就说："我们学科只有 1 位教授，所以我希望这位老师能够评上教授。"那位投弃权票的老师可能会改投"同意票"了。但是如果其他的大学科也说他们缺人，其实委员们可能就不会投同意票。尽管委员们同情小学科，也必须是依据申请者的能力；否则，学术委员会委员还是不会投票。（M06）

M01 讲述了学院领导与委员彼此信任，即使一些"情商高"的人、"打招呼"的人也不会影响信任关系，更不会干扰学院学术委员会委员的学术决策。

如果有两位老师同时评职称，学术委员会委员就是看他们的项目要求和文章。委员们投票都是比较公平公正的。人情关系难免，但是人情关系

---

① 何福田.大学教育论文集[M].台湾：台湾淡江大学教育研究中心出版社，1985：80.

② 赫伯特・西蒙.现代决策理论的基石[M].杨砾，徐立，译.北京：北京经济学院出版社，1989：94.

起不到大的作用。尽管有些人的情商比较高，有些人比较活跃，有些人都不“打招呼”，有些人把每个人都“拜访”到了。但委员们还是按照内心的想法去投票。如果有多位申请者的条件“咬得很紧”（差距不大），委员们就是“抓阄”。如果学院层面学术委员会委员有违规操作，其他人可以无记名向学校举报。我觉得大多数委员还是秉持本真的精神、公平的态度和为人的良知。（M01）

（四）信任文化的决策结果

信任文化中的个体之间是互相独立但又互相连接的。这种连接是建立在对于彼此的信任基础上，包括对于遵守制度的信任和运用好权力的信任等。

M11 认为，这种信任文化运用的决策策略是委员平等地互相协商，决策结果是令人“服气”。

我们学校的老师申评正高有次数限制，导致老师们都很谨慎。我们的很多老师终身都是副教授。其实如果他们愿意去其他高校，可以评上教授，可以成为那个学校的学科带头人。但是大家都不去其他高校工作。因为他们对这里都很认可，有一种光环在，而且人与人之间的互相信任是那么的宝贵。我们领导很少直接命令我们，没有强权，注重与大家商量。所以在我们这里，每个人对学院的决策都是很服气的。（M11）

T10 在国内知名 C 高校获得学士学位，在海外知名高校获得硕士学位和博士学位后在案例学校工作。T10 认为，所在的二级学院正是用人之际，自己与很多留校的教师比起来，可以凭借科研成果的优势顺利晋升为教授、博士生导师。

我是海归派，觉得回到自己读书的学校，与自己的老师们竞争让人放不开手脚，所以选择到了现在的单位。我工作的学院确实也会留自己的毕业生。但大家评职称的时候是很公平的。因为我们学院要发展，而且我的科研成果很多。所以我很顺利地晋升为副教授、教授。我其实评上教授和博士研究生导师都已经有好几年了。（T10）

三、“冲突型”学院学术委员会的圈子文化

在案例学院内部，圈子文化的重要载体是科研团队。同一个科研团队，则为同一个圈子；不在同一个科研团队，则属于不同的圈子；科研团队的数量，决定圈子的数量；科研团队的实力，决定圈子的实力。

(一)圈子文化的内涵

圈子文化是以科研团队为载体而逐渐形成的具有凝聚力和强烈排他性的一种文化。科研团队之间形成紧密的利益关系之后,会形成一种与其他科研团队之间的竞争关系,从而产生排斥其他科研团队的效应。在这个过程中逐渐形成圈子文化。一般而言,这种圈子文化在科研团队之内是相互团结的,但是对科研团队之外的人则是排斥的。

我们国家大力倡导"协同创新",高校要做好协同创新就需要大科研团队的支撑。这些科研团队一般是以导师为中心、以重大项目为牵引。大科研团队合作的好处在于:打破个人的局限,拓宽研究视野;实现科研工作的科学分工,提高效率;有利于做出重大科研攻关,增进学术影响力。但是,我国一流大学二级学院要谋划长远发展,既需要发挥大科研团队的优势,也需要关注小科研团队或者独立科研工作者的发展。

P07 所在的学院有很多的科研团队。大科研团队既为该学院的综合实力发展做出了巨大贡献,也满足了一些学者的个人利益,形成了不利于二级学院发展的"圈子文化"。

对一个学院来说,文化不是口头上的,而是一群人形成的潜移默化的东西。这是一个平衡的世界,而制度是坚硬的,文化应该以人为本。人要有一定的圆滑度,既要有大局意识、核心意识,也要协调各方的利益,不能天天都想着自己,形成圈子文化。圈子文化中人只会相互钩心斗角,很难团结一致。(P07)

(二)圈子文化的特征

学院组建科研团队的目的本是围绕重要的研究方向开展创新性研究,但团队合作的负面影响是,可能让个人对科研团队产生严重的依附感。以科研团队为主的成员成为学院学术委员会委员,从而将圈子文化直接带到我国一流大学二级学院学术委员会的决策过程。

学院学术委员会委员大部分是由大科研团队成员组成。大科研团队成员都是给"圈内人"投票,不给其他科研团队的"圈外人"投票。在这种情况下,大科研团队成为学院学术委员会内部的分裂因素,影响该类型学院学术委员会作为一个整体机构去发挥功能。

P07 认为,作为科研团队利益博弈的博士研究生名额,也可体现团队在二级学院内部的绝对话语权。

在投票的时候,团队成员都倾向于把票投给他们自己人。团队可以控制很多东西，如博士研究生名额。一般而言，每位教授每年最多只能招收2位博士研究生。但是有的教授以大团队的名义会控制很多博士研究生名额。我们学院有一个团队，一年可以控制9个博士研究生名额，而有些老师可能要3年才能招到9个博士研究生。虽然我是我们学院的副院长，但由于我是独立PI(principal investigator，PI)，非常的被边缘化。我是在2018年的时候招了1位博士研究生，[①]之后就没有再招生。这些大团队主导话语权，其他人有意见也没有用。其实一个好的学院应该能够允许每个人都发表自己的意见。(P07)

(三)圈子文化的决策策略

在圈子文化中，学院的决策虽然是公开的，坚持少数服从大多数的原则，表面上符合学术民主。但是，由于大科研团队成员大多数人都是学院学术委员会委员，使得该类型学院学术委员会决策过程中的学术民主被异化。圈子文化的决策策略的特征如下。

第一，圈子文化中不仅仅是行政人员有级别之分，学院学术委员会委员也有级别之分。“学术系统是一个由精英主导的存在地位与等级分化的系统。”[②]这种学术等级与追求学术民主在一定意义上是矛盾的。学院内部的“学阀”可能会把学术委员会作为和行政权力博弈的方式，而学院学术委员会中“上下尊卑”的等级观念影响着其运行，导致虽然学院学术委员会委员几乎都是教授职称，但是教授与教授之间的影响力仍然是不同的。

一个学院中有大教授和小教授，但是教授与教授之间的差距是很大的。这就像水分子中有“大颗粒”与“小颗粒”一样，这是自然现象。“大颗粒”会越来越大，“小颗粒”会自然收缩。那么，学院中大教授的权力越来越大、资源越来越多，而留给小教授的资源就少了。(T04)

第二，该类型学院学术委员会内部的“团队”与“个体户”的区分。这导致学术委员会内部的决策经常是向大团队倾斜，表面上是独立PI对团队的妥协，却隐藏着两者之间的冲突。

虽然我是副院长，但我没有加入大团队，是科研个体户。所以我在学院

---

① 这段访谈是在2020年12月末进行的，研究对象P07在2019年、2020年均未招收博士研究生。

② 阎光才，丁奇竹.学术系统内部分化结构生成机制探究：基于学术人职业生涯过程中产出稳定性的分析[J].高等教育研究，2015(2)：13-21.

中是被边缘化的。学院文化整体上来说，会因为人的变化、团队的变化而发生变化。我们学校上上下下都强调团队建设，所有独立PI都很难生存。大团队下面有很多教授，管理统一的经费。每个团队的经费都是团队负责人说了算。大部分团队负责人都是学术委员会委员，决策的时候倾向于保护本团队的利益。这也导致学术委员会很难有大的作为。学术委员会在制定政策的时候，往往会牺牲普通教授的（正当）意见、倾向国家级大团队（委员）的意见。（P07）

第三，在该类型学院学术委员会的内部，不同的科研团队之间不仅会互相竞争，也存在一定的合作。

一般重要团队的负责人都在学术委员会代表自己的团队发出声音。不同团队之间不仅是相互竞争，有时候也会互相合作。比如，我这个团队想进什么人，我会和其他团队的负责人提前说好，投票的时候就一起投票。下次他们团队要进人的时候，我也会给他们投票。我们这样做就可以"互相保人"。（M02）

（四）圈子文化的决策结果

圈子文化的决策策略是亲近科研团队内部的人和排斥科研团队外部的人，从而维护自身团队的利益，保证科研团队的发展。这种文化中的决策结果导致身处圈子内的人获得利益，而身处圈子外的人则利益受损，形成"一家团队忧，一家团队乐"的局面。

圈子文化会为学院的发展带来一定的副作用，具体事例体现在由大科研团队操作下产生的学院教师学术晋升的秩序。但是，这种行为却在隐性之处忽略了道德秩序。这里提出的命题是我国一流大学二级学院的学术治理中的德性及其治理难题。因为"大学的伦理德性渗透在组织文化中"，[①]二级学院的德性同样渗透在其文化中。但是，科研团队在职称评审和绩效考核中忽视了道德问题。为了促进学院的健康发展，大学必须关注个体的道德。

P07讲述了学院中大科研团队成员在考核和学术晋升中的"抬轿子"行为。"抬轿子"是指将大科研团队的研究成果集中分布在科研团队所有成员身上的互相帮衬行为。一般而言，大科研团队中的人是这种行为的获益者，而科研团队之外的人则处于羡慕但是又无能为力的处境，甚至是利益受损者。在我国一些大学中旗帜鲜明地反对科研团队操纵的庸俗化学术发展模

① 赵荣辉，金生鈜.大学的伦理德性与内部治理[J].高等教育研究，2019(4):36-40.

式，主张“在学术评价中坚决摒弃部门和小团体利益”[①]。

我们学院中有很多的科研团队。科研团队内部成员之间会互相帮衬。科研团队的论文批量生产。如果谁要评职称，团队负责人这几年就把团队成果集中到他的身上。那么这个人在评职称的时候科研成果就可以排名第一。或者是谁需要考核的时候，团队就把所有的成果都分一下，那么团队中的人都能通过考核。这种行为被称作“抬轿子”。团队的这种做法，别人好像也挑不出来问题，只能说他们道德不好。因为这种做法会损害其他不是团队中人的利益。（P07）

四、“悬置型”学院学术委员会的关系文化

关系文化是围绕权力关系、人情关系等形成的一种特殊的亚文化。这些权力关系存在于学院行政机构与学院学术委员会之间和学院具有行政职务的教授与其他无行政职务的教授之间。

（一）关系文化的内涵

关系文化的信念是关系可以通过人与人之间的连接而产生影响力，可以改变人的生活。[②] 人在关系中成长，在关系中能够产生力量和行动。但是围绕权力而形成的关系文化却产生一些负面影响。由于大学组织中包含一定的权力等级的正式结构和各种非正式人际交往的非正式结构。[③] 因此大学的二级学院也同样存在权力等级的正式结构。

M13 讲述二级学院在处理学术招聘、学术晋升和评奖等环节都涉及多重关系，具体包括二级学院的院长和学术委员会主任的关系、二级学院的院长和党委书记的关系、当事人和二级学院院长或党委书记等之间直接或间接的关系。但在“关系文化”中，“事在人为”的内涵其实就是找不同的权力关系。

我们学院的招聘还是受到人为影响的因素比较多。我们学校领导和学院领导的决定很重要，如果和他们有“关系”就好办。如果很多竞争者都有各种关系，那么就要看谁的“门子硬”“门路广”。我们学术委员会主任和院

① 同济大学教师手册（2018）[EB/OL].[2021-05-20].https://hr.tongji.edu.cn/4439/list.htm.

② JORDAN J. Relational-cultural theory : the power of connection to transform our lives[J].Journal of humanistic counselling,2017,56(3):228-243.

③ 阎凤桥.大学组织与治理[M].北京:同心出版社,2006:7.

长的关系也很重要。他们如果有矛盾,互相对着干,那就很麻烦。中国人讲究"辈分",学院院长和学术委员会主任的关系,往往是谁的资格老,年龄大一点,学术水平高一点就占优势。因为人际关系不只是当事人的关系,那他背后的关系你就不知道。他为什么主张A评上职称,B评不上职称?那背后他们有什么暗中的交易?很多关系的背后实质上就是利益问题。(M13)

(二)关系文化的特征

我国一流大学二级学院在运行过程中的很多问题,似乎都可以在文化中找到答案,即"文化似乎是每一个问题的答案"[①]。但是置身于二级学院中的人却又很难概括出到底这个组织具有什么文化。关系文化之所以能成为文化恰恰在于学院缺乏健康的文化。在本研究中,关系文化具有四大特征。

第一,关系文化是以权力为核心的。"关系文化"中的"关系"主要是指以权力等级为载体建立起来的关系。与权力中心距离近者,则有了更为紧密的关系;反之,则关系相对疏远。

第二,关系文化是受利益所驱动而逐渐形成的。个体是为了自身的利益或身边人的利益而不断地寻求关系。一般而言,高校教师的利益最集中地体现在学术晋升上。教师为了顺利通过学术晋升,会主动寻找各种"关系"。

第三,关系文化中"关系"是比较隐秘和不断扩张的。这些"关系"并不是静止的,而是会围绕这个"关系"产生一系列新的关系。

第四,关系文化中的"关系"惠及部分人时,必然会伤害没有"关系"的人。可以说,关系就是"双刃剑"。"有关系"成为一种底气,"没有关系"成为一种劣势,"拉关系""找关系"成为一种途径。学院中的关系包括领导关系、同事关系、师生关系、校友关系、学缘关系、师门关系、亲戚关系(血缘关系)、地缘关系等,以及建立在这些关系基础上的其他关系。在这些关系中,与教师利益切身相关的就是领导关系和同事关系。在多种关系中,总会有人因为自己的利益,而去不断地"拉关系"。

作为大学教师,我觉得在工作中很难避免人际关系。人际关系是无孔不入、处处都在的。你就算是不想找关系,但可能别人希望你能成为他的

① LADSON-BILLINGS G. It's not the culture of poverty, it's the poverty of culture: the problem with teacher education[J]. Anthropology and education quarterly, 2004,37(2):104-109.

"关系",就算是他自己不需要你,他的弟子、跟随者也可能会需要你。你看学院中那些"树大根深"(资历深、有影响力)的人,谁也不知道他私底下到底为多少人找了多少关系。所以有关系的人做事就会方便,没有关系的人就不行。(T12)

(三)关系文化的决策策略

在这种文化中,该类型学院学术委员会的决策策略是平衡各种各样的关系。这种决策过程是隐蔽和不公开的。没有关系的专任教师在关系文化中是被动无奈的。该类型学院学术委员会的决策策略包括两大要点。

第一,该类型学院学术委员会的决策方式是由领导"拍板"。"拍板"就是指最后的决定。作为新治理机构的学院学术委员会,尚未嵌入到学院已有的治理机制中,学院的治理思维是按照之前传统的决策方式。

案例学院有"七七八八"的委员会,即二级学院内部存在的委员会比较多,而且分类繁杂。一般而言,学院内部包括党委会、党政联席会;学术组织包括学术委员会、教授委员会、(岗位)聘任委员会、教学指导委员会等。

学术委员会里面通通都是领导拍板。现在学院有七七八八的委员会,都是形式大于实质。没有人去思考有没有必要分得这样细。(M14)

第二,该类型学院学术委员会的委员必须"支持领导工作"。"支持领导工作"的本意在于个体通过理解领导的工作而采取合理行动,完成组织安排的工作。但是在特定情况下,"支持领导工作"其实是行政权力对该类型学院学术委员会委员的规训。"支持领导工作"成为权力渗透的切入点,这实际上就是法国哲学家米歇尔·福柯(Michel Foucault)所言的权力规训。[①]

其实院长决定了,到学术委员会投票的时候,那我们委员就是必须要同意院长的想法,不然就会被认为是不支持领导工作。如果你不支持领导工作,领导就会打电话给你或者找你谈话,给你做思想工作。如果你还是不服从的话,院长可能就会很不高兴了。(M08)

T12 指出,自己虽然科研成果很多,但是由于没有人情关系,而没有顺利评上副教授。

我觉得很难处理好自己与同事之间和领导之间的关系。我参加工作

---

① FOUCAULT M. Power and strategies[M]// Gordon G. Power /Knowledge: selected interviews and other writings 1972—1977. New York: Pantheon Books, 1980: 134-145.

后，发表了多篇高水平的文章，每年能拿到很多的科研奖励。但是我到现在都还没有评上副教授。可是我们学院一位文章刚达标、没有课题的老师，却评上了副教授。领导给我的解释是："你这么厉害，评上职称只是时间问题。而有的人评职称可能就得'打擦边球'。如果学校职称评审的政策改变，那些人就评不上职称了。"我有时候也能理解领导是在保持不同学科之间和老旧老师之间的平衡。但其实最后发现，最根本的原因是那位老师"走"了不少的关系，才评上职称的。我不知道这些人会不会觉得自己的"吃相"(贪图利益的样子)难看。我忍让1次就够了，后面再发生这样的事情，我就会选择辞职。(T12)

总之，在关系文化中，"与领导不熟就办不成事""会来事的人"找准权力关系就能够获得学术聘任和学术晋升。在这些关系中，领导认为不是学术最优秀者应该获得晋升，而是"打擦边球的人"应获得晋升。这种逻辑损害了具有学术水平人的利益。在这种逻辑下，学术水平高、科研成果多的教师没有得到晋升，会因此丧失信心。

(四)关系文化的决策结果

在关系文化中，决策结果通常是让权力关系的亲近者获得利益，却损害没有权力关系的人，即"近权力者乐，远权力者痛"。这种决策结果通常让人感觉到"不服气"。

M13认为，关系文化中的决策让有权力关系的人获利，而没有权力关系的人只能被动服从。

学院的很多事情都是看与领导的关系。尽管那些没有关系的人表面可能也服从安排，但其实他心里是很不服气的。比如，有些人推迟评上职称，对他发表论文、申报课题都有一定影响的。所以如果大家都不服气了，相互之间就很难开诚布公地交流。(M13)

T12由于没有人情关系，从而没有顺利晋升为副教授，因此在和同行交流中受到一定的影响。

我没有评上副教授，在对外交流的时候是受到影响的。比如，上半年某高校邀请我给他们学院开个讲座，但是后来知道我是讲师职称，就取消了我的讲座，还打电话给我道歉了。我也不想和他们解释太多，但是心里觉得很不舒服。(T12)

T02没有权力关系，看到一些同事通过权力关系的操作而实现学术晋升的现象。

学院的制度框架都很好，实际上却还是各种权力关系在运作。学院中有“大老板”“中老板”“小老板”。比如，我们学校某二级学院评副教授，最后都是大佬的弟子被评上。（T02）

在案例学院中，没有权力关系的教师被一种“不服气”的氛围而不断地伤害，形成教师之间的隔阂，对教师个人学术职业发展和学院的学科建设都是不利的。

第四节　学院学术委员会的人格影响因素

如德国论理学家马克思·舍勒（Alfred Schütz）所言：“最高的价值不是一个状态价值，不是一个法则价值，而是人格价值。”[①]尽管制度系统、权力系统、文化系统等都非常明显地影响学院学术委员会的运行，而在一定程度上，学院学术委员会委员的人格最终决定学院学术委员会的功能发挥大小的程度。每种类型的学院学术委员会的人格存在一些差异。

一、“象征型”学院学术委员会人格：“沉默者”

“象征型”学院学术委员会的人格是“沉默者”。沉默是一种自我保护机制。该类型学院学术委员会委员为了自身利益，通常愿意选择保持沉默。这种“沉默”有时候被行政领导解读为“没有意见”“同意”“默认”。具体而言，学院学术委员会委员选择沉默的原因如下。

第一，该类型学院学术委员会委员基本上都有行政职务，都是当然委员，一般由院长兼任学术委员会主任，认为学院学术委员会是一个普通的“工作机构”。该类型学院学术委员会内部均有不同程度的行政等级意识，不大愿意违背学术委员会主任的意见。案例学院的运转需要召开很多会议，而很多会议的内容是重复的，而且相应的决策结果通常已经在学术委员会召开会议之前决定好。委员们觉得自己再多的语言已经不能改变之前的

① 马克斯·舍勒.伦理学中的形式主义与质料的价值伦理学：为一门伦理学人格主义奠基的新尝试[M].倪梁康，译.北京：生活·读书·新知三联书店，2004：558.

决策结果，所以保持沉默。

第二，该类型学院学术委员会的部分委员考虑自身的年龄、职称、资历等因素，信奉“言寡尤，行寡悔”，即言语越少，需要后悔的地方越少，从而得罪的人也越少。

很多老师认为科研、教学才是本职工作，学术委员会是兼职工作。有些老师参与的积极性并不是太高，认为自己有事情，不愿意出席会议。如果出席，一般大家都很和气。当有些事情触及某些委员的利益，该委员可能会据理力争，从而引发争吵。但是这个时候也轮不到我上去争辩。我和别人吵不了，一般而言我都是等其他人先说话。(M12)

第三，该类型学院学术委员会的部分委员沉默的原因在于权力运行的常规化和老师们对权力的畏惧。这种畏惧是因为担心权力会影响自身的利益，也担心对自己与单位其他同事的人际关系形成不好的影响。

T08担心在学院学术委员会发表言论，而被说成是“刺头”。“刺头”具体是指不好和别人相处的人。

学术委员会都是由人组成的。人都有自己的个性。学术委员会其实就是人治。尽管表达意见应该是老师的合法权利。但是如果表达意见了，你就被说成是“刺头”了。所以，我觉得还不如不要说话。(T08)

第四，该类型学院学术委员会的部分委员的沉默是对沉默群体的盲从。因为越沉默的人，越可能无意中获得利益。于是大家都选择不做“出头鸟”，在沉默中形成一场“比谁更沉默”的大赛。这种沉默的后果是“个人消失在人群中”，[①]从而进入“群体的时代”[②]。

该类型学院学术委员会委员沉默的一个极端表现是以忙碌为借口，从而直接缺席学术委员会的会议。该类型学院学术委员会委员忙碌的原因是多方面的，具体如下：其一，大多数的委员都是具有行政职务的教授，行政工作的复杂性决定了更加忙碌。一般而言，二级学院内部包括多种会议。比如，教职工代表大会的会议、行政班子会议、院务会的会议、学院学术委员会的会议、党总支委员会的会议、党员大会、工会委员会、党委会和党政联席会的会议。此外，学校层面也有很多会议，如学校的校务委员会的会议。该类

① 约翰·密尔.论自由[M].许宝骙，译.北京：商务印书馆，2014：78.

② 古斯塔夫·勒庞.乌合之众：大众心理研究[M].冯克利，译.北京：中央编译出版社，2004：2.

型的学院学术委员会委员都可能是多个委员会的委员,需要参加多种会议。其二,绩效考核压力造成的忙碌。在“要么发表要么出局”(publish or perish/up or out)这种近乎残酷的规则下,教师们忙于个人的科研发表、申报课题和社会服务等。这种忙于开会、完成科研绩效,使得教师承受着巨大的压力,被概括为“象牙塔背后的阴影”。[①] 其三,该类型学院学术委员会的委员们会将“忙碌”作为一种逃避的借口,从而参与学院治理的积极性很低。实质上,这种情况也比较普遍地发生在国外大学。比如,美国学者克拉克·克尔曾指出:“教授们普遍地对校园以外的世界和他们学科发展更感兴趣,因而常常不愿在委员会供职,也不愿意在委员会安排时间、撰写报告。”[②]

我试过一天参加八个会议。我们很多事情的处理都需要“过会”这个程序。我作为学院领导,就是必须把握学院发展方向,必须在开会的时候向老师们解释学校的制度。很多时候我的情绪也很激动,但还是坚持遇事就不断商量。开会其实是一个商量的途径。(P&M09)

二、“共生型”学院学术委员会人格:“责任者”

在“共生型”学院学术委员会中,委员们通常将学院学科发展的利益、个人的利益相结合。该类型学院学术委员会委员认为,学术委员会是责任机构,呈现的人格是“责任者”。在该类型学院学术委员会中,委员是责任者的具体原因如下。

第一,该类型学院学术委员会的委员都有自己的学术判断、学术影响力和学术地位,是以二级学院的发展为己任,从而具备作为“责任者”的学术资格和学术威望。

我们的每个委员都很负责任,都不是冲着委员会的津贴去做事情的。(M06)

我们学术委员会开会 1 次,会给每位委员补贴 100 块钱。我们开会半

① 阎光才.象牙塔背后的阴影:高校教师职业压力及其对学术活力影响述评[J].高等教育研究,2018(4):48-58.

② 克拉克·克尔.高等教育不能回避的历史:21 世纪的问题[M].王承绪,译.杭州:浙江教育出版社,2001:186.

天的补贴是100块钱,1天的补贴也是100块钱。有的时候,委员们的争论太激烈,那就直接"干"(开会)到晚上,还是100块钱。比如,评职称的时候,委员们针对有些议题的讨论还是很激烈的。其实,委员们都对这点钱没有兴趣。大家觉得能够进入学术委员会,也是学院对你的一种认可,是一种责任和担当。(M01)

M10是所在高校学部层面和学校层面学术委员会委员,深感所在学科的地位不高,认为自己坚持学术标准的原因在于为学科承认而斗争。大学里存在学科等级制度,包括学术等级制度(知识的抽象程度、研究对象的重要性、距离权力中心的距离)与功用等级制度(实践性)。[①] M10认为学校认定自己的学科在知识等级制度中是"低等学科",但是在功用等级上自己的学科又超过其他学科。于是,在森严的学科等级制度前,M10希望通过坚持学术标准,提高所在学科的地位。

我觉得我的学科特别没有地位。尽管我们的学科在全国还是很强的,我们学科从教育部和省里能够申请到很多课题。但是,学校层面会有学科歧视,习惯性地看重传统学科,把其他人文社科的教授们当个"宝贝"供着。(M10)

第二,该类型学院学术委员会的委员作为责任者的内驱力是对工作的感恩之心。这些学院学术委员会委员在这种感恩的心情下,做出公正的学术决策。

人还是要有情怀的。我读大学和研究生的学费和生活费都是政府买单的。我想既然自己当了大学老师,就要履行好这份职责。我就是按照中国人知恩图报的传统,一直是秉承这个思想。我觉得有些东西就是按照自己的原则,该怎么做就要怎么做,而且不指望别人对自己有什么回报。(M01)

三、"冲突型"学院学术委员会人格:"爱权者"

该类型学院学术委员会委员认为学术委员会是一个权力机构。因此委员们非常珍惜自身的学术权力,捍卫学术权力,呈现出"爱权者"的人格。"爱权者"对于权力不仅仅是追崇或反对,而是有多种观点。

第一,部分学院学术委员会委员认为,成为委员是获得学术权力的途

① 王建华.教育学的想象力[J].教育研究与实验,2006(5):19-24.

径,而学术权力会给人带来很多益处,比如让人"高看一眼"或者"套近乎"。

我觉得学院的学术委员会就是一个权力机构。(M07)

成为学术委员会的委员就等于是拥有了某些权力。只要你有了权力,那些平时根本不搭理你的人,都会高看你一眼,然后想办法和你"套近乎"。(P&M01)

第二,部分学院学术委员会委员认为,珍惜学术权力的体现是坚持学术标准,认真地履行作为委员的义务。比如,这些委员们公正地处理教师学术晋升的议题。

学术委员会委员应该用好自身的权力,认真地评审,坚持学术标准。只有这样,一个学院里面才会有正气。(M02)

第三,部分学院学术委员会委员认为,应该谨慎对待委员的权力,既要看到权力带来的益处,也要防止权力给人造成的压抑。

学术委员会就是权力博弈的机构,这里是"双刃剑"。(P07)

老师们如果长期在强权之下,就会逐渐觉得很压抑。这种压抑对于老师个人或者对于学院肯定都是不好的。(M02)

院长应该具有一定的学术水平,站位要高一点,不能只是站在自己的立场。如果院长没有大局,造成小学科的老师被边缘化、大团队和小团队之间的关系处理不好,就会形成"赢者通吃"的局面。那样学院的气氛肯定会让一部分人感到难受。(P07)

四、"悬置型"学院学术委员会人格:"听话者"

在"悬置型"学院学术委员会中,委员们认为学院学术委员会是"荣誉机构"。案例学院中学院的行政人员权力很大,对学院学术委员会运行的每个环节都可以进行权力渗透,在关系文化中进行权力运作。在这些因素的影响下,"悬置型"学院学术委员会委员的人格是"听话者",其形成原因如下。

第一,案例学院行政人员会选择"群众基础好"的人成为学院学术委员会委员。由学院教师们投票选出的学术委员会委员可能具有很高的威望,能够代表民意,但是也可能选举出学院领导眼中"听话的人"。

我们学院的学术委员会委员说起来是群众选举出来的,但最后的名单都是经过领导"钦点"的。这些人的群众基础要好,领导基础(让领导喜欢)也要好。这样的话,那些"老好人"(不得罪别人的人)、听话的人就更容易被

选中成为委员。最后的结果是，学术委员会这个机构能发挥多少作用，也就可想而知了。(M08)

第二，案例学院的行政人员通过"支持领导工作"继续强化学院学术委员会委员成为"听话者"。为了二级学院的长期稳定发展，学院学术委员会的委员们应该"支持领导工作"。但是如果"支持领导工作"成为学院领导谋取个人利益的措辞，则是不可取的。

M08 意识到"支持领导工作"的力量，感到自我受到外界环境的影响，从而在自我与他我的斗争中产生一种内在的焦虑。在 M08 的理解中，"自我""本我"是本真的自己，而"他我"是支持领导工作的自己。这不同于奥地利心理学家西格蒙德·弗洛伊德(Sigmund Freud)理论视角下，人格结构的内部包括本我(本能和欲望)、自我(遵循现实原则)、超我(道德自我)。[①] M08 的这种理解是在具体情境下的"本土语言"，体现了二级学院内部行政权力的干扰，对学院学术委员会委员的影响。

如果我没有按照领导的意思做什么事情，院长就打电话和我沟通，让我支持他的工作。人总是要考虑方方面面的关系，考虑工作氛围的问题。我们要支持主要领导的工作。但是有的时候我也处在自我和本我的徘徊和斗争中，在想："我要不要做一回本真的我呢？我要不要做一回自我呢？"但是，在一定程度上把自己的本真都磨掉了。不然，院长觉得你不支持他工作。所以，我做不了自我、本我，总是方方面面的他我。(M08)

第三，该类型学院学术委员会委员通过成为"听话者"，而获得成为委员或者继续成为委员的荣誉。"听话者"表面放弃自己的自由意志和表达权利，实质上却是自己追求荣誉的需要。他们认为，担任学术委员会委员是一项值得珍视的荣誉。因为这一份荣誉，即使在学院学术委员会中扮演"签字工具"的角色和沦落为学院内部行政团队的"傀儡"，也依旧愿意成为委员。

学术委员会也是一个荣誉机构，是表征自我的地方。虽然我们只有很少的津贴，但是我们并不在乎这个。我自己现在也是教授，我依旧还会申请国家重点课题，就是为了证明自我。(M08)

在该类型学院学术委员会中，委员们不大看重津贴，但是在乎二级学院领导及其他同事的认可、在乎担任委员的荣誉。这符合美国社会心理学家亚伯拉罕·马斯洛(Abraham Maslow)的需求层次理论(Maslow's

---

① 弗洛伊德.精神分析引论[M].北京：商务印书馆，1988：285.

hierarchy of needs)。[①] 该理论将人的需求划分为三个层次:第一层次的需求是生理需求和安全需求;第二层次的需求是社会需求;第三层次的需求是自我需求和自我实现需求。

为了成为委员的这份荣誉,这些学院学术委员会委员不得不顺从学院的行政领导。因为如果这些委员不顺从学院行政领导的意志,会失去“走过场”的荣誉。这种荣誉感本身是无可厚非的。在古希腊哲学中,荣誉是生活中最重要的东西,是个体融合到社会的标志。[②] 在今天,荣誉依然是不同行业、不同年龄阶段中每个人的追求。但是当“荣誉感”变成可以控制别人学术前途的权力时,这种荣誉往往就成为一种变味的荣誉,一种阻碍个体学术职业发展的荣誉。

我们这些学术委员会委员基本上不能有什么不同的意见,你要是有意见,下次学术委员会就不邀请你参加。(M08)

本章分析了我国一流大学内部四种类型学院学术委员会,分别受到制度、权力、文化、人格四种因素影响的情况(见图 5-1)。

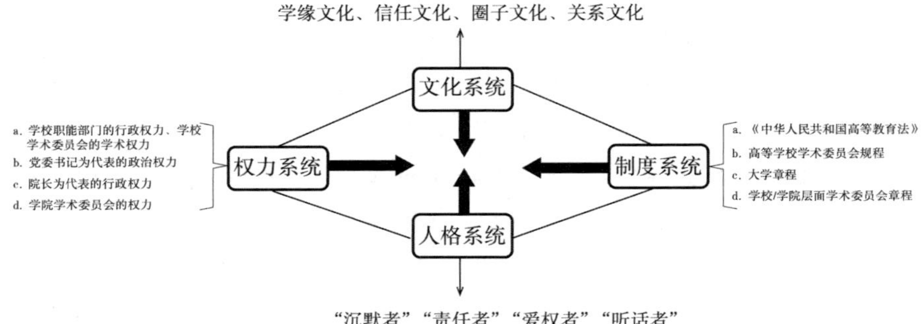

图 5-1　我国一流大学二级学院学术委员会功能发挥的四大影响因素

① ABRAHAM M. A theory of human motivation[J].Psychological review,1943,50(4):370-396.

② 所罗门·希金斯.大问题:简明哲学导论[M].张卜天,译.桂林:广西师范大学出版社,2014:346.

第六章

我国一流大学二级学院学术委员会功能发挥的路径选择

基于我国一流大学二级学院学术委员会理想功能的构想和功能现状的考察，尤其是对本研究提出的四种类型学院学术委员会的治理价值和治理风险的分析，可以得知“共生型”学院学术委员会是最为有效的学院学术委员会建设模式。我国一流大学二级学院学术委员会的建设方向是理想学院学术委员会，需要在建设过程中借鉴每种类型学院学术委员会的运转经验。基于对帕森斯结构功能主义理论的调适，我国一流大学二级学院学术委员会应通过制度建设保障学术委员会的运行规范性，平衡学院内部的权力配置整合利益，培育健康的学院文化，涵养独立人格，以实现建设有效的学院学术委员会的目标。

第一节　学院学术委员会功能发挥的制度建设

规章制度是作为组织功能性结构的一个部分。[①] 这些制度对于我国一流大学二级学院学术委员会功能发挥有重要的意义。制度系统能够赋予我国一流大学二级学院学术委员会合适的功能，是该机构能够发挥功能的前提。基于我国一流大学二级学院的组织结构，应该围绕合理的组织结构做出合适的制度设计，从而建设有效的学院学术委员会。根据我国一流大学二级学院学术委员会运行过程中出现的制度缺失、制度执行偏差、制度失灵等情况，做出相应的调整，实现基本制度完善、不同制度之间相容、制度的有

① 周雪光.组织规章制度与组织决策[J].北京大学教育评论，2010(3)：2-23.

效执行等目标。

一、优化大学制度，构建制度治理体系

在我国一流大学内部四种类型的学院学术委员会中，其制度系统存在一定的差异。其中，在“象征型”学院学术委员会中，制度在保障学院层面学术委员会的运行过程中出现一定的执行偏差；在“共生型”学院学术委员会中，制度规定非常健全，而且不同的制度之间互相促进；在“冲突型”学术委员会中，制度在运行过程中出现偏差，其中以“票决制”为典型；“悬置型”学术委员会表现出一些基本制度缺失。从这四种类型学院学术委员会的运行状况可以得出，建立基本制度、减少制度执行过程偏差、建立相容的制度治理体系显得极为重要。因此，我国一流大学需要优化制度，从而确定权力和利益分配的规则，确保高校和二级学院高效、有序地运转。

(一)贯彻大学章程的精神

我国一流大学需要确立大学章程的重要地位。但是，当前很多大学的章程被“束之高阁”，要改变这一状况，关键在于对不符合大学章程要求的、在大学章程中无据可循的及不符合新时代大学改革发展要求的制度，进行全面修订、改正甚至废除。大学章程中提出了保障学术权力的若干规定，特别是包括设立学术委员会的规定。在 2012 年教育部发布的《高等学校章程制定暂行办法》中，指出高校章程应当明确规定学校学术委员会的组成原则、负责人产生机制和运行规则与监督机制。因此，我国一流大学二级学院学术委员会有效运行既是贯彻大学章程的生动体现，也是提升二级学院治理效能的重要一环。

(二)优化学校层面学术委员会制度

我国一流大学学术委员会的章程需要合乎《高等学校学术委员会规程》和相应大学章程的要求。但是，不论是学校层面还是学院层面学术委员会的制度建构，都应当以学术逻辑为基点。在我国一流大学的学院治理中，学术委员会发挥功能的关键在于高校层面学术委员会制度的优化。我国一流大学要丰富和完善高校学术委员会章程，使其成为具体可操作的行动纲领，并能真正有效发挥学术委员会的功能。我国当前的学术委员会制度几乎完全是在国家法律要求下建立的，并不是大学自发建立的内部学术治理机构。我国一流大学二级学院要结合学校和学院的实际情况，建立和完善具有自

身特色、符合自身治理实际的学术委员会，特别是要考虑在短时间内改变很多学术委员会章程内容雷同的现状，加速推进各具特色的学术委员会制度的建设。校院两级学术委员会的侧重点应该有所不同，学院学术委员会主要是负责学院治理中需要学术委员会解决的问题，具有实质性的学术委员会运行特征；学校层面学术委员会要解决的是学校层面及二级学院层面需要上升到学校决策层面的问题，应该是具有实质性运行和审查程序性运行的特征。

(三)完善学院学术委员会章程

我国一流大学二级学院学术委员会的章程需要通过校级学术委员会的审核，合乎《高等学校学术委员会规程》、大学章程的要求。但是，不论是学校层面还是学院层面学术委员会的制度建构都应当尊重学术逻辑。切斯特·巴纳德认为，组织的专门化应当有五个基础：工作场所、工作时间、工作者、工作对象或工作方法的专门化。[①] 我国一流大学二级学院学术委员会章程理应涵盖这些内容，具体而言：第一，我国一流大学的学院学术委员会应有专门的工作场所，即将学院学术委员会设立为核心机构，学位评定委员会、教学委员会等作为专门机构而存在，并设置独立的秘书处作为其日常办事机构。学院学术委员会章程应该规定学院学术委员会及其下属委员会的职能、地位及其运作方式和学术委员产生和任免的办法等。学院学术委员会的决策规则和程序的完善，有利于保证该机构的相对独立性，使其不依附于决策体制中其他系统。第二，我国一流大学的学院学术委员会的委员应是专门的工作者。该机构的委员构成中应该避免行政职务的标签，但是尽量调动学院内部更多教授参与到学院治理。学院学术委员会委员和主任应由专任教师选举产生，并实行任期制。第三，我国一流大学的学院学术委员会应有专门工作时间，即学院学术委员会定期召开会议，有需要可以临时开会。第四，我国一流大学的学院学术委员会应有专门负责的议题，即制度明确规定学院学术委员会负责的议题范围。

我国一流大学二级学院学术委员会要发挥其应有的功能，必须注重提升学院学术委员会治理能力，而这首先需要规范学院学术委员会委员的入场准则、在场职责和退场规则。

---

① 切斯特·巴纳德.经理人员的职能[M].孙耀君，等译.北京：中国社会科学出版社，1997：102.

第一，我国一流大学二级学院学术委员会的入场准则。学院学术委员会委员遴选制度，即把学术造诣高、有人格魅力、教师们公认的优秀教师推荐成为委员，以增强委员们的公信力。首先，学院的全体教师推选二级学院学术委员会委员，必须学术水平高、有正义感和个人道德修养好。推选学院学术委员会的委员应该超越"教授"标签，并增加适当学术水平高的青年委员比例。总体上，学院学术委员会的人员组成应该凸显学术性，在此基础上注重多元化，也可以根据议题设置旁听席。其次，学院学术委员会要通过民主推选出合适的主任，好的群众基础是发挥学术领导力的前提基础。

第二，我国一流大学二级学院学术委员会委员的在场职责。学院学术委员会应该明确议题范围、规范议事程序与规则、健全学术委员会启动机制、确定决议规则，而且复议制度不能过于原则化，以便更好地发挥学术委员会应有的功能。这些在场职责的规定不能只是停留在文件规定层面，也需要在学术委员会的运行报告中体现。

第三，我国一流大学二级学院学术委员会委员的退场规则。为了避免学院学术委员会形同虚设，需要建立委员的退出机制，从而及时地让不积极参加会议的委员退出，实现学院学术委员会的"吐故纳新"。鉴于我国一流大学二级学院治理稳定性的考虑，学院学术委员会应该实行部分委员换届，而不能全体换届。当前我国很多一流大学的二级学院学术委员会委员的退出机制已经有了很好的实践，如西安交通大学经济与金融学院自2000年以来每5年进行一次学术委员会的委员换届。① 此外，厦门大学数学科学学院教授委员会实行严格的换届制度。② 我国一流大学二级学院学术委员会的换届制度有利于解决学院学术委员会的困境，即防止一直在场的学院学术委员会委员总是按照自身的利益操纵学术委员会；部分表面在学院学术委员会的委员，实际却并不在场；渴望进入学院学术委员会场域之内的委员，却被排除在学院学术委员会之外，从而不能参与学院治理。

（四）完善学院学术委员会的相关配套制度

我国一流大学二级学院内部应该完善相关的配套制度，具体如下。

---

① 西安交通大学.经济与金融学院学术管委会[EB/OL].[2021-10-08].http://sef.xjtu.edu.cn/lbjjy.jsp? urltype=tree.TreeTempUrl&wbtreeid=1072.

② 厦门大学.数学科学学院机构设置[EB/OL].[2021-10-08].https://math.xmu.edu.cn/xygk/jgsz.htm.

第一,我国一流大学二级学院学术委员会的监督考核制度。为充分发挥学院学术委员会的作用,对其进行必要的监督考核是必需的。为了防止监督考核的结果不被采纳运用,我国一流大学二级学院学术委员会的监督考核机制之中需要包括问责制度。

第二,我国一流大学二级学院应该建立回避制度,从而保障学院学术委员会的运行流程。由于我国一流大学二级学院学术委员会的委员可能与教师存在一系列利益关系,回避制度能够避免利益相关者的干涉和冲突。

第三,我国一流大学二级学院应该建立会议制度,规范学院学术委员会的会议流程。我国一流大学二级学院学术委员会召开会议应该有会议记录,并形成会议纪要。

第四,我国一流大学二级学院学术委员会应该建立报告制度,及时让教师了解学院学术委员会的运转情况。

第五,我国一流大学应该建立申诉制度,以维护学院学术委员会决策的公平正义。申诉制度是为了在学术决策有时存在纠纷、异议甚至失误的情况下,当事人可以对决策结果进行重新申请处理。这些决策情况的出现,可能是由于权力干预、认知局限或者人情关系的干扰导致。申诉制度存在的必要性在于"人类社会可能永远存在着分歧,人性永远不可能完美,那么规范的存在是必不可少的"[①]。

第六,我国一流大学学院学术委员会应该在全校范围内建立畅通的交流制度,这有助于不同的学院学术委员会之间分享成功的建设经验。

二、增进制度认同，减少制度执行偏差

我国一流大学二级学院中制度设置的目的不是搞"形象工程",而是让二级学院的行政人员和学院学术委员会委员能够遵守制度规则。但是,我国一流大学二级学院的制度在执行过程中出现偏差的原因是多样的。比如,这些制度在执行环节可能会因人而异、因时而异或因事而异。

在这种情况下,个体增进制度认同,有利于改变这些问题,具体而言:第一,个体对制度的认同感较低。我国一流大学二级学院内部有部分教师认为制度不应该是刚性的,而应该是为老师的发展服务的。在有些情况下,就

① 金生鈜.规训与教化[M].北京:教育科学出版社,2004:28.

算没有刚性的制度，也丝毫不会影响教师们对科研的卓越追求。而部分教师认为，二级学院内部没有制度，则很多的事情具有一定的随意性。这两种态度表明，个体在制度的有与无之间形成一定的认知张力。其中，以二级学院的岗位绩效考核评价制度为例，教师们既希望有明确的考核标准，但是有时候又会觉得绩效考核让人承受过大的压力。第二，我国一流大学二级学院的发展受其内外部环境影响很大，二级学院内部制度本身的合理性和科学性需要不断调整。这些制度调整过程可能又会影响制度的稳定性。这在一定程度上造成制度的稳定性和灵活性之间形成张力。第三，个体的制度遵守意识。部分教师认为其他教师为了自身的利益，遵守制度的意识并不是很高；但是关系到其个人切身利益的时候，这些教师又认为制度应该是弹性的，可以为了自己的诉求而去更改，这造成了制度执行过程中“自我”与“他人”双重标准的张力。这些观念冲突、行为矛盾和思想分歧，都是影响制度认同的重要因素。因此，我国一流大学二级学院内部的每个个体增进制度认同，减少制度执行偏差显得极其重要。

为了防止制度执行偏差，增进制度认同，我国一流大学二级学院可以采取多种措施。第一，我国一流大学二级学院在制度制定环节需要广泛听取教师的意见，促使制度的制定具有民主基础且切合实际。我国一流大学二级学院结合校情、院情，“因地制宜”地制定出合理有效的制度，会将个体从缺乏实际的制度中解放出来，让个体因为这些制度的制定而获得相应的保障。第二，我国一流大学二级学院在制度的施行环节，要有一定的心理预备和动员工作。这有利于教师们从知识层面理解制度，而且从心理层面能够接纳这些制度。第三，我国一流大学二级学院在制度的刚性和弹性之间保留人的主体性。很多制度在执行过程中，会逐渐地显示出一些不合理的地方。对于这些制度不合理的地方，我国一流大学二级学院应该适时地做出调整，不能“一刀切”地处理，而应将个体置于制度具体情境之中，促进制度执行中的规范和温情并存。

总之，在我国一流大学二级学院内部个体的制度认同是观念层面的，而制度执行是行为层面的。从观念层面到行为层面，个体不仅需要观念层面的正确合理，执行层面的行为纠偏，也需要从观念层面到行为层面交替过程中的良性互动。我国一流大学二级学院需要自下而上增进制度认同，防止制度执行过程的偏差，减少人情关系的渗透，从而为我国一流大学二级学院学术委员会的规范运行提供良好的制度环境。

三、适时调整制度，彰显制度治理效能

我国一流大学二级学院制定合理制度是实现其管理从无章法到有章法的重要保障。此外，我国一流大学二级学院应该适时地调整制度，从而提升制度的治理效能。我国一流大学二级学院中的个体从不遵守制度到遵守制度，是二级学院从无序到有序的重要保障。但是，个体在遵守制度的过程中，却可能会滋生崇拜制度的心理。这种心理发展到一定程度，则可能会产生一些不好的情况。实际上，制度建设对于任何组织的发展而言都是不可或缺的，但也不是万能的。这也同样适用于我国一流大学二级学院。我国一流大学二级学院适时地调整制度，是为了制定出符合教学科研发展规律的、具有温度的、合理有效的治理制度。

在遵守制度的过程中，我国一流大学二级学院学术委员会容易形成“路径依赖”，即依靠制度解决所有的问题。这种“路径依赖”就像“温水煮青蛙”一样，让我国一流大学二级学院处于无意识的循环状态，并且还以“遵守制度”作为自我安慰的“良药”。因此，这种“路径依赖”的情况长久地发展下去，会消解个体的主体性，使得人成为制度的被动执行者，即“制度制造了阴影，使得人们在其中看不到任何东西，也提不出任何问题”[①]。为了防止这种情况的发生，我国一流大学二级学院内部的每个人都需要捍卫个体的主体性，避免个体在制度依赖中不断地沉沦或者平庸。但是，这种呼声对于某些制度缺失、不遵守制度的二级学院，可能显得并不合适。但对于存在这些问题的二级学院，这种“发声”显得微弱而容易被忽视。

我国一流大学二级学院内部合理的制度建设首先需要革新观念，然后用革新的观念促进制度的进一步变革。这种革新后的观念，其核心要义在于制度是服务于人的发展的，人不能被制度约束。如果高校中的制度阻碍了事情的有效解决，包括时间上的效率性、获益群体的广阔性及其解决方式的公正性方面都不足的时候，则我国一流大学应该对制度内容做出相应的调整。总之，我国一流大学二级学院应该在组织制定制度、个体遵守制度和组织修正制度的过程中，不断地促进学院学术委员会发挥其应有的功能。

---

① DOUGLAS M. How institutions think[M]. Syracuse, NY: Syrause Unversity Press, 1986: 69-70.

第二节 学院学术委员会功能发挥的权力平衡

利益多样化是我国一流大学二级学院内部的现实情况，但是没有协调好利益冲突，则会影响二级学院这个组织整体发挥作用。权力平衡的目的是实现相关主体的利益整合，而整合利益的前提是通过权力平衡，实现资源相对合理的分配。大学这一组织主要是通过权力互动实现组织的目标。权力是为了实现大学目标而使资源流通的一般能力。[①] 我国一流大学内部实现权力平衡，有利于实现我国一流大学二级学院的公共利益、教师的利益。本节内容主要呈现促进我国一流大学内部权力平衡的权力共享行动、权力平衡原则及权力监督的必要。

一、权力共享行动

权力是研究我国一流大学二级学院学术委员会功能发挥的重要切入点，因为"把高等教育看作一种权力斗争有助于我们看清问题的实质"[②]。权力共享意识是指权力拥有者对权力缺失者进行一定的授权，从而实现二者的权力平衡。有无权力共享意识在不同类型的大学中有不同的体现。一般而言，发展越好的大学，权力拥有者越具有权力的分享意识，即"成功的组织中位高权重的人愿意与没有权力的人分享权力，同时不鼓励权力滥用"[③]。

我国一流大学内部四种类型学院学术委员会权力运转情况如下：在"象征型"学院学术委员会中，学院学术委员会的委员基本都是行政人员，因此

---

① T.帕森斯.现代社会的结构与过程[M].梁向阳，译.北京：光明日报出版社，1988：34.

② 伯顿·克拉克.高等教育系统：学术组织的跨国研究[M].王承绪，徐辉，殷企平，等译.杭州：杭州大学出版社，1994：300.

③ PFEFFER J，FONG C. Building organization theory from first principles：the self-enhancement motive and understanding power and influence [J]. Organization science，2005，16(4)：372-388.

在一定程度上是该机构被行政权力完全挟制；学校层面的行政权力与学术权力可以直接支配学院层面的权力；在“共生型”学院学术委员会中，学校具备与二级学院权力共享的意识，学院层面行政权力与学术权力之间互相协调；在“冲突型”学院学术委员会中，以二级学院院长为代表的行政权力与以学术委员会为代表的学术权力之间相互博弈，形成对抗；在“悬置型”学院学术委员会中，以二级学院院长为代表的行政权力对学术委员会的运行过程进行权力渗透。从这四类学院学术委员会的运行效果发现，具有权力共享意识的“共生型”学院学术委员会更能发挥功能，有最高的治理价值。

但是在我国一流大学二级学院内部，权力共享意识的养成与权力共享的行动之间仍然存在一定的距离。一般而言，权力共享意识和权力共享行动分为四种类型（见表6-1）：其一，有权力共享意识、有权力共享行动，属于比较成熟的组织理想运转情况；其二，无权力共享意识、有权力共享行动，属于组织的无意行为；其三，有权力共享意识、无权力共享行动，属于组织中知行背离；其四，无权力共享意识、无权力共享行动，属于组织发展不成熟期。为了促使学院学术委员会发挥功能，我国一流大学内部不仅需要具备权力共享意识，更需要付出权力共享行动。

表6-1　权力共享意识和行动矩阵

权力共享行动	有权力共享意识	无权力共享意识
有权力共享行动	有权力共享意识、有权力共享行动	无权力共享意识、有权力共享行动
无权力共享行动	有权力共享意识、无权力共享行动	无权力共享意识、无权力共享行动

在我国一流大学二级学院治理过程中，从权力共享的意识到权力共享的行动中存在很多的困难。权力共享的困难取决于多种因素，如权力共享的观念障碍、权力共享的水平、权力共享后是否触及当权者的实质利益等。但是权力共享的最大阻碍在于相关主体的利益多元和多元主体之间的利益冲突。利益是我国一流大学二级学院学术治理的基础和前提，而且“利益相关度决定着学术组织治理水平的高低”[①]。共同利益的实现程度越高，则我国一流大学二级学院治理的效果越好。

① 李立国.利益相关度：大学学术治理有效实现的基础[J].中国人民大学教育学刊，2015(1)：70-79.

我国一流大学内部存在多种利益，具体包括个人利益与群体利益、不同学科的利益、学院利益与学校利益等。这些利益关系是复杂多样的。第一种，从利益种类划分，包括学科利益、职称评审、个人评奖、研究生名额的分配等重要利益。第二种，从利益归属划分，将利益划分为个人利益和共同利益。[①] 当权力与利益之间紧紧捆绑，权力分享的提倡可能就成为一种虚幻。

在我国一流大学二级学院内部实现权力的共享，首先需要正确的利益观。正确的利益观是不同类型权力整合的前提。根据个人利益、组织的公共利益两个维度，划分出四种对待个人利益和公共利益的观念。第一种利益观，注重个人利益，忽视公共利益。在现实的情况中，学术组织中的个体可能为了自身的利益，而罔顾公共利益。在一定程度上，个体追逐自身的利益是没有错的。比如，英国政治学家约翰·密尔(John Mill)把追求个人利益奉为人生的最后目的和最高道德准则。[②] 但是个体如果在追逐自身利益的同时，遗忘甚至损害公共利益则是不可取的。第二种利益观，以公共利益为重，牺牲个人利益。在法国著名管理学家亨利·法约尔(Henri Fayol)的14条管理原则中，就包含"个人利益服从公共利益"。[③] 利益相关者应该为了公共利益放下个人利益。我国的传统文化认为，追求个人利益的行为是自私的、错误的。这种提倡大公无私的观念盛行，但是现实情况截然相反，使得深陷利益之网中的人通常难以接受。第三种利益观，个人利益和公共利益都受损。这种现实情况体现了个人的不理性或者无意的行为。第四种利益观，个人利益和公共利益共赢。丹麦童话作家汉斯·安徒生(Hans Andersen)在《一年的故事》中描绘出，每人在暴风雪的环境中通过"牺牲一条腿，让出一条路"，表现出利益让渡的必要性，从而实现人与人之间的和谐相处。虽然童话故事简化了大学实践的复杂性，但是却揭示了一个简单道理，即个人在利益纷争面前适度的让步是解决利益纷争的最佳选择。毫无疑问，在我国一流大学内部，实现个人利益和组织的公共利益共赢是权力共享的理想追求。实际上，我国一流大学二级学院学术委员会应该在不损害公共利益的情况下，尽量尊重并实现教师的个人利益。

---

① 卢梭.社会契约论[M].李平沤，译.北京：商务印书馆，2011:33.

② 约翰·密尔.论自由[M].许宝骙，译.北京：商务印书馆，2014:序言4.

③ 亨利·法约尔.工业管理与一般管理[M].曹永先，译.北京：团结出版社，1999:32.

二、权力平衡原则

一般而言,我国一流大学二级学院内部存在四种类型的权力:以院长为代表的行政权力、以党委书记为代表的政治权力、以学术委员会为代表的学术权力和以教职工代表大会为代表的民主权力。在我国一流大学二级学院的内部,二级学院需要坚持党的领导,政治权力在学院治理中的地位是不可动摇的;二级学院内部以院长为代表的行政权力相对较大,学院学术委员会为代表的学术权力和以教职工代表大会为代表的民主权力可能相对来说较为微弱。这种权力分布情况表明,这些权力之间是不平衡的。为了促进我国一流大学二级学院学术委员会的功能发挥,既需要学校层面与学院层面的权力平衡,也需要二级学院内部不同性质的权力保持相对平衡。

我国一流大学二级学院内部权力平衡是非常复杂的。为了更好地实现我国一流大学二级学院内部的权力平衡,需要坚持明确不同层次权力和不同性质权力之间的平衡原则。权力平衡的原则包括"分工与分离"和"分权与共治"。

一方面,我国一流大学二级学院内部不同性质权力需要进行明确的分工与适当的分离。我国一流大学二级学院"去行政化"不是排斥行政系统,而是反对行政权力至上。在"共生型"学院学术委员会中,学术权力和行政权力有效分工,行政权力尊重学术权力的决策结果,学术权力也尊重行政权力的考虑,从而实现两种类型的权力之间良性合作。在"悬置型"学院学术委员会中,学术权力处于弱势地位,而行政权力过于强势,致使该类学术委员会的学术权力完全被行政权力架空。在"冲突型"学院学术委员会中,由于学术委员会的治理主体都是没有任何行政职务的教授,与学院内部的行政人员之间缺乏沟通,导致行政权力与学术权力完全分离,造成学院内部的学术委员会与行政机构之间产生冲突。从这四类委员会的运行效果可以看出,我国一流大学内部不同性质权力之间的适当分工与分离,是学院学术委员会能够发挥功能的关键影响因素。

另一方面,我国一流大学内部不同层次的权力应该分权与共治。我国一流大学与二级学院之间应该实行上下分治,但是二级学院内部需要共治,即党政联席会、二级学院的院长、学术委员会与教职工代表大会等分工负责学院的相关事务。在共治中，学院学术委员会能够行使对学术事务的独立决策权。学术权力与行政权力平等对话和良性互动是大学“软治理”变革的重要基础。[①] 这条原则同样适用于学院治理。在“象征型”学院学术委员会中，学校层面的行政权力过大，直接影响学院层面的学术权力。该类型学院学术委员会表明了学校向二级学院下放权力的必要性。同时，学校应该制定相关规章制度防止下放后的权力被滥用的状况。

三、权力监督的必要

权力监督的必要是对于权力行使者人性恶的“幽暗意识”。在我国一流大学内部，为了防止权力对学院学术委员会的运行带来“恶果”，需要对权力进行监督。这种监督机制的设计是一种高于权力本身的“限制”。[②]

我国一流大学二级学院学术委员会的监督来自四个方面，具体包括：第一，学校层面的校长、高校学术委员会等其他高校的学术治理机构对学院学术委员会的监督，对于该机构在处理学术事务中程序不合法、明显未达到基本条件、被人情关系影响而做出学术决策等行为，执行明确的惩罚机制。第二，我国一流大学二级学院内部的党委会、党政联席会、院长等对学院学术委员会的监督。第三，我国一流大学二级学院学术委员会内部不同委员之间互相牵制形成的监督。第四，我国一流大学二级学院学术委员会的工作受到学院内部所有专任教师的监督。这种监督主要是一种公众舆论监督，“尊重舆论被当作政府的最高原则”。[③] 这种监督虽然可能会引起表面的一些冲突，但是由于公开透明，有利于我国一流大学二级学院学术委员会有效地发挥功能。

对我国一流大学二级学院学术委员会监督需要一定的限度。这些监督的宗旨在于为我国一流大学二级学院学术委员会提供学校层面、学院层面、学院学术委员会内部三个层面权力的互相制约。此外，对不同类型权力的

---

① 向东春，张应强.大学共治的内源动力与价值取向：基于大学内部权力互动关系的分析[J].高等教育研究，2017(10)：16-22.

② 哈耶克.通往奴役之路[M].王明毅，冯兴元，译.北京：中国社会科学出版社，1997：93.

③ 伍德罗·威尔逊.国外公共行政理论精选[M].彭和平，竹立家，编译.北京：中共中央党校出版社，1997：2.

监督需要不同的途径,对“有声权力”的监督是对权力运行者语言的节制与敬畏,而对“无声权力”的监督则更加复杂,需要对权力运行者及其迎合者进行双重约束。

第三节 学院学术委员会功能发挥的文化坚守

通过研究发现,案例大学内部包括四种类型的学院学术委员会中滋生了学缘文化、信任文化、圈子文化和关系文化。这四种类型的文化对学院学术委员会的功能发挥产生了不同的影响。“象征型”学术委员会中学缘文化大行其道,亲近有学缘关系的人,排斥没有学缘关系的人;“共生型”学院学术委员会中的信任文化促进该机构发挥正功能;“冲突型”学院学术委员会中的圈子文化对圈子内与圈子外的人不同,影响有效的学术决策;“悬置型”学术委员会受到关系文化的影响。其中,关系文化、圈子文化和学缘文化发挥一定的负功能。这表明我国一流大学二级学院内部健康文化的培育是极其有必要的。通过四类学院学术委员会功能影响因素的分析,发现“共生型”学院学术委员会中的信任文化是一种健康的治理文化。

一、培育信任文化的内涵

从组织结构、权力运行和办学目标角度分析,我国一流大学二级学院是一个微缩的“大学”。我国一流大学二级学院的治理层级较低,治理目标更加追求效率。因此,我国一流大学二级学院的有效治理尤其需要信任文化作为保障。

我国一流大学二级学院内部的信任文化不是自然生长、盲目随意的,而是对于被信任者的为人、为学、处事公正的信任。这种信任存在于不同的个体之间、个人与机构之间和不同机构之间。目前学界对信任的内涵的理解,仍然存在一定的分歧。一种理解是信任是指“对日常世界中合乎道德的秩序、规则和稳定性的期望”[1]。在这种概念界定中,信任需要理性的认知,也需要感性的感情。另一种理解是指前者对后者表现脆弱,相信后者是能胜任的、公开的、关切的和值得信赖的。[2] 在这种理解中交托信任的一方处于相对弱势的地位。实质上,“信任”就是相信周围的人及其行为能够符合自己的愿望。

我国一流大学二级学院治理中强调的信任文化,是指大学内部二级学院中每个人相信另外一位个体及其行为符合自己的理性判断。这种类型的文化符合美国思想家艾伦·布卢姆(Allan Bloom)所言“文化观念的建构是为了在现代科学的背景下发现人的尊严”。[3] 在这种文化中,教师个体能够感受价值感和意义感,所做的判断是自我驱动的结果、符合自己的良知。我国一流大学二级学院学术委员会的功能发挥需要信任文化。具体而言,这种信任文化包括五重信任。

第一,我国一流大学对二级学院的信任。这种信任是高校向二级学院下放一定的办学自主权,让二级学院成为办学的实体单位。因为我国一流大学二级学院汇聚了很多具有学术水平的学者,能够自主、自律地促使二级学院的运转。我国一流大学对二级学院的信任,需要关注二级学院内部在学校层面有行政职务的有影响力的学者。这些学者既可能是该学院的代言人,能为学院争取资源,也可能将一些难以解决的问题转移到所在二级学院。

第二,我国一流大学二级学院的党委会、党政联席会对学院学术委员会机构的信任,尤其是对学术委员会主任的信任,即相信学院学术委员会能够做出公正的学术判断,从而促进二级学院的发展。

第三,我国一流大学二级学院内部的行政领导对没有行政职务的教授们的信任。这种信任的前提包括两个:一方面,没有行政职务的教授们的学术判断能力和学术决策能力是值得信任的;另一方面,行政人员应该有与学院学术委员会进行权力共享的意识,并付出相应的行动。

第四,我国一流大学二级学院学术委员会内部不同委员之间是相互信

---

① 伯纳德·巴伯.信任的逻辑和局限[M].牟斌,李红,樊瑞平,译.福州:福建人民出版社,1989:13.

② 罗德里克·M.克雷默,汤姆·R.泰勒.组织中的信任:重建信任的理论基石[M].管兵,刘穗琴,译.北京:中国城市出版社,2003:358.

③ 艾伦·布卢姆.美国精神的封闭[M].战旭英,译.南京:译林出版社,2011:149.

任的，尤其是学院学术委员会主任对委员是信任的。不同委员之间秉持公正的学术判断，行使投票权，而且不会轻易受其他外在力量影响而改变自己的想法。

第五，我国一流大学二级学院内部的专任教师对学院学术委员会的信任。这种信任会“自下而上”地赋予学院学术委员会参与学院治理的群众基础，能够形成一种好的传统与风气。

在这五种信任内涵中，不同利益主体对另一利益主体的信任，其信任的基础都需要被信任的一方做好自我约束，从而成为值得信任的对象。美国学者罗德里克・克雷默（Roderick Kramer）、汤姆・泰勒（Tom Tyler）总结了三种类型的信任：谋算型信任，对于行为一贯性的确认；了解型信任，基于对他人的充分了解从而预测对方行为；认同型信任，不仅了解且能预知他人的需要、选择或偏爱，对他人意愿的高度理解以及认同。[①] 这三种类型的信任是出于了解、预测和认同，也表明信任的发展阶段是“从谋算型信任到了解型信任再到认同型信任”。[②] 其中，认同型信任随着时间推移而不断增加。在我国一流大学二级学院治理中，这五种信任最终的发展目标是成为稳定的认同型信任。

二、培育信任文化的必要

我国一流大学二级学院学术委员会要发挥功能，需要不同利益主体之间的相互信任。美国学者詹姆斯・米勒（James Minor）非常强调信任在大学治理中的重要作用。[③] 有学者提出，信任是解决问题的起点。[④] 因为信任一旦形成，能够“提供一定程度的稳定秩序、为取得成就而提供必要的手段

---

① 罗德里克・M.克雷默，汤姆・R.泰勒.组织中的信任：重建信任的理论基础[M].管兵，刘穗琴，译.北京：中国城市出版社，2003：157.

② 罗德里克・M.克雷默，汤姆・R.泰勒.组织中的信任：重建信任的理论基础[M].管兵，刘穗琴，译.北京：中国城市出版社，2003：163.

③ MINOR J T. Understanding faculty senates: moving from mystery to models[J].The review of higher education, 2004,27(3):343-363.

④ NOEL T, RAM C.Speed , simplicity, self-confidence: an interview with jack welch[J].Harvard business review, 1989,67(5):112-120.

和目标机制、维护团结”[①]。我国一流大学二级学院的有效治理需要营造信任文化，具体原因如下。

第一，我国一流大学二级学院明确目标机制，体现为信任文化有利于二级学院坚持学术标准、追求学术真理和促进二级学院发展。我国一流大学二级学院学术委员会做出的任何学术决策都应该是为学院长期发展目标而服务的。我国一流大学二级学院内部的党委会、二级学院院长和党政联席会，应该为了谋求二级学院的持续发展，充分发挥学院学术委员会的功能。

第二，我国一流大学二级学院要形成稳定的办学秩序，体现为信任文化能够让二级学院内部不同管理机构和个人做到各司其职、各得其所。这种办学秩序体现为两个方面：其一，行政人员注重为学院的老师们服务；其二，教授在学院治理中有充分的自由，能够承担相应的学术责任，并积极地追求学术真理。

第三，我国一流大学二级学院要促进教师之间的团结，体现为信任文化能够减少管理者和教师矛盾。在我国大学内部的专任教师和管理人员之间存在认知偏见。很多专任教师对两种类型行政人员的偏见为：一般凭借本身的学术水平实现科研优则“仕”的行政人员，在从事行政工作后偏离了学术工作，不是学术权威；或者行政人员通过行政资源为其学术发展谋私利，引起教师们的反感。行政人员则认为专任教师通常局限于关注自身的利益或者自身学科的利益，缺乏大局观念。这种偏见使得专任教师和管理者之间存在隔阂和矛盾。在信任文化中，管理者与专任教师之间放下彼此的偏见，专任教师信任行政人员会为了学院发展的大局，行政人员也需要省思自身的工作出发点和立场。在信任文化中，专任教师和管理者之间是相对平等的。

总之，信任文化有助于打破人与人之间形成的“无形之墙”，即“信任能够发挥简化复杂的功能”。[②] 在我国一流大学二级学院内部，个体与二级学院、不同个体之间的利益是相互交织的，从而尤为需要信任文化将不同的个体凝聚在一起。

---

① 伯纳德·巴伯.信任的逻辑和局限[M].牟斌，李红，樊瑞平，译.福州：福建人民出版社，1989：22.

② 郑也夫.信任论[M].北京：中信出版社，2015：99.

三、培育信任文化的措施

从"共生型"学院学术委员会的运转情况可以看出,信任文化有利于促进学院学术委员会的功能发挥,实现二级学院更好地开展有品质和有影响力的学术成果。但是,信任文化不是自然生成的,而是需要我国一流大学的二级学院去努力营造和培育的。组织理论认为,信任是在组织形式和管理哲学之间的互动中形成的,①并且要有反复的合作巩固。② 在我国一流大学二级学院内部,信任文化的培育过程是复杂的,需要从组织形式、管理哲学和反复合作行动三个维度入手。

第一,从组织形式的角度,我国一流大学二级学院要坚持学术性为根本组织属性。我国一流大学二级学院具有多重属性,坚持学术性为最基本的组织属性,为培育健康的学院文化奠定了良好的基础。郭橐驼认为他种的树木能够长寿且繁茂,只不过是顺着树木的天性让它自己发展,即"橐驼非能使木寿且孳也,能顺木之天,以致其性焉尔"③。我国一流大学二级学院的学术性就是二级学院的天性,坚守这种根本组织特性的意义在于:其一,信任文化有助于帮助二级学院坚持自身的发展目标,并朝着这个方向不断努力;其二,信任文化排斥关系文化、圈子文化、学缘文化等亚文化的不良影响,从而有利于学院学术委员会在运转过程中受到的外界干扰相对较小。

第二,从管理哲学的角度,我国一流大学二级学院要尊重学者的学术自由。其一,作为管理哲学的学术自由的内涵。我国一流大学二级学院的根本组织属性是学术性,决定其需要学术自由和组织自治。学术自由包括免于做什么的自由和能够做什么的自由。④ 美国学者约翰·布鲁贝克(John Brubacher)认为学术自由的合理性基础包括认识的、政治的、道德的三方面

---

① 罗德里克·M.克雷默,汤姆·R.泰勒.组织中的信任:重建信任的理论基础[M].管兵,刘穗琴,译.北京:中国城市出版社,2003:42.

② 罗德里克·M.克雷默,汤姆·R.泰勒.组织中的信任:重建信任的理论基础[M].管兵,刘穗琴,译.北京:中国城市出版社,2003:121.

③ 吴楚材,吴调侯.古文观止(下)[M].杭州:浙江教育出版社,2016:381.

④ 中国特色高等教育思想体系研究课题组.中国特色高等教育思想体系论纲[M].北京:高等教育出版社,2017:25.

的内容。[①] 其二,信任文化有助于尊重学者的学术自由。学术自由更强调内在自由的原因在于高深学问的复杂性,“探索高深学问的性质决定了学者的活动必须只服从真理的标准,而不受任何外界压力的影响”[②]。学术自由是大学教师履行其教学和研究责任的自由。研究者有从事某种研究方向的学术自由,但是出于工作需要,却很难有不从事某个课题研究的自由。其三,我国一流大学不尊重学术自由可能造成严重后果。因为依据自身发展传统、学科前沿、国家需求和未来的发展规划,我国一流大学二级学院需要凝练学科方向,从而在某个研究领域具有长足的学术影响力。但是这些不能强加给所有的学者。学者们申请课题经费、追求论文发表的期刊层次等,可能会驱动学者从事学术研究,但是超过一定的限度则会影响学者的学术自由。这种学术自由的缺失导致一些学者的学术信心备受打击,甚至影响其身体健康。因此我国一流大学二级学院尤其需要重视学术自由。其四,我国一流大学二级学院要尊重学者学术自由的边界。学术自由不是没有边界的自由,而是在一定限度之内的自由。

第三,我国一流大学二级学院教师在组织内部的多次合作中培育信任文化。我国一流大学在尊重二级学院根本组织特性及奉行尊重学者学术自由的基础上,不同利益群体在合作过程中表达自身是值得被信任的,证实对方交托的信任是有价值的。

总之,我国一流大学二级学院治理中提倡培育信任文化,不等于不允许有合理的质疑,如对权力的监督。辨识合理的质疑是一种能力,而在多种利益博弈的学院内部倡导信任、坚守信任、追求信任则是一种智慧。[③]

第四节　学院学术委员会功能发挥的人格培育

无论是学校层面的治理还是学院层面的治理,都应该预先设置合理的

---

① 约翰·S.布鲁贝克.高等教育哲学[M].王承绪,等译.杭州:浙江教育出版社,1998:46.

② DEREK B. Beyond the ivory tower:social responsibilities of the modern university[M].Cambridge,London:Harvard University Press,1982:35.

③ LUHMANN N.Trust and power[M]. Chichester, Toronto: Wiley,1979:25.

目标。我国一流大学二级学院学术委员会是实现学院发展目标的关键环节。我国一流大学二级学院内部行政人员、学术委员会委员的人格是保证学术委员会不偏离学院发展目标的关键。经过研究发现，案例学校二级学院内部四种类型的学术委员会委员分别对应四种人格：在“象征型”学院委员会中，大多数的学院学术委员会委员选择做“沉默者”，委员们出于多种原因的权衡，在委员会运行过程中经常保持沉默；在“共生型”学院学术委员会中，大多数的学院学术委员会委员是“责任者”，以学院发展的大局为己任；在“冲突型”学院学术委员会中，部分学院学术委员会委员是“爱权者”，珍视委员所具有的权力；在“悬置型”学院学术委员会中，部分学院学术委员会委员是“听话者”，为了担任委员的荣誉，不得不听从学院行政人员的安排。学院学术委员会委员的理想人格是责任者，而成为责任者就是需要有独立的学术判断，不为外界的权力、不良的亚文化等影响，而做出公正的学术决策。

一、独立人格激发参与治理者的德性萌生

“独立人格”是指个体人格中正义的部分超越组织对人的规训。我国一流大学二级学院学术委员会委员需要找回坚守学术良心的自我。不同类型学院学术委员会委员的人格不可避免地受到很多因素的影响，需要培养学院学术委员会委员的独立人格，从而超脱于多种多样的情境。作为教育者，我国一流大学二级学院学术委员会委员自身需要实现独立超越的人格，涵养人格之美。我国一流大学内部不同类型的学院学术委员会表面上有不同的组织结构、不同的制度环境或者不同的学院文化，但实际上最根本的不同是学院学术委员会委员的人格不同。为了解决二级学院运行中所存在的一些道德危机，二级学院学术委员会需要保持独立，就需要学院学术委员会的委员保持人格独立。这种独立的人格在于独立地做出公正的学术判断，彰显学术正义。

我国一流大学二级学院学术委员会需要重视培养委员的德性。德性是个体愿意参与公共事务的重要前提和促进公共事务公正解决的基本保障，“一个人参与公共生活，必须要具有道德能力和理性能力以及基本的公共理性和个人德性。”[1]在一定程度上，“象征型”学院学术委员会中的“沉默者”

① 金生鋐.规训与教化[M].北京：教育科学出版社，2004：83.

和“悬置型”学院学术委员会中的“听话者”，其德性都被外在的因素所遮蔽。这两种类型的人格都需要祛除这些遮蔽力量。德性之所以能够激发独立人格，是因为德性并不仅是个人的修养，而是在不同主体间的交往中体现出的，是指对公共事务积极参与的态度。具有德性的独立人格，能够激发学院学术委员会委员通过公共参与学院的学术事务，从而构建个体与他者、个体与社会的有机联结，最终成长为具有共建共治共享能力的独立主体。

二、独立人格帮助参与治理者的理性启蒙

我国一流大学二级学院学术委员会委员的独立人格的培养需要理性启蒙。古希腊思想家亚里士多德（Aristotle）将人定义为“能言说的存在”，暗含人是理性的动物。但是亚里士多德认为，人的最高能力不是言说或理性本身，而是无法诉诸言辞的沉思能力（努斯）。[①] 无论是“言说的存在”或“沉思的能力”，都需要人的理性。这是因为理性的功用在于使人拥有“实现公共生活的正当秩序”[②]，而且拥有理性的人是不会轻易地被外界所改变的。

在“冲突型”学院学术委员会中，学院学术委员会委员对学术权力的珍视是一种权力意识的觉醒，表明理性的力量。但是，当这些学院学术委员会委员感受到权力被剥夺时，并没有选择理性交流，而是选择直接与学院的行政人员进行对抗。这种对抗的结果并不理想，甚至影响该类型学术委员会的存续。这其中的原因之一就在于学院学术委员会委员的处理方式欠缺理性。学院学术委员会委员应该在公共治理平台上，体现出个体的理性和学术委员会这个机构的理性，充分地与其他个体或者机构进行交流，从而避免一些具有破坏性的结果。与此同时，一个理性的人应该是意识到理性局限的人，不信奉理性主义。我国一流大学二级学院学术委员会委员也应该意识到理性对于这个机构运行的积极作用，同时也要接受自身理性的限度。

我国一流大学二级学院学术委员会的功能发挥，需要委员们的公共理性发展。学院学术委员会委员培育公共理性需要保持高度的自律。我国一流大学二级学院学术委员会委员缺乏公共理性，会导致委员们的意见表达

---

① 汉娜·阿伦特.人的境况[M].王寅丽，译.上海：上海人民出版社，2009：17.

② 金生鈜.规训与教化[M].北京：教育科学出版社，2004：38.

不到位、观点分歧和狭隘利益学理化。[①] 这可能突出表现为两种倾向：一方面，某些二级学院学术委员会委员可能过分推崇绝对的学术权力，试图将学院学术委员会形成的所有判断都作为最终决策，甚至排斥党委会对其决议的讨论决定，而且无视二级学院领导对学术事务议题所涉内容的综合考虑；另一方面，二级学院学术委员会委员意识到学院学术委员会这个机构的权力微弱，选择全部服从学院行政人员的安排。这两种倾向都不符合二级学院学术委员会功能构建的共治逻辑、学术逻辑和限度逻辑。

总之，我国一流大学二级学院应该让学术委员会这个公共机构成为实现个人卓越和组织卓越的平台，而不是在各种权力斗争下成为让人压抑沉闷的空间或僵化的组织。

三、独立人格促进参与治理者的能力提升

我国一流大学二级学院学术委员会参与治理能力，主要是指处理人际关系的能力和对于学术事务的判断能力。

一方面，我国一流大学二级学院学术委员会委员需要具备处理各种复杂关系的能力，是因为学院学术委员会由不同的委员组成，需要处理各种复杂的利益关系，及其自己在这些关系中的正确定位。

我国一流大学二级学院学术委员会对于学术事务的判断能力，在于该机构主要负责学术招聘、学术晋升等重要的学术事务，需要学院学术委员会委员本身具有良好的学术素养。这是实现学院学术委员会委员的治理能力提升的基本前提。另一方面，我国一流大学二级学院学术委员会委员对于学术事务的判断能力，需要其具备一定的学术水平和学术影响力保障。此外，我国一流大学二级学院学术委员会建设尤其需要重视委员的学术胜任力。我国一流大学二级学院需要培养委员们的学术领导力，从而激活有些二级学院办学的活力。

在高校领域中，“学而优则仕”的生动演绎是科研上取得成果的教师容易被选拔为行政人员，即“科研优则行政”。这种做法符合作为学术组织的高等学校以高深知识为起点的基本判断，但是在规模庞大的高等学校面临

---

① 廖湘阳.大学学术委员会运行的公共理性与实践逻辑[J].复旦教育论坛，2019(1)：24-30.

复杂的内外部环境的情况下，可能存在一定的治理风险。因为学术水平高的老师，并不一定行政能力很强。

我国一流大学二级学院需要采取多种措施，培养学院学术委员会委员的治理能力，具体如下：第一，二级学院注重通过合理的方式推选出学术委员会主任，从而既能与二级学院的党委会、党政联席会和院长之间进行有效沟通，又能够发挥学院学术委员会的决策功能。这些主任的人格对其他委员的人格具有示范作用。个体的人格生成不是一蹴而就的，其时机在于自身价值感受。[①] 第二，学院应该注重加强对学院学术委员会委员治理能力的评估，包括自我评估、同事评估和领导评估。第三，学院应该加强对学院学术委员会委员的培养，因为委员治理能力的提升是需要时间的，可以通过预备委员的方式提前了解学院学术委员会的工作，从而使其成为委员时能更好地履责。在华南理工大学环境与能源学院的学术委员会构成中，除了主任、副主任、委员、秘书之外，有 4 名预备委员。[②]

我国一流大学二级学院的有效治理不仅需要分享权力，也需要参与其中的人们愿意分享智慧，而这既需要尊重和信任的关系，也需要教授们愿意从繁忙的个人日程中抽离出来，并具备一定的学术治理能力。在治理过程中，我国一流大学二级学院需要妥善安置好在集体中个人的智慧。因为"'人治'的独断早经抑制，然而我们也不再拥有卓越的'人'"[③]。这种论断虽对于人格过于悲观，但也是一种警示作用。我国一流大学二级学院内部核心行动者的人格与二级学院的有效治理紧密相连，其人格培育成为提升学院学术委员会治理能力、促进我国一流大学二级学院学术委员会发挥功能的重要切入口。

---

① 张任之.质料先天与人格生成：对舍勒现象学的质料价值伦理学的重构[M].北京：商务印书馆，2014:460.

② 华南理工大学.环境与能源学院组织结构[EB/OL].[2021-10-14].http://www2.scut.edu.cn/cese/26959/list.htm.

③ 熊丙奇主编.大学问题高端访问[M].成都：天地出版社，2005:3.

第七章

研究结论、展望与反思

本章结合本研究所确定“我国一流大学二级学院学术委员会发挥了什么功能”这一研究问题，总结各个章节得到的主要结论，针对研究方法、研究内容及其结论进行一定的反思，并提出研究展望。

第一节　研究结论

在“双一流”高校建设背景下，本研究聚焦我国三所一流大学二级学院学术委员会功能发挥现状，并以切斯特·巴纳德组织理论和帕森斯结构功能主义理论为理论基础，通过收集与分析一手数据，探究我国三所一流大学二级学院学术委员会功能发挥的现状、影响因素，得出系列结论。

一、我国一流大学二级学院学术委员会功能发挥的现实状况

(一)我国一流大学二级学院学术委员会功能发挥的四种类型

我国一流大学的二级学院内部基本设置了学院学术委员会或者代理执行该功能的学术治理机构，负责所在二级学院的核心学术事务，有些名称是教授委员会、聘任委员会，或者有的直接为学术委员会。根据干预程度和治理效果两个理论维度，结合调研材料，案例学校二级学院学术委员会功能定位现状存在四种类型：“象征型”学院学术委员会、“共生型”学院学术委员会、“冲突型”学院学术委员会、“悬置型”学院学术委员会。

其中,通过综合治理价值和治理风险两个维度,可以看出“共生型”学院学术委员会最为接近本研究中理想的学院学术委员会。该类型学院学术委员会与学院内部其他治理机构共同合作,公正地处理学术事务,实现了学院内部教师的利益和学院的发展,维护了所在高校的利益,是我国一流大学二级学院学术委员会建设的方向。其他三种类型的学院学术委员会功能发挥的大小存在差异,但是也均体现出不同程度的治理价值。我国一流大学的二级学院应该根据自身的发展情况,在特定时期选择合适的学院学术委员会的建设模式,从而发挥学院学术委员会的相应功能,并规避治理风险。

针对这一研究结论,需要补充说明的是:第一,本研究是研究者根据“干预程度—治理效果”的二维框架,结合三所样本高校的实证材料,得出案例学校中存在“象征型”学院学术委员会、“共生型”学院学术委员会、“冲突型”学院学术委员会、“悬置型”学院学术委员会。这一研究结论不能脱离研究者的框架和样本学校的选取。第二,案例学校中呈现出的四种类型的学院学术委员会的种类不等同于统计学意义上的数量。在同一所案例学校的内部,可能同时存在四种类型的学院学术委员会,也有可能只存在其中一种类型、两种类型或三种类型的学院学术委员会。第三,在本研究中,我国一流大学的学院学术委员会的四种类型并不是固定不变的存在。因为不同类型的学院学术委员会之间可能会由于外部环境的变化或者内部人员的更换,而实现不同类型学院学术委员会之间的相互转换。具体而言,本研究在调研过程中发现,有的二级学院会随着学院领导班子的换届、研究议题的变化,导致学院学术委员会可能从“共生型”学院学术委员会转变为“冲突型”学院学术委员会。此外,如果其他研究者的分析框架或者选取的案例学校发生变化,都可能会影响研究结论。这些变化既表明高等教育实践的复杂性,也表明该研究结论不能脱离研究情境。

本研究概括出案例学校中存在四种类型学院学术委员会的原因:第一,我国一流大学内部二级学院学术委员会的运转情况,具有多样性、复杂性和差异性。尽管我国大学自创办以来已经取得重大的成就,但是由于我国大学的办学历史相对较短,其运行过程中总是不可避免地存在一些问题。第二,笔者作为博士研究生的身份,决定了所获得的研究样本并不全部都是我国一流大学顶尖的二级学院。案例学校和案例学院存在差异,决定了研究发现的四种类型的学院学术委员会之间存在一定的差异。第三,本研究获得受访者的方式,决定受访者在接受访谈过程较少地受到外在因素的干预,保障了研究材料的真实性。在访谈过程中，很多受访者都会问笔者是否会对其个人信息保密。尽管受访者存在一些顾虑，但是为了支持这份研究课题及其进一步促进学院学术委员会发挥更大的功能，很多受访者都会分享所在学院学术委员会运转中的成功经验及其不足之处，并对此进行反思。第四，理想类型的呈现方式。笔者运用类型学的方式，将样本高校中二级学院学术委员会运行过程中一些可能毫不起眼的细节聚集在一起，从而形成令人有所震撼和反思的四种类型的学院学术委员会。但是也不可避免地对有些细节会有所概括，从而简化。但是，鉴于已有相关研究的启示，类型学的呈现方式具有其不可替代的优势，既可以避免研究的零碎性，也能较好地反映样本高校中学院学术委员会运行的整体现状。

（二）我国一流大学二级学院学术委员会的特征

案例学校四种类型学院学术委员会的特征，包括治理主体、机构定位、议题范围、治理效果、治理价值和治理风险六个方面（见表 7-1）。

“象征型”学院学术委员会的特征：第一，该类型学院学术委员会的委员主要是由二级学院的院长、副院长、党委书记、副书记等具有一定行政职务的教授组成，主任一般由二级学院的院长兼任。该类型学院学术委员会的委员基本上都是党政联席会成员或者同时在其他治理机构。该类型学院学术委员会的委员一般是自动产生，即在有一定行政职务后就被默认成为学院学术委员会的委员。第二，该类型学院学术委员会被定位为一般的工作机构，由于委员们身兼数职，而且某些会议内容有一定的重复，委员们参会积极性不是很高，偶尔以忙碌为借口，直接缺席会议。第三，该类型学院学术委员会的议题范围，聚焦于教师的学术聘任、学术晋升等学术事务，为了平衡学科利益、不同教师之间的利益或者将学院内部的矛盾转移到学校层面，有时候会故意不做出实质性的决策。第四，该类型学院学术委员会的治理效果较强，在一定程度上能够保障学院的利益，尤其是使得与本校有学缘关系的“自己人”更容易获利，但是对于没有“学缘”的“外来户”则为不利，其治理价值为在一定程度上象征民主，其治理风险是不同教师之间可能存在利益的不均衡。

“共生型”学院学术委员会的特征：第一，该类型学院学术委员会的委员和主任是由学院的全体教师投票产生，主任一般是“首席教授”，委员的构成打破有无行政职务的标签。在该类型学院学术委员会中，二级学院的院长是普通委员，尊重所在学院的所有教授。第二，该类型学院学术委员会被定位为责任机构，愿意为学院的公共学术事务提供服务，委员们参加会议的积极性高。第三，该类型学院学术委员会负责的议题很多，包括学术招聘与录用、学术晋升、学术评奖等重要学术事务。第四，该类型学院学术委员会的治理效果是促进二级学院获得发展，绝大多数专任教师在相对公平的学术环境中发展，其治理价值是相对独立地进行学术决策，其治理风险是公正的处理结果可能被异化。

“冲突型”学院学术委员会的特征：第一，该类型学院学术委员会的委员全部是由学院没有行政职务的教授组成，基本上都是所在二级学院大科研团队的成员，是具有一定学术水平的“大佬”。其中，学术委员会的主任是“大牌教授”。第二，该类型学院学术委员会的定位为权力机构，所涉及的议题包括教师招聘、学术晋升和教师评奖评优等核心议题，绝大多数委员都会积极参加学术委员会召开的会议，从而给所在科研团队的成员投赞同票。第三，该类型学院学术委员会在重要的议题上能发挥作用，但是在特定情境中可能会发挥负功能。第四，该类型学院学术委员会的治理效果是大科研团队成员的“圈内人”能够成为获益者，而科研团队之外的“圈外人”则可能利益受损，其治理价值集中体现为学院学术委员会委员的学术权力意识觉醒，其治理风险是可能由于学院行政班子与学术委员会之间的利益冲突，牺牲其他专任教师的利益。这种类型学院学术委员会的运行实践表明，该机构的绝对独立运转也具有一定的风险。

“悬置型”学院学术委员会的特征：第一，该类型学院学术委员会的委员是由二级学院的行政人员和少数没有行政职务的教授共同组成，委员和主任都是由案例学院的院长任命“听话的人”。案例学院中的院长办学水平一般，不懂得如何运用学术委员会这个机构，将委员们异化为“签字工具”。第二，该类型学院学术委员会被定位为荣誉机构，委员们珍惜成为委员的荣誉。第三，该类型学院学术委员会负责的议题取决于学院的行政领导班子，可能涉及教师招聘或学术晋升，但是不发挥实质性作用，只是在极个别的议题中发挥功能。第四，该类型学院学术委员会的治理效果是与行政班子关系亲近的人更可能获得利益，而与行政领导关系不好的人则可能利益受损，其治理风险为影响二级学院的健康发展。

综上，我国一流大学内部四种类型的学院学术委员会，均存在一定的治理价值和治理风险。因此，不同类型高校和二级学院应该结合自身发展阶段，进行多样性的探讨，尽量促进治理价值最大化，规避相应的治理风险，朝着“共生型”学院学术委员会的方向建设。

表 7-1　四种类型学院学术委员会的身份

类型/身份	定位	院长	主任	委员	利益获得者	利益受损者
“象征型”	工作机构	“老黄牛”院长	院长	学院的行政人员	“自己人”	“外来户”
“共生型”	责任机构	“怕教授”的院长	首席教授	坚持学术判断的学者	学院/个体	/
“冲突型”	权力机构	心不在焉的院长	大牌教授	“大佬”	“圈内人”	“圈外人”
“悬置型”	荣誉机构	“草包院长”	“老好人”	“签字工具”	“门路广的人”	“有过节的人”

二、我国一流大学二级学院学术委员会功能发挥的影响因素

我国一流大学二级学院学术委员会发挥功能取决于学院学术委员会运行的制度系统、权力系统、文化系统和人格系统。每种类型的学院学术委员会受到具体的影响是不同的，具体如下：

“象征型”学院学术委员会的影响因素：第一，制度层面。该类型学院学术委员会的基本制度建设是比较健全的，但是运行过程中的一些基本制度，可能存在制度执行偏差的问题。第二，权力层面。该类型学院学术委员会中学院层面整体权力被学校层面挟制，二级学院为了通盘考虑、减少内部的矛盾，有时会让学术委员会的决策成为“走过场”。这种做法在一定情境中被理解为具有一定的行政智慧，也可能无意中却实现了二级学院和教师之间的利益共赢。但是，这些做法也可能导致学院内部的矛盾激化。实际上，很多高校的二级学院在学术招聘、学术晋升等方面的权力都是比较有限的。有些高校将权力下放到二级学院后，二级学院也会出现承接乏力的局面。第三，文化层面。该类型学院学术委员会主要是受到学缘文化的影响。学院内部的教师有无所在工作单位的教育背景，成为被划分“自己人”与“外来户”的重要依据。在“自己人”的相互亲近中与对“外来户”的疏远中逐渐形成学缘文化。案例学院中的行政领导班子或学术委员会做出的一些决策，都可能会偏向与单位有学缘关系的教师，而没有学缘关系的教师

则会受到一定的“冷落”。第四，人格层面。由于对权力的忌惮，该类型学院学术委员会的委员主动选择做“沉默者”，从而迎合学院行政领导班子“无声的权力”。

“共生型”学院学术委员会的影响因素：第一，制度层面。该类型学院学术委员会的运行环境中制度非常健全，而且不同制度之间相互包容，从而能够保证学院学术委员会的运行流畅。以教师招聘制度、“非升即走”考核制度、全球同行评议制度为例。其中，“非升即走”的考核制度比较有效地防止了招聘过程中人情关系的渗透。第二，权力层面。该类型学院学术委员会所在的学校向二级学院下放权力，并尊重二级学院的自主权；在二级学院内部，党委会、党政联席会、二级学院的院长等能够做到尊重学术委员会的权力；在学院学术委员会内部，学术委员会主任尊重并相信委员能够运用好自身的权力。这使得该类型学院学术委员会受到的外界干预相对较小。第三，文化层面。该类型学院的行政班子对教授的尊重与信任，是学院学术委员会能够发挥功能的关键；学院学术委员会做出的决策，逐渐形成一种让所有人能够感受到的信任文化。第四，人格层面。该类型学院学术委员会委员是“责任者”，其在学院学术委员会的工作都尽量以二级学院的长远发展考虑，是学院学术委员会能够发挥功能的关键。

“冲突型”学院学术委员会的影响因素：第一，制度层面。该类型学院学术委员会的运行环境中出现制度失灵的状况，以“票决制”为典型。在案例学院中，大科研团队成员进入学院学术委员会，从而表面上是学术委员会按照程序决策，实质上却是受到大科研团队的控制。第二，权力层面。该类型学院学术委员会的学术权力、以院长为代表的行政权力、党政联席会的权力形成不同性质权力之间的冲突；而在学院学术委员会内部，以大科研团队为代表的学术权力造成学术权力的进一步等级化。第三，文化层面。该类型学院学术委员会受到以科研团队为载体而形成的圈子文化影响。案例学院中存在很多的科研团队为载体形成的圈子，使得科研团队的利益交织在一起，逐渐形成圈子文化。第四，人格层面。该类型学院学术委员会委员是“爱权者”，将成为委员当作是行使权力的身份，“爱权者”不会屈服于行政领导班子的威权，但是也可能因为冲动，导致对有些学术事务的决策不利，甚至该机构本身的存续会受到影响。

“悬置型”学院学术委员会的影响因素：第一，制度层面。该类型学院学术委员会的运行环境中基本制度缺失，体现为学院学术委员会章程、学术委员会的换届制度、学术委员会的表决制度、学术委员会的评价制度等缺失。这使得该类型学院学术委员会在运行过程中缺乏规范。第二，权力层面。在案例学院内部，以二级学院的院长为代表的行政领导班子对学术委员会的干预体现在不同环节的权力渗透，包括会议召开环节的引导性发言和对表决结果的修改等。第三，文化层面。该类型学院学术委员会受到不良关系文化的影响。案例学院内部形成了多种多样的以权力为载体关系，在人情关系中滋生出复杂利益交换的关系文化。第四，人格层面。该类型学院学术委员会委员是“听话者”的三个原因：其一，在案例学院中，行政班子任命学院学术委员会委员的产生，选择“听话者”成为委员；其二，在案例学院中，行政领导班子通过“支持领导工作”这种说辞而不断地规训委员，强化其成为“听话者”；其三，该类型学院学术委员会的委员重视成为委员的荣誉，而自愿成为“听话者”。“听话者”不能悖逆行政领导班子的意志，这使得该类型学院学术委员会很难发挥功能。

三、我国一流大学二级学院学术委员会功能发挥的评价要素

综合对案例学校中四种类型学院学术委员会的治理价值和治理风险，评价我国一流大学二级学院学术委员会功能发挥的要素，基于制度、权力、文化、人格四个维度，提出包括合法性、自主性、有效性和效率性四个评价要素。这些评价要素也是我国一流大学二级学院建设有效的学院学术委员会的标准。

要素一：合法性。我国一流大学二级学院学术委员会该具有相应的制度保障，具体的制度既包括国家级层面的法律规定、大学内部的大学章程、大学的学术委员会章程、学院学术委员会章程及学院学术委员会的运行条例。这些制度规定与其他相关的招聘制度、考核制度之间是互相补充、互不冲突的。这些制度文件赋予学术委员会在学院学术事务处理中的最高学术决策机构地位，保障学院学术委员会运转过程的规范化。

要素二：有效性。我国一流大学二级学院学术委员会的有效性包括形式有效性和实质有效性。[①] 我国一流大学二级学院学术委员会的形式有效

① 朱家德.大学有效治理：西方经验及其启示[J].高等教育研究，2013(6)：29-37.

性，是指教师参与学院治理，能够满足民主诉求。我国一流大学二级学院学术委员会委员的产生方式不是被行政权力操纵的结果。我国一流大学二级学院学术委员会的实质有效性是指该机构有利于追求学术真理和公共利益，保障其在学术招聘、学术晋升、评奖评优、学术仲裁的学术议题中发挥实质性的决策功能。

要素三：效率性。我国一流大学二级学院学术委员会不会推卸处理学术事务的责任，不能成为学术事务的"冻结者"，而是主动有效地回应和解决学院内部相关的学术事务。

要素四：自主性。我国一流大学二级学院学术委员会的自主性包括主动召开会议，而不是被动等行政班子的安排，做出自主的学术判断。我国一流大学二级学院学术委员会相对独立于学院内部的党政联席会和同级的相关专门委员会。在我国一流大学二级学院学术委员会内部，委员们可以畅所欲言，不会受到外界权力和人情关系的干扰。

第二节　研究反思

研究反思是对研究过程和研究发现的"反刍"。本研究在探索我国一流大学二级学院学术委员会功能发挥的图景中，有很多的细节需要研究反思。通过研究反思，回顾研究过程，再次审视研究发现，从而推进后续研究的完善与进一步发展。这些研究过程既能体现笔者的特质，也可能呈现本研究的不足之处。但是，这种研究反思也在一定程度上体现本主题的研究价值及本研究的开放性。

一、研究对象选择的反思

《辞海》中对"对象"的解释是"观察或思考的客体"。[①] 任何一项研究明确研究对象是为了更好地解决研究问题。一项研究有无明确的特定的研究对象也成为评价研究质量的重要指标。

① 陆费逵.辞海[K].上海：上海辞书出版社，2000：600.

本研究的受访者在选择的过程中，既需要考虑避免信息的敏感性，避免选择太过熟悉的受访者；同时，也不能选择太过生疏的受访者，使得笔者和受访者之间的沟通更加流畅，从而能够更加便利地搜集材料。回顾研究过程，本研究认为，对课题感兴趣、了解我国一流大学二级学院学术委员会运转情况，并愿意表达真实信息的研究对象，才有利于研究进展。

幸运的是，笔者在研究过程中会遇到一些发自内心对研究课题感兴趣的受访者，从而为本研究能够搜集材料、搜集到有效的和充足的材料奠定基础。以案例学校的某位教授对笔者的访谈邀请的回复为例：

田芬同学，我为你的敬业精神、真做学问、做真学问及担当精神所感动。我本人也一直在思考高校和高等教育的一些问题乃至深层次的问题，只是最近特别忙。如果你不急，访谈放在春节大家都休假的时间最好。

笔者之所以呈现受访者的这段回复，是因为即使在研究过程中遇到很多的阻碍，但是受访者对这项研究课题的支持激励笔者发自内心地热爱这项研究，在某种意义上成为“热情学术的探究者”①。

研究过程中也有很多需要注意的事项。例如，很多受访者在决定回答某一研究问题或者在回答研究问题的过程中，会反复多次地询问笔者：“这些内容都是保密的吧？”当笔者多次确认“一定保密”的时候，受访者才继续回答研究问题。在研究过程中，受访者的信任激励着笔者深度研究这个问题。同时，笔者也对受访者参与该项研究的勇气、支持和努力表示感恩。因为笔者在访谈过程中发现，很多受访者非常忙碌，需要申请课题、课题结项、发表期刊论文等，但都会为了接受笔者的访谈，而提前腾出时间；而有行政职务的受访者也是更加忙碌，即使在访谈过程中也经常需要接听电话或者回复重要信息，导致访谈经常被打断。如果一次访谈的信息没有表达完，这些受访者会和笔者预约第二次访谈时间或者第三次访谈时间，甚至第四次访谈时间。

研究性访谈是合作的产物，因此它的质量取决于研究对象的友好、笔者的个人努力及其两者之间的良性互动。如果研究对象在声誉和智识上常常处于优势地位，那么研究者的心态显得格外重要。② 笔者需要不断地自我突破、自我接纳和自我反思，在每一次争取到的访谈中提升研究技巧，增强

① 夏林清.斗室星空：家的社会田野[M].台北：财团法人导航基金会，2011：320.

② 孟庆澍.讲课与谈话：当代口头述学形式一瞥[J].探索与争鸣，2012(12)：98-100.

研究信心。回顾研究的全过程，笔者认为研究的信心是非常宝贵的。

二、"深度访谈"法的反思

"深度访谈"之"深"就是为了获得充实的材料。吴康宁将访谈划分为三种类型：深度访谈（交谈无间、直抵心扉）、中度访谈（比较深入）、浅度访谈（抽象、止于表面），并指出货真价实的深度访谈是在相当程度上披露个人的秘密（行为秘密和内心秘密）。①

回顾研究过程，笔者认为"深度"访谈的"深度"是有限度的。这是因为：一方面，每个人都有自己的隐私。研究者对受访者刨根问底，可能有利于搜集材料，从而开展深度研究。但是，如果研究者的问题让受访者感到为难或者不安，则研究者应该点到为止。研究者既要注重搜集材料为研究问题服务，同时又要遵守学术伦理，不能为了达到自身搜集材料的目的，而让研究对象感到研究者咄咄逼人。因此，笔者在研究过程中不断地进行自我反省和自我批判，注意提问方式，调节访谈氛围，通过与受访者多次的良性互动，获得受访者的认可和信任，从而搜集研究材料。另一方面，受访者是单位人的身份等会造成真实是被主流话语形塑的可能性。笔者应该对此表示尊重，同时寻求其他能够替代的解决办法。总之，研究性访谈需要研究者以解答研究问题为目标，以打动研究对象为路径。

因此，为了确保访谈的深度，笔者采取了四大措施。第一，笔者认为深度访谈的"深度"的前提是信任。在介绍研究课题的环节，笔者会介绍研究课题的价值，显示访谈的意义，并表达本人对于研究课题的执着，以此增加受访者对笔者的信任。第二，笔者为了加深对受访者的了解，一般会请研究对象介绍其求学经历、工作经历，然后再开展关于学院学术委员会工作的访谈。在类似于受访者的自传中，笔者更加清楚地了解到受访者的个人生活史，在与受访者之间的互动过程中，为深度访谈做好心理准备和氛围铺垫。大部分受访者都非常愿意分享自己的个人经历，个别受访者觉得没有必要。无论是哪种情况，研究者应该毫无条件地尊重受访者。第三，笔者与受访者之间建立良好的关系是开展深度访谈的关键。我国台湾学者夏林清教授在

① 吴康宁.人种志研究：想说爱你不容易[EB/OL].(2020-07-25)[2021-08-19].https://mp.weixin.qq.com/s/SUyn43Wm1e0jo6Ad0sLsDw.

其力作《斗室星空：家的社会田野》中，认为其与研究对象建立好关系的前提是需要研究者放下“自我重要感”。[①] 在本研究中，笔者作为博士研究生要与很多具有教授职称的受访者快速地建立信任关系，需要表达自我真诚感，因为“真诚是规则中的规则”。[②] 笔者对研究对象表达的诚意体现在诸多细节中。例如，笔者为受访者准备一份表达诚意的早餐，让受访者从预先约定的 60 分钟的访谈时间意外地延长到 100 分钟。笔者深刻地体会到，在访谈过程的细节处尽量表达自己诚意，既有助于研究访谈的深入开展，也应该是笔者的人生准则。这也是质性研究范式的魅力所在，在做研究的过程中实现“学以成人”。第四，访谈结束后，笔者与受访者之间保持密切的联系。笔者会通过持续请教的方式与受访者之间进行多次的互动，从而对有些细节进行补充。总之，笔者作为博士研究生对受访者开展的自下而上的访谈，既需要注重访谈技巧的重要性，更需要回归真诚的自我。

三、类型学划分方法的反思

本研究中对我国一流大学二级学院学术委员会现状的呈现方法是类型学的方法，得出案例学校中存在“象征型”学院学术委员会、“共生型”学院学术委员会、“冲突型”学院学术委员会、“悬置型”学院学术委员会共四种类型的学院学术委员会。本研究使用类型化的呈现方式，其优势在于：一方面，当前我国一流大学二级学院内部学术治理机构的运行状态缺乏充分的认知，需要类型化方式的有效呈现。另一方面，类型化的呈现方式避免了对我国一流大学二级学院学术委员会呈现的零碎性。

但是，类型化的呈现方式的劣势使得研究者更多聚焦于区分不同类型的学院学术委员会，可能忽视了不同的我国一流大学二级学院学术委员会的丰富性和复杂性。德国学者马克斯·韦伯(Max Weber)指出类型划分的不足之处，即类型学划分是根据片面突出的观点而综合一些现象，与现实具有一定

---

① 夏林清教授在写作此书时，已经获得哈佛大学心理学博士学位，在我国台湾政治大学从教，她访谈一位性工作者，开始并不能打动研究对象，后来逐渐意识到“只有放下自我重要感，用心才能懂得对方的处境”。夏林清.斗室星空：家的社会田野[M].台北：财团法人导航基金会，2011：104.

② 露丝·本尼迪克特.菊与刀：日本文化的类型[M].北塔，译.哈尔滨：北方文艺出版社，2015：191.

的距离，但是对于实践的理解又具有特别的价值。[①] 但是，这并不影响韦伯对运用类型学的偏爱，在其著作中经常熟稔地运用类型学。比如，韦伯将权威划分为合法权威、传统型权威、超凡魅力权威三种类型，[②]将社会行动的类型划分为工具理性行动、价值理性行动、情绪理性行动和传统理性行动，[③]将合法秩序的类型划分为惯例和法律，[④]等等。这些表明类型学的呈现方式虽然有一定的缺点，但是瑕不掩瑜。因此，本研究选择运用类型学的方法。

四、学院学术委员会委员性别的反思

笔者在调研过程中发现，案例学院的学术委员会内部的女性委员数量较少。笔者不禁思考：学术治理中是否存在性别密码？我国一流大学二级学院学术委员会是否可以通过增加女性委员，从而在学术招聘、学术晋升、学术评奖等学术决策中代表女性教师发出声音，促进学术决策公平？比如，美国麻省理工学院（Massachusetts Institute of Technology，MIT）通过系列研究报告[⑤]发现女性教师在学术发展中的处境不利，选择采取通过增加管理者中的女性教师，从而建设更具多样性、平等包容的学术共同体。[⑥]

P&M05 作为一名主管科研的副院长（男性），认为工程学科的男性和女性存在思维分工差异，导致其所在的学院学术委员会中女性委员的数量较少。

我觉得男性和女性的思维方式分工不同。男性的结构性思维、逻辑性思维更好，在我们这个学科就更容易出科研成果。我们学院的历任领导和

---

① 韦伯.社会科学方法论[M].杨富斌，译.北京：华夏出版社，1998：186.

② 韦伯.经济与社会[M].阎克文，译.上海：上海人民出版社，2009：322.

③ 韦伯.社会科学方法论[M].杨富斌，译.北京：华夏出版社，1998：59.

④ 韦伯.社会科学方法论[M].杨富斌，译.北京：华夏出版社，1998：70.

⑤ 《MIT 理学院女性教师地位的报告》（*A Study on the Status of Women Faculty in Science at MIT* 1999）、《MIT 科学学院和工程学院女性教师地位的报告》（*A Report on the Status of Women Faculty in the Schools of Science and Engineering at MIT*）、《教师种族和多样性倡议》（*Report on the Initiative for Faculty Race and Diversity* 2010）。

⑥ Massachusetts Institute of Technology. MIT Welcomes six new assistant deans for diversity, equity, and inclusion [EB/OL]. (2021-06-28) [2022-01-10]. https://news.mit.edu/2021/assistant-deans-diversity-equity-inclusion-0628.

现任领导基本上都是男老师，在学术委员会的委员情况也是差不多。这不是歧视女同志，而是因为女性更为感性。(P&M05)

而 P&M02 作为主管教学的女性副院长，认为学术治理中并不存在性别不平等的问题。

我觉得理想中女性会更理解女性的难处，会更加愿意帮助女性。但是，我工作这么多年后发现，帮助女性的好像从来都是男性。(P&M02)

不同性别的研究对象对于性别在学术决策中的影响是不一样的，但是不能简单地认为性别存在很大的影响，或者完全不存在影响。女性在学术职业发展中应该尽量不能因为性别而将自己置于明显弱势的位置。

第三节　研究创新与展望

一、研究创新

(一)研究选题创新

好的研究选题决定研究价值的大小。本研究聚焦“我国一流大学二级学院学术委员会的功能研究”，研究选题的创新体现在三个方面。

第一，研究选题具有一定开创性。已有研究对我国一流大学二级学院学术委员会的关注相对较少，而且相关研究成果主要是以期刊论文的形式出现。

第二，研究选题能够以小见大。这种思路认为应该从微观的可为空间出发，从而逐步促进大环境的改变。我国一流大学二级学院应该是大学内部的办学实体，其内部的学术委员会需要负责处理很多的学术事务。这决定了学院学术委员会功能研究是一个相对微观的、极具现实意义的重要议题。

第三，研究选题具有公共性。该研究选题有利于增加高等教育管理者和相关研究者对我国一流大学二级学院学术委员会功能发挥情况的认知，从而结合实际情况，促进我国一流大学二级学院学术委员会在学院治理中发挥实质性作用。

总之，本研究主要聚焦于对学院内部治理中关注较少的最高学术治理机构，具体地呈现了当前我国一流大学二级学院内部四种类型的学院学术委员会，并通过制度、权力、文化、人格四个维度去分析每种类型委员会受到的具体影响因素。

（二）研究架构的创新

研究架构的创新体现为呈现我国一流大学二级学院学术委员会功能的理想功能和现实状况，并将分析影响因素与选择行动路径连接在一起，具体如下：

第一，用理想点亮现实。“理想”是指根据基于理论分析框架，构建我国一流大学二级学院学术委员会的理想功能。“现实”是指我国一流大学二级学院学术委员会运行的现实状况。本研究中通向我国一流大学二级学院学术委员会理想功能的构建，既是作为衡量学院学术委员会功能发挥现状的评判标准，确定“共生型”学院学术委员会是最为成功的学院委员会建设模式，也引领理想型学院学术委员会朝着这个方向建设。

第二，从现象转向本质。本研究对样本大学二级学院学术委员会影响因素的探究转向该机构运行现状的背后。“现象”是指样本大学二级学院学术委员会功能的四种类型，“本质”是指影响四种类型学院学术委员会功能的原因，包括制度、权力、文化和人格四大要素。这四大要素在不同类型的学院学术委员会中有一定的差异，但是也有一定的共性。

第三，将理论连接实践。本研究基于切斯特·巴纳德的组织理论和塔尔克特·帕森斯的结构功能主义理论，为勾勒我国一流大学二级学院学术委员会的理想功能提供理论基础，并为本研究奠定分析框架；通过深度访谈方法，呈现样本大学二级学院内部存在“象征型”“共生型”冲突型”“悬置型”四种类型的学院学术委员会，并分析了每种类型学院学术委员会受到制度、权力、文化、人格等因素的影响。在呈现我国一流大学二级学院学术委员会功能定位现状的基础上，本着从小到大、由表及里的思维路径，分析影响我国一流大学二级学院学术委员会功能发挥的因素，从制度设计、权力平衡、文化涵养、人格培育方面求索实现学术委员会理想功能发挥的有效路径。

（三）研究结论的创新

本研究的贡献在于通过实证资料的调查，选择类型学的呈现方式，清晰地呈现了我国一流大学内部存在四种类型的二级学院学术委员会，既符合理论逻辑（按照“干预程度大小—治理效果强弱”框架划分），也符合实践逻辑（现实中有相应的原型）。

本研究提供了我国一流大学二级学院学术委员会委员的群体特征，研究材料既来自大量的深度访谈，也包括我国一流大学的大学章程、学术委员会章程、学院学术委员会章程、人事处等相关材料，为我国一流大学二级学院学术委员会研究提供了一个比较完整的跨院校研究样本。

本研究综合运用权力、制度、文化、人格四大维度分析我国一流大学二级学院学术委员会的影响因素，具体分析如下（见表7-2）：

第一，制度系统是影响我国一流大学二级学院学术委员会功能发挥的关键因素。案例大学内部四种类型的学院学术委员会的制度环境差异很大，具体包括基本制度缺失、制度执行偏差、制度失灵和制度相容等情况。“悬置型”学院学术委员会制度缺失会使得案例学院学术委员会的运行缺乏规范性；“象征型”学院学术委员会制度执行偏差使得案例学院学术委员会运转不畅；“冲突型”学院学术委员会制度失灵则使得案例学院学术委员会运行效果欠佳；“共生型”学院学术委员会制度相容则促进案例学院学术委员会的功能发挥。

第二，权力系统是影响样本大学二级学院学术委员会功能发挥的直接因素。其一，案例学院学术委员会运行主要受学术权力和行政权力两种类型权力影响。其二，学校和二级学院两个管理层次的权力之间存在着不同的关系。在“象征型”学院学术委员会中，学校层面的权力更为集中，二级学院层面的权力相对较小而且行政权力以学术权力的面貌出现；在“共生型”学院学术委员会中，两种权力之间是一种相互协作的关系。虽然“学院办大学”理念得到推崇，但是在高等教育实践中并不理想。其三，行政权力有两种表现形式。行政权力的“有声”与“无声”，影响着学院学术委员会委员投票的想法与行为，实质上是权力对人身体与心灵的双重规训。

第三，文化系统是影响我国一流大学二级学院学术委员会的功能发挥的本质因素。其一，每种类型学术委员会的文化是不同的。其中，“象征型”学院学术委员会对应的是学缘文化，“共生型”学院学术委员会对应的是信任文化，“冲突型”学院学术委员会对应的是圈子文化，“悬置型”学院学术委员会对应的是关系文化。关系文化是围绕权力形成的，具有等级性；学缘也是一种关系，具有温情的一面，但是却极具排他性；圈子文化是一种团队关系；信任关系也是一种人与人之间的关系。在本研究中，不同类型文化的划分打破了“物质文化、行为文化、制度文化、精神文化”①的划分依据，体现出大学组织文化的特殊性。其二，每种类型的文化受到学科的影响。比如，“冲突型”学院学术委员的圈子文化是因为其案例学院为工科，其内部有很多大的科研团队。但是这种对应不是绝对的。例如，信任文化在文科、工科的案例学院中都存在。其三，不同文化之间是交叉的。学缘也是一种“圈子”，每种文化的本质其实都是关系。

第四，人格系统是我国一流大学二级学院学术委员会的功能发挥的根本因素。“象征型”学院学术委员会委员的人格是“沉默者”，为了自身的利益而选择保持沉默；“共生型”学院学术委员会委员的人格是“责任者”，将二级学院的发展当成自身的责任；“冲突型”学院学术委员会委员的人格是“爱权者”，既因为珍视学术权力，而推动学院学术委员会发挥功能，也因为情绪的冲动，而导致与二级学院的行政机构形成冲突；“悬置型”学院学术委员会委员的人格是为了内在的荣誉成为“听话者”。需要注意的是：这四种人格都是在特定类型学院学术委员会情境下的表现，没有绝对的好坏之分，不能离开具体的情境而去进行评判。

表 7-2　四种类型学院学术委员会影响因素

类型/系统	制度系统	权力系统	文化系统	人格系统
“象征型”	制度偏差	行政权力对学术权力的架空	学缘文化	“沉默者”
“共生型”	制度相容	行政权力与学术权力的协调	信任文化	“责任者”
“冲突型”	制度失灵	学术权力与行政权力的博弈	圈子文化	“爱权者”
“悬置型”	制度缺失	行政权力对学术权力的渗透	关系文化	“听话者”

二、研究展望

本研究在选择研究对象、研究视野、研究方法方面还存在一些不足。这些研究不足既保持该研究的开放性，也唤醒笔者的兴趣，驱动笔者在后续研究中投入更多的研究精力，既要拓展研究对象的范围，又要增加研究方法，从而更加全面地考察我国一流大学二级学院学术委员会。

① 刘光明.企业文化[M].2 版.北京：经济管理出版社，2001：186.

(一)拓展研究对象

鉴于笔者的博士研究生的身份,目前的研究只是呈现我国一流大学二级学院学术委员会运行的局部图景。这种局部主要体现在研究对象数量意义上的不足。

这使得本研究未能呈现其他国家高校二级学院学术治理机构运行状况,未能呈现我国其他类型高校中二级学院学术委员会运转情况,也未能呈现我国一流大学二级学院学术委员会纵向时间的变化情况。

本研究最初的假设是研究对象涉及的学科越多越好,从而对不同学科进行比较;但是随着研究对象的搜集,研究策略转变为尽可能多地搜集人文社科的二级学院,从而使得研究发现更具深度。这表明本研究假定的策略是理想的,与现实的最终研究策略之间形成一定的偏差。

随着研究对象的拓展,我国一流大学的学院学术委员会增加新的类型,从而呈现出更加丰富而又复杂的研究发现。美国学者詹姆斯·米勒于2003年基于对750所4年制学院的调查,认为存在传统型评议会、影响型评议会、静止型评议会和文化型评议会。2004年,米勒通过调研12所高校(其中6所高校可授予博士学位,2所高校可授予硕士学位,4所高校可授予学士学位),提出功能型评议会、影响型评议会、仪式型评议会和颠覆型评议会。米勒提出这四种类型的委员会不是固定不变的,而是可以通过决策类型(decision type)和文化(personnel culture)实现从一种模型转移到另一种模型。[①] 虽然这两份研究的样本不同,但是却让米勒更加坚信这四种委员会代表的都是一种治理框架,不存在其中一种类型比另外一种类型更为有效,而且有些委员会可能是不同类型委员会的组合,并且有能力从一种类型转换到另一种类型。[②]

(二)拓宽研究视野

本研究主要聚焦于我国一流大学及其二级学院内部制度系统、权力系统、文化系统和人格系统等每种因素的单方面分析,没有研究各因素之间的相互作用。

---

① MINOR J T. Understanding faculty senates: moving from mystery to models [J]. The review of higher education, 2004,27(3):343-363.

② MINOR J T. Assessing the senate: critical issues considered[J]. The American behavioral scientist,2003,46(7):960-977.

尽管部分研究内容涉及各因素之间的交互作用，比如人格与文化之间的关系，“人格是文化的积淀，是人类学和心理学相互交叉的研究领域。”①已经有一些研究者在二者之间做出了一定的示范。比如，美籍华裔历史学家孙隆基通过对自身文化“硬心肠”的反省，写出佳作《中国文化的深层结构》，深度剖析中国人情文化影响而造成“自我压缩”②，从而形成“他制他律的人格”，③且进一步揭示该种人格的实质是“儿童化人格”④。当然，不同的研究者从其自身的视角出发，得出的研究结论不一定具有普适性。但是这些研究表明，文化对人格造成的影响是确实存在的，而且人格是多重的，决定了文化的影响方式也是多样而又复杂的。

但这是本研究较为薄弱的地方，忽视了各因素之间的复杂交互作用，需要未来的研究进一步加强分析制度、权力、文化、人格如何交互作用，从而促进我国一流大学二级学院学术委员会的功能发挥。

(三)增加研究方法

本研究中材料的搜集主要是通过深度访谈法。在本研究中，笔者通过该方法搜集材料的优势在于笔者能够保持客观，不足之处在于会忽视我国一流大学二级学院学术委员会一些具体的细节。

虽然本研究也包括对很多高校章程文本的分析，但是缺乏对于我国一流大学二级学院学术委员会运转的直接观察。观察法的优势在于对这些细节的理解。本研究不能采取观察法的障碍在于：一方面，笔者博士研究生的身份限制；另一方面，我国一流大学二级学院的学术决策具有一些隐秘性质，是在相对封闭的决策空间运行。希望后续研究能够丰富呈现方法，增加探索我国一流大学二级学院学术委员会的个案分析方法。

总之，本研究秉持批判性的研究态度和思维，具体是指对当前我国一流大学二级学院学术委员会功能的发挥现状持批判分析的态度，主要有以下特征：其一，这种批判的起点是对权力“聚光灯”之下熟悉的语言、行为和细节进行呈现、反思和分析。其二，与这种批判相对抗的是无思。无思导致的后果是我国一流大学二级学院学术委员会委员或学院领导等会重复一些思

---

① V.巴尔诺.人格：文化的积淀[M].周晓虹，译.沈阳：辽宁人民出版社，1989：2.

② 孙隆基.中国文化“深层结构”(上)[M].西安：华东文艺出版社，1988：25.

③ 孙隆基.中国文化“深层结构”(下)[M].西安：华东文艺出版社，1988：244.

④ 孙隆基.中国文化“深层结构”(下)[M].西安：华东文艺出版社，1988：479.

维和行为，从而不利于学院学术委员会的功能发挥。其三，与这种批判始终相伴随的是学术勇气。直面我国一流大学二级学院学术委员会功能发挥的现状，既是受访者的勇气，也是笔者的学术勇气，而且是本研究所有读者的勇气，更是我国一流大学的勇气和格局。其四，与这种批判相对峙的是自卑。因为我国一流大学二级学院学术委员会运行现状中存在一些需要克服的问题，高等教育实践者可能产生一种自卑，而其衍生结果是对高等教育实践问题的回避。最后，这种批判的终点是希望。学术研究需要批判，但并不是为了批判而批判，所有的研究努力都是为了促进我国一流大学二级学院学术委员会建设成为学院内部独立的学术决策系统，为学院中教师和学生的切身利益而发声，从而促进二级学院的良性发展，推动我国一流大学的建设。

参考文献

一、中文文献

(一)专著类

[1]艾赅博,百里枫.揭开行政之恶[M].白锐,译.北京:中央编译出版社,2009.

[2]别敦荣.中美大学学术管理[M].武汉:华中理工大学出版社,2000.

[3]彼得·什托姆普卡.信任:一种社会学理论[M].程胜利,译.北京:中华书局,2005.

[4]阿图尔·考夫曼,温弗里德·哈斯默尔.当代法哲学和法律理论导论[M].郑永流,译.北京:法律出版社,2013.

[5]马克斯·韦伯.学术与政治[M].钱永祥,等译.桂林:广西师范大学出版社,2010.

[6]尼可拉斯·卢曼·尼克拉斯.权力[M].瞿铁鹏,译.上海:上海人民出版社,2005.

[7]P.布尔迪厄.国家精英:名牌大学与群体精神[M].杨亚平,译.北京:商务印书馆,2004.

[8]米歇尔·克罗齐耶.法令不能改变社会[M].张月,译.上海:格致出版社,2008.

[9]莫里斯·梅洛-庞蒂.可见的与不可见的[M].罗国祥,译.北京:商务印书馆,2008.

[10]顾建亚.现代大学治理的内部监督制约机制研究[M].浙江:浙江大学出版社,2017.

[11]胡建华.大学制度改革论[M].南京:南京师范大学出版社,2006.

[12]黄达人.大学的声音[M].北京：商务印书馆，2012.

[13]黄光国.中国人的权力游戏[M].台北：巨流图书公司，1988.

[14]贾春增.外国社会学史[M].北京：中国人民大学出版社，2005.

[15]许美德，潘乃容.东西方文化交流与高等教育[M].南京：南京师范大学出版社，2003.

[16]姜明安.软法与公共治理[M].北京：北京大学出版社，2006.

[17]蒋达勇.现代国家建构中的大学治理：基于中国经验的实证分析[M].北京：中国社会科学出版社，2014.

[18]孔宪铎.东西象牙塔[M].北京：北京大学出版社，2004.

[19]刘东.我们的学术生态：被污染与被损害的[M].杭州：浙江大学出版社，2012.

[20]李福华.大学治理与大学管理[M].北京：人民教育出版社，2012.

[21]李福华.大学治理的理论基础与组织架构[M].北京：教育科学出版社，2008.

[22]梁漱溟.中国文化要义[M].上海：学林出版社，1987.

[23]李维安.网络组织：组织发展新趋势[M].北京：经济科学出版社，2003.

[24]李醒民.见微知著：中国学界学风透视[M].开封：河南大学出版社，2006.

[25]爱德华·希尔斯.学术的秩序：当代大学论文集[M].李家永，译.北京：商务印书馆，2007.

[26]埃莉诺·奥斯特罗姆.公共事物的治理之道：集体行动制度的演进[M].余逊达，陈旭东，译.上海：上海译文出版社，2012.

[27]奥利弗·E.威廉森.治理机制[M].王健，方世建，等译.北京：中国社会科学出版社，2001.

[28]彼得·德鲁克.组织的管理[M].王伯言，沈国华，译.上海：上海财经大学出版社，2003.

[29]B.盖伊·彼得斯.政治科学中的制度理论："新制度主义"（第二版）[M].王向民，段红伟，译.上海：上海人民出版社，2011.

[30]彼得·布劳，马歇尔·梅耶.现代社会中的科层制[M].马戎，时宪民，邱泽奇，译.上海：学林出版社，2001.

[31]查尔斯·林德布罗姆.决策过程[M].竺乾威，胡君芳，译.上海：上

海译文出版社,1998.

[32]查尔斯·J.福克斯,休·T.米勒.后现代公共行政:话语指向[M].楚艳红,曹沁颖,吴巧林,译.北京:中国人民大学出版社,2013.

[33]戴维·约翰·法默尔.公共行政的语言:官僚制、现代性和后现代性[M].吴琼,译.北京:中国人民大学出版社,2005.

[34]丹尼斯·朗.权力论[M].陆震纶,郑明哲,译.北京:中国社会科学出版社,2001.

[35]克莱因伯格·萨曼莎.别拿相关当因果:因果关系简易入门[M].郑亚亚,译.北京:人民邮电出版社,2018.

[36]查尔斯·J.福克斯,休·T.米勒.后现代公共行政:话语指向[M].楚艳红,等译.北京:中国人民大学出版社,2002.

[37]弗雷泽.正义的中断:对"后社会主义"状况的批判性反思[M].于海青,译.上海:上海人民出版社,2009.

[38]哈罗德·孔茨.管理学[M].黄洁纲,译.上海:上海人民出版社,1990.

[39]赫伯特·A.西蒙.管理行为[M].詹正茂,译.北京:机械工业出版社,2004.

[40]简·柯里,等著.全球化与大学的回应[M].王雷,译.北京:北京大学出版社,2010.

[41]金黛如.信任与生意:障碍与桥梁[M].陆晓禾,译.上海:上海社会科学院出版社,2003.

[42]卡罗尔·佩特曼.参与和民主理论[M].陈尧,译.上海:上海人民出版社,2006.

[43]劳伦斯·詹姆斯,米歇尔·马兹勒.工作组织中的人格[M].丁彪,李永鑫,译.上海:上海财经大学出版社,2005.

[44]刘易斯.失去灵魂的卓越:哈佛是如何忘记教育宗旨的[M].侯定凯,等译.上海:华东师范大学出版社,2012.

[45]理查德·达夫特.组织理论与设计精要[M].李维安,等译.北京:机械工业出版社,2003.

[46]罗伯特·D.帕特南.使民主运转起来[M].王列,等译.江西:江西人民出版社,2001.

[47]罗伯特·赫钦斯.美国高等教育[M].汪利兵,译.杭州:浙江教育出

版社,2001.

[48]罗杰·诺尔.研究大学面临的挑战[M].周敏毅,译.桂林:广西师范大学出版社,1999.

[49]欧文·戈夫曼.公共场所的行为[M].何道宽,译.北京:北京大学出版社,2017.

[50]孙隆基.中国文化的深层结构[M].桂林:广西师范大学出版社,2004.

[51]W.理查德·斯科特.制度与组织:思想观念与物质利益[M].姚伟,王黎芳,译.北京:中国人民大学出版社,2010.

[52]W.理查德·斯科特,杰拉尔德·F.戴维斯.组织理论:理性、自然与开放系统的视角[M].高俊山,译.北京:中国人民大学出版社,2011.

[53]亚伯拉罕·马斯洛.动机与人格[M].马良诚,等译.西安:陕西师范大学出版社,2010.

[54]亚伯拉罕·马斯洛.马斯洛说完美人格[M].高适,译.武汉:华中科技大学出版社,2012.

[55]约翰·古得莱得.一个称作学校的地方[M].苏智欣,等译.上海:华东师范大学出版社,2006.

[56]乔治·M.马斯登.美国大学之魂[M].徐弢,程悦,张离海,译.北京:北京大学出版社,2015.

[57]约翰·霍尔.文化:社会学的视野[M].周宪,等译.北京:商务印书馆,2002.

[58]约翰·肯尼思·加尔布雷斯.权力的分析[M].陶远华,等译.石家庄:河北人民出版社,1988.

[59]詹姆斯·博曼.公共协商[M].黄相怀,译.北京:中央编译出版社,2006.

[60]米俊魁.大学章程价值研究[M].青岛:中国海洋大学出版社,2006.

[61]乔锦忠.学术生态治理:研究型大学教师激励机制探索[M].北京:教育科学出版社,2008.

[62]苏力.制度是怎样形成的?[M].广州:中山大学出版社,1997.

[63]吴康宁.重新发现大学[M].南京:南京师范大学出版社,2017.

[64]吴思.潜规则:中国历史中的真实游戏[M].上海:复旦大学出版社,2009.

[65]奥尔特加·加塞特.大学的使命[M].徐小洲,译.杭州:浙江教育出版社,2002.

[66]徐岚.大学教师的学术责任:流沙之上的朝圣之路[M].厦门:厦门大学出版社,2019.

[67]余承海.美国州立大学治理结构研究[M].南京:南京师范大学出版社,2014.

[68]俞可平.民主与陀螺[M].北京:北京大学出版社,2016.

[69]阎真.活着之上[M].长沙:湖南文艺出版社,2014.

[70]阎凤桥.大学组织与治理[M].北京:同心出版社,2006.

[71]阎光才.识读大学:组织文化的视角[M].北京:教育科学出版社,2002.

[72]麦克·F.D.扬.知识与控制[M].谢维和,朱旭东,译.上海:华东师范大学出版社,2002.

[73]迈克尔·夏托克.高等教育的结构和管理[M].王义端,译.上海:华东师范大学出版社,1987.

[74]罗素.权力论:新社会分析[M].吴文三,译.北京:商务印书馆,1991.

[75]乔·欧文.现代管理的终结:如何引领无序的新世界[M].仇明璇,季金文,孔宪法,译.北京:商务印书馆,2011.

[76]约翰·邓恩.民主的历程[M].林猛,等译.长春:吉林人民出版社,1999.

[77]约翰·密尔.论自由[M].许宝骙,译.北京:商务印书馆,2015.

[78]C.G.荣格.怎样完善你的个性:人格的开发[M].刘光彩,译.北京:中国国际广播出版社,1989.

[79]杨东平.大学之道[M].上海:文汇出版社,2003.

[80]罗纳德·尼巴特.高等教育理念[M].蓝劲松,译.北京:北京大学出版社,2012.

[81]爱德华·泰勒.原始文化[M].连树生,译.广西:广西师范大学出版社,2005.

[82]王洪才.中国大学模式探索:中国特色的现代大学制度建构[M].北京:教育科学出版社,2013.

[83]王建华.第三部门视野中的现代大学制度[M].广州:广州高等教

育出版社,2008.

[84]文崇一,萧新煌.中国人观念与行为[M].北京:中国人民大学出版社,2013.

[85]吴志功.现代大学组织结构设计[M].北京:北京师范大学出版社,1998.

[86]许为民,张国昌,沈波,等.学术与行政:中外大学治理结构案例研究[M].杭州:浙江大学出版社,2013.

[87]于阳.江湖中国:一个非正式制度在中国的起因[M].北京:当代中国出版社,2016.

[88]翟学伟.中国人行动的逻辑[M].北京:社会科学出版社,2001.

[89]湛中乐.大学章程精选[M].北京:中国法制出版社,2010.

[90]张斌贤,李子江,主编.大学:自由、自治与控制[M].北京:北京师范大学出版社,2005.

[91]张楚廷.高等教育哲学通论[M].北京:高等教育出版社,2010.

[92]张德祥.高等学校的学术权力和行政权力[M].南京:南京师范大学出版社,2002.

[93]张力,金家新.公立大学法人主体地位与治理结构完善研究[M].武汉:华中科技大学出版社,2016.

[94]张应强.文化视野中的高等教育[M].南京:南京师范大学出版社,1999.

[95]张应强.在计划与市场之间:我国高等教育治理转型和治理体系建设[M].武汉:华中科技大学出版社,2020.

[96]赵跃宇.世界一流大学内部治理体系研究[M].北京:高等教育出版社,2016.

[97]张正军.大学的起源与演进:组织视角下的历史和逻辑[M].北京:中国社会科学出版社,2005.

[98]郑文.英国大学权力协调与制衡[M].北京:北京大学出版社,2011.

[99]郑晓齐,王绽蕊.研究型大学基层学术组织改革与发展[M].北京:清华大学出版社,2009.

[100]周雪光.组织社会学十讲[M].北京:社会科学文献出版社,2003.

[101]朱家德,周湖勇.大学有效治理研究[M].北京:中国社会科学出版社,2016.

(二)期刊类

[1]包万平,薛南.我国大学学术权力运行的历史变迁研究[J].重庆大学学报(社会科学版),2019(6):193-204.

[2]别敦荣.治理体系和治理能力现代化与高等教育现代化的关系[J].中国高教研究,2015(1):29-33.

[3]别敦荣,韦丽娜,唐汉琦.高等教育治理体系和治理能力现代化的基本原则[J].复旦教育论坛,2015(3):5-10.

[4]别敦荣.大学组织文化的内涵与建设路径[J].现代教育管理,2020(1):1-7.

[5]操太圣.为何"案牍劳形":时间政治视角下的大学教师学术规训[J].教育研究,2020(6):106-114.

[6]陈家建,边慧敏,邓湘树.科层结构与政策执行[J].社会学研究,2013(6):1-20,242.

[7]陈宏辉.利益相关者管理:新经济时代的管理哲学[J].经济问题研究,2003(2):39-42,46.

[8]陈秋生.高校院系党组织政治功能的核心要义及实现路径[J].思想理论教育,2010(10):81-85.

[9]陈廷柱.学院设置与学科建设相互关系论略[J].大学与学科,2020(1):41-43.

[10]陈武元.中国一流大学建设的关键因素探析[J].东南学术,2008(1):159-164.

[11]陈武元.现代大学制度与高水平大学建设[J].复旦教育论坛,2009(5):36-41.

[12]陈翔.新时期高校学术委员会运行机制研究[J].高教探索,2015(1):21-25.

[13]陈志权,易连云.作为目的和手段的学术自由[J].现代大学教育,2017(3):7-13.

[14]程天君,陈南.中国教育现代化的百年书写[J].教育研究,2020(1):125-135.

[15]迟景明,任祺,张弛,等.学院治理:权力关系机理、模型与实证分析[J].江苏高教,2021(10):22-28.

[16]Yaroslav Kuzminov Maria Yudkevich.横向学术治理与纵向行政

约束的博弈:俄罗斯大学治理模式变革案例分析[J].韩梦洁,译.中国高教研究,2016(5):73-76.

[17]樊平军,毛亚庆.论大学松散结合组织特性的知识根源[J].高等教育研究,2006(6):51-54.

[18]符平,冯浩,孙天亮,等."学院办大学":理想类型与现实境遇[J].国家教育行政学院学报,2019(12):59-66.

[19]甘永涛.英国大学治理结构的演变[J].高等教育研究,2007(9):88-92.

[20]顾建民.大学有效治理及其实现机制[J].教育发展研究,2016(19):48-53.

[21]管华,陈鹏.高校学术委员会权力的性质、来源与界限:兼评《高等学校学术委员会规程》[J].陕西师范大学学报(哲学社会科学版),2015(6):148-154.

[22]龚怡祖.大学治理结构:建立大学变化中的力量平衡:从理论思考到政策行动[J].高等教育研究,2010(12):49-55,60.

[23]郭卉.美国大学学术评议会制度研究:以斯坦福大学为例[J].比较教育研究,2005(3):76-80.

[24]郭腾军,孙清忠.我国研究型大学学术委员会组织结构研究[J].高教探索,2020(11):19-24.

[25]韩梦洁,白晋延,郭驰.墨尔本大学的学术治理结构及运行战略[J].高教发展与评估,2018(4):59-68.

[26]何晓芳.在"断裂"的科层体系中"牧猫":美国大学二级学院治理制度文化分析[J].高教探索,2019(3):85-89.

[27]何艳玲,汪广龙.不可退出的谈判:对中国科层组织"有效治理"现象的一种解释[J].管理世界,2012(12):61-72.

[28]和震.大学自治研究的基本问题[J].清华大学教育研究,2005(6):10-15.

[29]胡成功.五国大学学术组织结构演进研究[J].东北师范大学学报(哲学社会科学版),2005(5):49-55.

[30]胡建华.从文件化到法律化:改善大学与政府关系之关键[J].苏州大学学报(教育科学版),2015(4):4-6,22.

[31]胡娟.熟人社会、科层制与大学治理[J].高等教育研究,2019(2):10-17.

[32]胡娟.脱耦机制、组织边界和有效竞争的丧失:“双一流”政策影响下的大学组织机制异化分析[J].高等教育研究,2020(4):21-29.

[33]纪宝成,胡娟.关于高等学校学术权力的几点思考[J].中国高教研究,2010(1):1-3.

[34]纪莺莺.文化、制度与结构:中国社会关系研究[J].社会学研究,2012(2):60-85.

[35]贾生化.利益相关者的界定方法述评[J].外国经济与管理,2002(5):13-18.

[36]贾永堂,张晓霞.我国大学二级学院的虚体化困境与出路[J].学习与探索,2017(4):47-51.

[37]蒋达勇.学术委员会:使大学治理运转起来:基于H大学治理改革的实证分析[J].高等教育评论,2017(1).

[38]金宏奎,陆明峰.我国大学治理与校院二级管理的实践逻辑[J].高校教育管理,2015(6):54-58.

[39]靳澜涛.高校学位评定委员会的权力错位及其立法归位[J].高等教育研究,2020(11):51-58.

[40]康永久.公立学校的制度特性及其缺陷[J].教育科学研究,2005(5):5-8.

[41]康永久.公立学校的结构松散问题[J].教育学报,2011(3):9-17.

[42]劳凯声.重构公共教育体制:别国的经验和我国的实践[J].北京师范大学学报(社会科学版),2003(4):75-86.

[43]李成恩,常亮.协商共治:我国大学院系有效治理的可行模式[J].中国高教研究,2017(6):46-51.

[44]李福华.利益相关者理论与大学管理体制创新[J].教育研究,2007(7):36-39.

[45]李福华,黄庆丽.教育研究、教育决策、教育实践的界面管理与协同效应[J].清华大学教育研究,2017(6):98-105.

[46]李福华,徐建培.无边界管理与大学管理创新[J].高等教育研究,2009(6):47-51.

[47]李立国.大学治理的基本框架分析:兼论大学制度和大学治理的关系[J].大学教育科学,2018(3):66-72.

[48]李立国.“双一流”建设中的组织合法性与制度趋同:对414位高校

二级学院院长的调查分析[J].国家教育行政学院学报,2021(1):51-58,75.

[49]李立国.大学治理的制度逻辑:融通“大学之制”与“大学之治”[J].华东师范大学学报(教育科学版),2021(3):1-13.

[50]李洪修.大学治理的制度逻辑及其选择[J].大学教育科学,2012(6):18-22.

[51]李宁,严进.组织信任氛围对任务绩效的作用途径[J].心理学报,2007(6):1111-1121.

[52]李奇,高洋.从规则到行为:高等教育质量年度报告制度的改进[J].复旦教育论坛,2020(3):67-73.

[53]李硕豪.大学的权力运行:基于组织政治学的分析[J].中国行政管理,2007(3):91-94.

[54]李硕豪.当代中国大学专家权力运行现状分析[J].黑龙江高教研究,2009(2):1-3.

[55]李硕豪,魏昌延.大学行政化议论之议论[J].现代教育管理,2011(4):5-8.

[56]李枭鹰.探幽与反思:走出大学教育信任危机的困境[J].现代教育管理,2017(8):12-17.

[57]李艳辉,朴雪涛.俄罗斯私立大学学术委员会制度安排及启示:以俄罗斯新大新为例[J].复旦教育论坛,2018(4):43-49.

[58]李有学.反科层治理:机制、效用及其演变[J].河南大学学报(社会科学版),2014(1):39-46.

[59]李泽彧,陈昊.关于我国大学学院制的若干思考[J].江苏高教,2002(5):20-23.

[60]廖湘阳.中国大学内部规则的科层模式与社会建制[J].江苏高教,2021(3):9-17.

[61]廖湘阳,王战军.大学学科建设:学术性、建构作用与公共绩效[J].学位与研究生教育,2006(8):55-61.

[62]廖湘阳.大学内部规则创建的制度困境与策略选择[J].高等教育研究,2019(8):36-43.

[63]林国荣.北大:一次变革的精神困境[J].开放时代,2003(5):115-122.

[64]林荣日.论高校内部权力[J].现代大学教育,2005(2):69-74.

[65]林荣日.制度创新是促进高等教育发展的重要保障[J].学校党建与思想教育,2006(9):47-48.

[66]林荣日,张天骄.试论我国公立高校内部权力的规制与监控[J].中国高教研究,2018(1):35-42.

[67]林双泉.完善学术委员会制度 遏制高校学术腐败行为[J].教育与考试,2010(5):45-49.

[68]刘爱生.论美国大学治理的法治性[J].重庆高教研究,2005(6):45-50.

[69]刘爱生.美国研究型大学治理过程的主要特征及其文化基础[J].华东师范大学学报(教育科学版),2019(2):136-143.

[70]刘爱生.论美国大学治理过程的政治性:以夏威夷大学马诺阿分校的学费设定案为例[J].现代教育管理,2019(5):17-23.

[71]刘爱生.如何推进大学有效共同治理:基于大学教师公共精神的考量[J].浙江师范大学学报(社会科学版),2020(1):116-124.

[72]刘炳辉.党政科层制:当代中国治体的核心结构[J].文化纵横,2019(2):32-43,143.

[73]刘冬冬,张新平.互动与融合:大学治理与协商民主的内在逻辑[J].江苏高教,2018(3):6-10.

[74]刘冬冬,张新平.高校二级学院治理:困境及其消解路径[J].现代教育管理,2018(6):17-22.

[75]刘恩允,薄存旭.地方高校二级学院行政主导治理模式的反思与改进:基于L大学J学院的田野观察[J].国家教育行政学院学报,2019(4):64-70.

[76]刘国艳.我国大学学院制改革:理论·问题·思考[J].国家教育行政学院学报,2008(8):81-84.

[77]刘海峰.研究型大学的历史与文化底蕴[J].清华大学教育研究,2008(1):41-45.

[78]刘继安,康宁,高众,等.改革开放以来我国高校内部管理机构设置变迁及制度逻辑[J].北京大学教育评论,2019(4):124-137.

[79]刘黎明,王静.我国高校学术委员会学术权力行使的制度分析[J].教育研究与实验,2015(3):77-80,96.

[80]姜远平,刘少雪.世界一流大学教师学缘研究[J].江苏高教,2004

(4):106-108.

[81]刘少雪.从执行型机构向自我发展型机构转变:从大学拥有办学权力的角度[J].现代大学教育,2016(1):82-87.

[82]刘益东,周作宇,张建峰.论“大学章程现象”[J].中国高教研究,2017(3):21-26.

[83]刘益东,周作宇.大学治理:一个整体性框架[J].大学教育科学,2020(3):64-72.

[84]陆江兵.非人的“人”:从“组织图”到科层制——论 M.韦伯科层制模式对人性的背离[J].学海,2005(2):93-98.

[85]陆铭.为了公共利益:一个经济学家的理想社会建设论纲[J].社会,2013(3):29-38.

[86]卢兆彤.高校二级学院的体制机制建设与完善[J].中国高等教育,2013(22):6-7.

[87]吕鹏.“权力精英”五十年:缘起、争论及再出发——兼论“权力精英”的中国叙事[J].开放时代,2006(3):152-158.

[88]罗仲尤.大学学术权力的式微与张扬[J].大学教育科学,2014(3):37-42.

[89]马德勇.威权人格的起源与演变:一个社会演化论的解释[J].清华大学学报(哲学社会科学版),2022(2):14-24,213.

[90]马凤岐.大学自治与学术自由[J].高教探索,2004(4):14-16.

[91]马怀德,林华.高校信息公开在中国:历史溯源、文本解读与制度展望[J].国家教育行政学院学报,2014(7):19-24.

[92]毛亚庆.我国高等教育制度创新乏力分析[J].北京师范大学学报(社会科学版),1998(4):13-24.

[93]杰拉德·卡斯帕尔.成功的研究密集型大学必备的四种特性[J].李延成,译.国家教育行政学院学报,2002(5):57-69.

[94]慕彦瑾,段晓芳.大学组织的文化性及其功能[J].国家教育行政学院学报,2015(4):22-26.

[95]牛晓燕,徐澄.从“教授治校”到“教授治学”:蔡元培治校经验对建立现代大学制度的启示[J].西北工业大学学报(社会科学版),2012(1):99-102.

[96]欧阳光华.从法人治理到共同治理:美国大学治理的历史演进与结

构转换[J].教育研究与实验,2015(2):53-58.

[97]欧小军,卢晓中.大学文化场域下学术与行政之关系:一种关系思维方法论的视角[J].教育发展研究,2010(23):24-27.

[98]潘懋元,左崇良.高等教育治理的衡平法则:基于我国高教权责失衡的思考[J].清华大学教育研究,2016(4):9-16.

[99]潘懋元.高等教育普及化背景下的大学治理:访著名教育家潘懋元先生[J].广西师范大学学报(哲学社会科学版),2021(5):120-128.

[100]潘海生,张宇.利益相关者与现代大学治理结构的构建[J].教育评论,2007(1):15-17.

[101]彭江.论分散化的大学公共治理[J].复旦教育论坛,2004(6):47-51.

[102]彭亚平.治理和技术如何结合:技术治理的思想根源与研究进路[J].社会主义研究,2019(4):71-78.

[103]彭玉生.社会科学中的因果分析[J].社会学研究,2011(3):1-31.

[104]祁占勇,陈鹏.我国高校教师聘任制的困境及理性选择[J].陕西师范大学学报(哲学社会科学版),2009(4):119-123.

[105]裘指挥,张丽.正当程序:大学章程功能实现的价值基础:基于113所高校章程文本的分析[J].高等教育研究,2020(8):35-41.

[106]屈琼斐.美国大学共治管理理念述评及启示[J].大学教育科学,2006(6):46-49.

[107]青木昌彦.什么是制度?我们如何理解制度?[J].周黎安,王珊珊,译.经济社会体制比较,2000(6):28-38.

[108]曲雁.高校权力运行的内部监督机制研究[J].学术交流,2014(1):198-201.

[109]瞿振元.推进高等教育治理现代化:目标、价值与制度[J].中国高教研究,2014(12):1-4.

[110]桑志坚.学校中的信任:一种社会学的阐释[J].教育研究与实验,2021(4):27-33.

[111]沈红,王建慧.一流大学教师队伍建设的院系责任:基于四所世界一流大学的实地调研[J].教育研究,2017(11):130-139.

[112]沈毅."差序格局"的不同阐释与再定位:"义""利"混合之"人情"实践[J].开放时代,2007(4):105-115.

[113]沈勇.学院治理的中观分析:章程建构、实践张力与路径优化[J].国家教育行政学院学报,2016(7):15-20.

[114]史秋衡,吴雪.大学基层学术组织制度建设的内在逻辑[J].复旦教育论坛,2009(5):28-35.

[115]史秋衡.大学章程的使命在于提高内生发展质量[J].教育研究,2014(7):22-27.

[116]石中英,安传迎,肖桐.我国C9大学与英美顶尖大学学院设置的比较研究[J].高等教育研究,2020(8):94-100.

[117]宋彩萍,张新培.走向赋能管理:创新学院治理模式的战略设计:基于上海对外经贸大学A学院治理的案例分析[J].高等教育评论,2017(2).

[118]孙立平."关系"、社会关系与社会结构[J].社会学研究,1996(5):20-30.

[119]苏朝晖.大学学院制管理模式的建立[J].教育发展研究,2000(1):22-25.

[120]眭依凡.论大学问题的"悬置"[J].华东师范大学学报(教育科学版),2017(6):82-94.

[121]眭依凡.关于高校内部治理体系创新研究的框架性思考[J].华东师范大学学报(教育科学版),2020(12):21-32.

[122]谭晓玉.教师参与大学内部治理:角色定位与制度反思[J].复旦教育论坛,2015(1):12-17.

[123]唐汉琦.大学治理结构下学术自治与科层制的矛盾冲突及其消解[J].现代大学教育,2014(2):73-84.

[124]唐昊.体制夹缝中的年轻人[J].文化纵横,2012(6):120-123.

[125]汤智,李小年.大学基层学术组织运行机制:国外模式及其借鉴[J].教育研究,2015(6):136-144.

[126]田芬,许冬武.美国加州社区学院有效治理的特征及其启示[J].黑龙江高教研究,2020(9):54-61.

[127]田子俊.大学内设机构膨胀的组织社会学分析[J].郑州大学学报(哲学社会科学版),2015(2):104-106.

[128]王登峰,崔红.中西方人格结构的理论和实证比较[J].北京大学学报(哲学社会科学版),2003(5):109-120.

[129]王登峰,崔红.中西方人格结构差异的理论与实证分析:以中国人人格量表(QZPS)和西方五因素人格量表(NEOPI-R)为例[J].心理学报,2008(3):327-338.

[130]汪丁丁,陈怡俊.个人内外部冲突与个体间冲突的困境求解:基于身份效用及规范遵从比例的动态演化分析[J].社会科学战线,2017(5):33-46.

[131]王洪才.现代大学制度的结构特征[J].复旦教育论坛,2006(1):32-38.

[132]王洪才.大学治理的内在逻辑与模式选择[J].高等教育研究,2012(9):24-29.

[133]王慧敏.两次世界大战之间美国科学与教育语境中"人格"概念的兴起[J].北京大学教育评论,2022(1):116-131,191.

[134]王建华.试论大学组织、制度与管理的相关性[J].南京师大学报(社会科学版),2007(2):76-80.

[135]王建华.作为大学的大学:从第三部门视角剖析公民社会"大学"的内在机理[J].教育发展研究,2007(3):12-14.

[136]王明明,周作宇,施克灿.德治礼序[J].北京师范大学学报(社会科学版),2017(1):5-12.

[137]王浦劬,汤彬.当代中国治理的党政结构与功能机制分析[J].中国社会科学,2019(9):4-24.

[138]王绍光.治理研究:正本清源[J].开放时代,2018(2):153-176.

[139]王务均,龚怡祖.大学学术权力与行政权力包容的理论内涵[J].教育发展研究,2012(21):41-45.

[140]王务均,王洪才.学术逻辑与行政激励:中国大学的双轨治理机制[J].大学教育科学,2022(2):28-36.

[141]王英杰.论共同治理:加州大学(伯克利)创建一流大学之路[J].比较教育研究,2011(1):1-7.

[142]王雨磊.关系中的权力再生产[J].江苏行政学院学报,2014(6):69-73.

[143]王雨磊.论关系的负功能[J].江海学刊,2013(5):101-107.

[144]王清.行政执法中的部门博弈:一项类型学分析[J].政治学研究,2015(2):69-78.

[145]魏小琳.我国高校学术委员会运行的有效性研究[J].教育发展研究,2016(19):63-69.

[146]魏淑艳.中国的精英决策模式及发展趋势[J].公共管理学报,2006(3):28-33.

[147]魏叶美,范国睿.教师参与学校治理意愿影响因素的实证研究:计划行为理论框架下的分析[J].华东师范大学学报(教育科学版),2021(4):73-82.

[148]邬大光.重新认识高等教育研究的存在价值:兼论大学治理中的经验与科学[J].大学教育科学,2020(1):8-13.

[149]吴薇.研究型大学教师的学术生涯[J].高等教育研究,2017(12):56-63.

[150]吴文君,席巧娟.从高校内部组织结构特性谈高校学院制改革[J].北京理工大学学报(社会科学版),2002(3):3-5.

[151]肖磊,石卫林.23 所大学的章程文本分析[J].教育学术月刊,2015(2):62-67.

[152]肖磊,刘志军.教育改革中的制度创新:理论阐释与行动框架[J].高等教育研究,2020(11):43-50.

[153]肖起清.大学学术权力的边缘化及其诉求[J].辽宁教育研究,2006(5):19-21.

[154]解德渤,于孟仟.学术发包制:具有中国特色的学术治理模式[J].重庆高教研究,2021(3):1-12.

[155]熊万曦.波士顿地区三所私立研究型大学教师评议会的比较研究[J].现代大学教育,2018(5):41-47.

[156]荀渊.推进教师教育治理体系与治理能力现代化[J].华东师范大学学报(教育科学版),2018(4):38-39.

[157]俞可平.治理和善治引论[J].马克思主义与现实,1999(5):37-41.

[158]阎凤桥.大学治理的文化意涵[J].清华大学教育研究,2020(1):8-11.

[159]阎凤桥,管培俊.对中国公立大学民主集中决策机制的分析[J].中国高教研究,2021(10):1-7.

[160]阎光才.亚努斯的隐喻:去行政化语境下的学术精英角色与权力内涵分析[J].复旦教育论坛,2010(5):5-9.

[161]阎光才.学者还是教师:关于研究型大学的学术聘任标准[J].高等教育研究,2017(4):43-51.

[162]严华,耿华萍.学院制在西方大学中的发展脉络及其共性研究[J].苏州大学学报(哲学社会科学版),2005(5):112-115.

[163]杨克瑞.中国高校的权力结构与监督模式[J].清华大学教育研究,2010(2):84-87,95.

[164]杨帆,陈向明.中国教育质性研究合法性初建设的回顾与反思[J].教育研究,2019(4):144-153.

[165]杨叔子.论教授治学[J].高等工程教育研究,2002(1):1-6.

[166]杨甜甜.从"权力"到"文化"双重视野下的科层制:阅读《克罗齐埃》科层现象札记[J].社会学研究,2006(5):228-240.

[167]杨小微,游韵.教育现代化的中国视角[J].教育研究,2021(3):135-148.

[168]杨兴林.论教授主导治学与参与治校的统一[J].复旦教育论坛,2015(1):18-23.

[169]杨中芳,彭泗清.中国人际信任的概念化:一个人际关系的观点[J].社会学研究,1999(2):1-21.

[170]余君芷.责任,抑或是爱:列维纳斯与马里翁论人格个体化[J].现代哲学,2021(6):104-111.

[171]俞可.在夹缝中演绎的德国高校治理[J].复旦教育论坛,2013(5):14-20.

[172]俞可平.中国治理变迁30年(1978—2008)[J].吉林大学社会科学报,2008(3):5-17.

[173]余利川,段鑫星.同构与惯性:大学学术治理的制度逻辑:基于英、德、美、加的经验[J].外国教育研究,2018(7):27-42.

[174]于蕾.大学学术委员会学术权力行使失效成因及对策[J].广东广播电视大学学报,2014(4):83-84.

[175]于文明,卢伟.治理理论的适用性及大学治理的中国实践方略[J].高等教育研究,2016(10):7-11.

[176]于扬,张贵新,苏守波."共治"结构中的教师评议会制度研究:以密歇根大学为例[J].外国教育研究,2008(5):69-74.

[177]曾维希,张进辅.MBTI人格类型量表的理论研究与实践应用

[J].心理科学进展,2006(2):255-260.

[178]翟翌,范奇."非升即走"下我国台湾地区教师解聘的规制路径与启示[J].中国人民大学教育学刊,2021(4):49-62.

[179]湛中乐.通过章程的现代大学治理[J].法制与社会发展,2010(3):106-124.

[180]湛中乐,高俊杰.大学章程:现代大学法人治理的制度保障[J].国家教育行政学院学报,2011(11):15-20.

[181]张端鸿,王倩,蔡三发.学术委员会在高校内部治理中为什么会被边缘化:以A大学为例[J].江苏高教,2020(10):29-36.

[182]张衡,眭依凡.中国特色一流大学治理结构:理论基础、体系架构、变革路径[J].中国高教研究,2020(3):11-16.

[183]张佳俊."驯服"行政? 中美治道变革比较[J].文化纵横,2020(1):86-93,142.

[184]张君辉.中外大学教授委员会的类型与功能比较[J].外国教育研究,2006(4):53-57.

[185]张继明.我国大学行政化制度模式的历史探微[J].高教发展与评估,2014(4):40-45.

[186]张继明,余敏.论现代大学制度建设中的大学文化治理:基于社会学新制度主义的视角[J].中国地质大学学报(社会科学版),2017(5):149-157.

[187]张继明.略论大学权力结构的差序格局:对大学治理语境下"权力制衡论"的反思[J].高校教育管理,2018(5):47-53.

[188]张继明.中世纪大学的学术组织属性及其当代启示[J].山东高等教育,2015(3):84-89.

[189]张静,董彦峰.组织分化、政治整合与新时代的社会治理[J].文化纵横,2018(4):76-87.

[190]张静.案例分析的目标:从故事到知识[J].中国社会科学,2018(8):126-142.

[191]张丽娜.何以提升大学治理效能:基于4所世界一流研究型大学治理关键要素的比较[J].中国高教研究,2021(5):36-42.

[192]张龙,孟玲."混":一个本土概念的社会学探索[J].青年研究,2015(3):85-93.

[193]张炜.教授治校与大学治理[J].高等教育研究,2018(6):51-58.

[194]张炜.大学治理的历史逻辑与时代要求[J].中国高教研究,2002(2):1-5.

[195]张肖虎,杨桂红.权力、文化与科层现象:对组织社会学法国学派思想的评述[J].云南社会科学,2010(6):122-126.

[196]张新平.关于组织管理的理论与范式思考[J].南京师大学报(社会科学版),2000(2):52-58.

[197]张新平.格林菲德教育组织管理理论[J].教育理论与实践,2000(9):15-21.

[198]张应强.把大学作为学术组织来建设和把大学作为学术组织来建设和管理[J].中国高等教育,2006(19):16-17.

[199]张应强,唐宇聪.大学治理的特殊性与我国大学治理体系现代化[J].清华大学教育研究,2020(3):6-13.

[200]张云昊.规则、权力与行动:韦伯经典科层制模型的三大假设及其内在张力[J].上海行政学院学报,2011(2):49-59.

[201]张兆曙.新制度落实:单位内部的上下分际及其运作[J].社会学研究,2012(3):113-138.

[202]张正峰.中国近代大学教授治校制度的特点分析[J].清华大学教育研究,2008(6):74-78.

[203]张正峰.中国近代大学教授治校制度建立的影响因素分析[J].黑龙江高教研究,2011(8):1-3.

[204]赵俊芳.我国大学教授会的“应然角色”与“实然缺失”[J].现代大学教育,2010(5):26-31.

[205]郑戈.走出社会科学的知青时代[J].文化纵横,2016(1):82-87.

[206]支希哲,万小朋,孙树栋,等.西北工业大学实施学院制改革的初步构思与方案[J].陕西师范大学学报(哲学社会科学版),2003(S1):90-96.

[207]钟秉林.现代大学学术权力与行政权力的关系及其协调[J].中国高等教育,2005(19):3-5.

[208]周光礼.重构高校治理结构:协调行政权力与学术权力[J].中国高等教育,2005(19):8-9.

[209]周光礼.中国高等教育治理现代化:现状、问题与对策[J].中国高教研究,2014(9):16-25.

[210]周海涛，刘次林.高校治理创新的实践路径探析[J].厦门大学学报(哲学社会科学版)，2021(1)：115-121.

[211]周黎安，柯荣住.从大学理念与治理看北大改革[J].学术界，2003(5)：89-99.

[212]周黎安.行政发包制[J].社会，2014(6)：1-38.

[213]周晓虹.理想类型与经典社会学的分析范式[J].江海学刊，2002(2)：94-99，207.

[214]周雪光，艾云，葛建华，等.党政关系：一个人事制度视角与经验证据[J].社会，2020(2)：137-167.

[215]周雪光.国家治理逻辑与中国官僚体制：一个韦伯理论视角[J].开放时代，2013(3)：5-28.

[216]周亚越，虞昊.官僚场域中偏正结构形成的权力运作分析：基于浙江省 H 市 X 区秘书科的考察[J].公共管理学报，2018(3)：91-101.

[217]权力三角：现代大学治理的理论模型[J].北京师范大学学报(社会科学版)，2018(1)：5-16.

[218]周作宇.大学治理行动秩序：原理与制度执行[J].清华大学教育研究，2020(2)：1-29.

[219]周作宇.大学治理的文化基础：价值坐标与行动选择[J].清华大学教育研究，2021(6)：1-20.

[220]朱光磊，于洋.决策同心圆：关于规范大学“党政关系”的一个建议[J].中国机构改革与管理，2013(Z1)：12-17.

[221]朱剑，眭依凡，俞婷婕，等.斯坦福大学的内部治理：经验与挑战——斯坦福大学前校长约翰·亨尼西访谈录[J].高等教育研究，2018(11)：104-109.

[222]朱科蓉.我所亲历的美国公立高校教授委员会：以美国加州州立大学弗雷斯诺分校为例[J].现代教育管理，2017(9)：124-128.

[223]朱军文，刘念才.高校科研评价定量方法与质量导向的偏离及治理[J].教育研究，2014(8)：52-59.

[224]朱宁浩.大学治理视角下的学术委员会建设[J].国家教育行政学院学报，2015(1)：65-69.

[225]朱守信，杨颉.学术评议会与共同治理的形成：以加州大学伯克利分校为例[J].现代大学教育，2014(2)：44-48.

(三)学位论文类

[1]艾飞飞.我国高校学术委员会的构建及其运行:基于学术委员会章程文本的分析[D].上海:复旦大学,2012.

[2]包婷.高等学校学术委员会制度研究[D].济南:山东大学,2016.

[3]曹如军.大学专业二级学院运行机制研究[D].桂林:广西师范大学,2004.

[4]成建宇.我国大学学术委员会职能研究[D].扬州:扬州大学,2012.

[5]段梦涵.英格兰地区大学的院系设置及其结构变迁研究[D].武汉:华中科技大学,2015.

[6]甘宓.美国公立大学学术评议会管理模式研究[D].重庆:西南大学,2011.

[7]顾欣.高校学术委员会权力保障研究[D].西安:陕西师范大学,2017.

[8]李芳莹.大学治理视域下的学术委员会章程研究:基于22所大学学术委员会章程文本的分析[D].金华:浙江师范大学,2016.

[9]李娅楠.地方本科院校学术委员会制度及其运行效果[D].西安:西安外国语大学,2019.

[10]刘会娟.双一流高校学术委员会章程文本分析[D].杭州:杭州师范大学,2019.

[11]刘昱.我国地方高校二级学院管理模式创新研究[D].湘潭:湘潭大学,2010.

[12]龙献忠.从统治到治理[D].武汉:华中科技大学,2005.

[13]罗舒丹.现代大学制度视域下我国大学学术委员会改革研究[D].武汉:华中科技大学,2015.

[14]施要威.民国时期大学知识分子的文化性格:以西南联大教授群体为中心的历史考察[D].武汉:华中科技大学,2017.

[15]孙杰.校、院两级人事分权研究:以华中科技大学教师聘任制的实施为例[D].武汉:华中科技大学,2006.

[16]王静.我国高校学术委员会学术权力行使的现状研究[D].开封:河南大学,2015.

[17]王琳.高校学术委员会运行困境及改善路径研究[D].哈尔滨:黑龙江大学,2015.

[18]王彦斌.权力的逻辑:大学组织运行的社会学管窥[D].武汉:华中师范大学,2008.

[19]吴艳玲.教授治学视角下学院学术委员会建设研究[D].重庆:重庆大学,2019.

[20]杨蓁.舍勒人格思想研究及其对当前道德教育的启示[D].南京:南京师范大学,2007.

[21]叶俊威.美国大学学术评议会和我国大学学术委员会比较研究[D].南昌:江西师范大学,2013.

[22]张铁辉.美、德、日三国大学评议会制度研究:兼论我国大学学术委员会制度的改革与发展[D].长春:东北师范大学,2010.

(四)网络文献类

[1]北京大学.北京大学学术委员会[EB/OL].[2021-04-03]. https://www.xswyh.pku.edu.cn/zdwj/bdgz/278791.htm.

[2]北京大学.北京大学章程[EB/OL].(2015-04-28)[2021-04-03]. http://pkunews.pku.edu.cn/xwzh/2015-04/28/content_288462.htm.

[3]北京师范大学.北京师范大学人事处[EB/OL].(2013-07-12)[2021-05-23]. http://hr.bnu.edu.cn/zyjzgwpy/zyjzgwpy_zc/56684.htm.

[4]北京师范大学.北京师范大学政府管理学院[EB/OL].[2021-08-27]. http://www.sg.bnu.edu.cn/structure.aspx? cdss=19&cdbh=22.

[5]北京师范大学.北京师范大学章程[EB/OL].[2021-04-03]. http://xxgk.bnu.edu.cn/xxgkml/xqgk/97976.htm.

[6]北京师范大学.北京师范大学学术委员会章程[EB/OL].[2021-04-03]. http://xxgk.bnu.edu.cn/xxgkml/xqgk/159704.htm.

[7]北京航空航天大学章程[EB/OL].(2016-01-21)[2021-04-03]. http://xxgk.buaa.edu.cn/info/1017/1083.htm.

[8]北京理工大学.北京理工大学章程[EB/OL].[2021-04-03]. http://www.bit.edu.cn/gbxxgk/xxzc_sjb/index.htm.

[9]重庆大学.重庆大学章程[EB/OL].(2018-11-04)[2021-05-03]. http://xswyh.cqu.edu.cn/info/1056/1313.htm.

[10]大连理工大学.大连理工大学章程[EB/OL].(2020-08-06)[2021-04-03]. https://www.eol.cn/zhengce/way/202008/t20200806_1750326.shtml.

[11]大连理工大学.大连理工大学学术委员会章程(修订)[EB/OL].

(2018-07-19)[2021-04-03]. http://info.dlut.edu.cn/info/1168/6836.htm.

[12]电子科技大学.学校举行各学院(部)目标任务中期工作进展交流报告会[EB/OL].(2016-01-11)[2021-04-27].https://news.uestc.edu.cn/?n=UestcNews.Front.Document.ArticlePage&Id=52697.

[13]电子科技大学.经管学院与字节跳动飞书团队进行院企合作座谈交流[EB/OL].(2019-12-23[2021-05-23].https://news.uestc.edu.cn/?n=UestcNews.Front.Document.ArticlePage&Id=74978.

[14]电子科技大学.材料学院与北大方正信息产业集团洽谈合作[EB/OL].(2019-10-02[2021-05-23].https://news.uestc.edu.cn/?n=UestcNews.Front.Document.ArticlePage&Id=73407.

[15]电子科技大学.成都中科大旗软件有限公司来软件学院洽谈合作[EB/OL].(2019-06-24)[2021-05-23].https://news.uestc.edu.cn/?n=UestcNews.Front.Document.ArticlePage&Id=72066.

[16]电子科技大学.北京奕斯伟科技有限公司来电子学院洽谈合作[EB/OL].(2019-05-20)[2021-05-23].https://news.uestc.edu.cn/?n=UestcNews.Front.Document.ArticlePage&Id=71328.

[17]电子科技大学.软件学院与自贡高新区签署电子信息产业人才及项目合作协议[EB/OL].(2019-04-10)[2021-05-23].https://news.uestc.edu.cn/?n=UestcNews.Front.Document.ArticlePage&Id=70603.

[18]电子科技大学.学校举行2019年度人才优先发展战略推进会[EB/OL].(2020-01-28)[2021-04-27].https://news.uestc.edu.cn/?n=UestcNews.Front.Document.ArticlePage&Id=71417.

[19]电子科技大学.电子科技大学学术委员会机构简介[EB/OL].(2020-10-20)[2021-05-04].https://fgc.uestc.edu.cn/info/1046/1571.htm.

[20]电子科技大学.电子科技大学章程[EB/OL].(2020-10-20)[2021-05-04].https://www.eol.cn/zhengce/way/202008/t20200810_1750796.shtml.

[21]东北大学.东北大学章程[EB/OL].[2021-05-04].http://www.neu.edu.cn/constitution/2019/0304/c178a808/page.htm.

[22]东南大学.东南大学章程修订公示[EB/OL].[2021-05-04].https://ghb.seu.edu.cn/2014/0827/c21971a175850/page.psp.

[23]复旦大学.复旦大学章程(2019年修订版)[EB/OL].(2019-12-17)[2021-05-04].http://xxgk.fudan.edu.cn/2e/98/c8354a208536/page.htm.

[24]复旦大学.复旦大学学术委员会章程[EB/OL].(2020-10-20)[2021-05-04]. http://www.xxgk.fudan.edu.cn/bc/f2/c13419a113906/page.htm.

[25]复旦大学.复旦大学学术委员会[EB/OL].[2021-05-04]. http://www.acad.fudan.edu.cn/.

[26]观察.一个台湾人眼里的内地大学[EB/OL].(2018-05-05)[2021-05-23]. https://www.sohu.com/a/230498656_176673.

[27]林建华.强扭的瓜不甜:谈院系与学科设置[EB/OL].(2014-10-15)[2021-05-23].https://mp.weixin.qq.com/s/VV7EBKDzy8UKjujxzT8G0Q.

[28]湖南大学体育学院.湖南大学体育学院会议制度[EB/OL].(2016-10-30)[2021-07-18]. http://sports.hnu.edu.cn/info/1033/1173.htm.

[29]湖南大学.湖南大学章程[EB/OL].[2021-05-04]. http://xxgk.hnu.edu.cn/info/1081/2302.htm.

[30]湖南大学.湖南大学学术委员会章程[EB/OL].[2021-05-04].http://xb.hnu.edu.cn/info/1005/1284.htm.

[31]华东师范大学.华东师范大学学术委员会章程[EB/OL].(2015-05-06)[2021-05-04]. http://fzghb.ecnu.edu.cn/e4/eb/c3119a58603/page.htm.

[32]华南理工大学.华南理工大学章程[EB/OL].[2021-05-04]. https://www.scut.edu.cn/new/9018/list.htm.

[33]华中科技大学.华中科技大学学术委员会章程[EB/OL].(2019-05-27)[2021-05-04]. http://aco.hust.edu.cn/info/1014/1584.htm.

[34]吉林大学.吉林大学章程[EB/OL].(2014-05-16)[2021-05-04]. http://jwc.jlu.edu.cn/info/1009/1589.htm.

[35]兰州大学.学术委员会章程[EB/OL].(2020-10-22)[2021-05-04]. http://xxgk.lzu.edu.cn/jibenxinxi/xueshuweiyuanhui/lzdxxswyhzc/2020/1022/144740.html.

[36]李立国.大学行政权力与学术权力是对立的吗?[N].光明日报,2015-05-13.

[37]南京大学.南京大学学术委员会章程[EB/OL].(2019-05-15)[2021-05-04].https://xxgk.nju.edu.cn/ad/89/c15408a437641/page.htm.

[38]南京大学.南京大学章程[EB/OL].[2021-05-04].https://xxgk.nju.edu.cn/15405/list.htm.

[39]匿名.暗斗:我是如何评上副教授的[EB/OL].(2021-07-11)[2021-

08-19].https://mp.weixin.qq.com/s/aQR35hpb7qEfkJwhLaw9Ag.

[40]秦志伟.从“校办院”到“院办校”,大学院系地位,该“升”了[EB/OL].(2021-08-04)[2021-08-19].https://mp.weixin.qq.com/s/nHtMokI1_SJbKsbt1CaB5g.

[41]清华大学.清华大学章程[EB/OL].[2021-05-04].https://www.tsinghua.edu.cn/publish/newthu/openness/jbxx/qhdczc.html.

[42]清华大学.清华大学学术委员会章程[EB/OL].[2021-05-04].https://www.tsinghua.edu.cn/xswyh/info/1018/1016.htm.

[43]阮炜.比学术腐败危害更大的,是大学的官僚化、行政化和衙门化[EB/OL].(2021-08-19)[2021-08-19].https://view.inews.qq.com/a/20210819A047QM00?uid=&chlid=news_news_top&qimei=863818038242567_02%3A00%3A00%3A00%3A00%3A00&devid=1e7000ba4ab48b5d&shareto=&openid=o04IBAEMw1hRV0KNtVFb2tSL4ZqY&key=&version=6302019a&devicetype=Windows+10+x64&wuid=oDdoCt1ctwh05WxvXU5-87Xy1xgA&sharer=o04IBAEMw1hRV0KNtVFb2tSL4ZqY&openwith=wxmessage.

[44]山东大学.山东大学章程[EB/OL].[2021-05-04].https://www.eol.cn/zhengce/way/202008/t20200810_1750721.shtml.

[45]上海交通大学.生物医学工程学院[EB/OL].[2021-07-18].https://bme.sjtu.edu.cn/Web/Content/39.

[46]上海交通大学.船舶海洋与建筑工程学院章程[EB/OL].[2021-05-04].https://naoce.sjtu.edu.cn/wyhgzzd/9270.html.

[47]四川大学.四川大学章程[EB/OL].[2021-05-04].https://xxgk.scu.edu.cn/info/1037/1315.htm.

[48]吴康宁.一言难尽的关系:忽然想到之113[EB/OL].(2021-07-15)[2021-07-18].https://mp.weixin.qq.com/s/dphEIyz-Q_G_U1Ytx2cGeg.

[49]武汉大学.发展规划与学科建设办公室[EB/OL].(2018--07-04)[2021-05-03].http://fzghb.whu.edu.cn/info/1084/1925.htm.

[50]武汉大学.分类聘用管理办法[EB/OL](2020-12-23)[2021-07-18].http://rsb.whu.edu.cn/info/1136/1796.htm.

[51]武汉大学人事部2020.武汉大学聘用合同管理规定[EB/OL].(2020-10-23)[2021-07-18].http://rsb.whu.edu.cn/info/1136/1798.htm.

[52]武汉大学人事部 2020. 武汉大学新选聘教师聘期制试行办法[EB/OL].(2020-10-23)[2021-07-18]. http://rsb.whu.edu.cn/info/1137/1804.htm.

[53]武汉大学人事部 2020. 武汉大学事业编制人员管理办法[EB/OL].(2020-10-23)[2021-07-18]. http://rsb.whu.edu.cn/info/1138/1788.htm.

[54]西安交通大学.西安交通大学章程[EB/OL].(2020-08-10)[2021-05-03]. https://www.eol.cn/zhengce/way/202008/t20200810_1750799.shtml.

[55]西安交通大学.管理学院机构设置[EB/OL].[2021-07-18]. http://som.xjtu.edu.cn/xygk/jgsz.htm.

[56]西北工业大学.西北工业大学章程[EB/OL].(2020-08-10)[2021-05-03]. https://www.eol.cn/zhengce/way/202008/t20200810_1750801.shtml.

[57]西北农林科技大学.西北农林科技大学章程[EB/OL].[2021-05-03]. https://www.eol.cn/zhengce/way/202008/t20200810_1750871.shtml.

[58]厦门大学.厦门大学章程[EB/OL].[2021-05-04]. https://www.xmu.edu.cn/sdgl/smdxzc.htm.

[59]浙江大学.浙江大学章程[EB/OL].(2020-08-07)[2021-05-03]. https://www.eol.cn/zhengce/way/202008/t20200807_1750450.shtml.

[60]中华人民共和国教师法[EB/OL].(2005-05-25)[2021-07-18].http://www.gov.cn/banshi/2005-05/25/content_937.htm.

[61]中共中央办公厅印发《关于坚持和完善普通高等学校党委领导下的校长负责制的实施意见》[EB/OL].(2014-10-15)[2021-05-23]. http://www.gov.cn/xinwen/2014-10/15/content_2765833.htm.

[62]事业单位人事管理条例(国务院令第 652 号)[EB/OL].(2014-05-15)[2021-07-18]. http://www.gov.cn/zhengce/2014-05/15/content_2680034.htm.

[63]中共中央关于坚持和完善中国特色社会主义制度 推进国家治理体系和治理能力现代化若干重大问题的决定[EB/OL].(2019-11-05)[2021-05-23]. http://www.gov.cn/zhengce/2019-11/05/content_5449023.htm.

[64]中共中央办公厅 国务院办公厅印发《关于加强科技伦理治理的意见》[EB/OL].(2022-03-20)[2022-04-20]. http://www.gov.cn/zhengce/2022-03/20/content_5680105.htm.

[65]中国海洋大学.中国海洋大学章程[EB/OL].(2014-12-01)[2021-05-03]. http://fzgh.ouc.edu.cn/2014/1201/c6633a30316/page.htm.

[66]中国农业大学.中国农业大学章程[EB/OL].(2014-12-01)[2021-05-03]. http://www.cau.edu.cn/col/col16807/index.html.

[67]中华人民共和国教育部.中央部委所属高等学校章程建设行动计划[EB/OL].(2013-11-28)[2021-05-23].http://www.moe.gov.cn/jyb_xwfb/xw_fbh/moe_2069/s7135/s7741/s7742/201311/t20131128_160160.html.

[68]中华人民共和国教育部.教育部 财政部 国家发展改革委印发《关于高等学校加快"双一流"建设的指导意见》的通知[EB/OL].(2018-08-20)[2021-05-23]. http://www.moe.gov.cn/srcsite/A22/moe_843/201808/t20180823_345987.html.

[69]中华人民共和国教育部.教育部印发《关于破除高校哲学社会科学研究评价中"唯论文"不良导向的若干意见》的通知[EB/OL].(2020-12-10)[2021-05-23]. http://www.moe.gov.cn/srcsite/A13/moe_2557/s3103/202012/t20201215_505588.html.

[70]中华人民共和国教育部政府门户网站.教育部 财政部 国家发展改革委关于印发《"双一流"建设成效评价办法(试行)》的通知[EB/OL].(2021-03-23)[2021-05-23]. http://www.moe.gov.cn/srcsite/A22/moe_843/202103/t20210323_521951.html.

[71]中山大学.中山大学章程[EB/OL].(2020-08-10)[2021-05-03]. http://xxgk.sysu.edu.cn/ml/ml02/352009.htm.

二、英文文献

(一)专著类

[1]MASTERS A,WALLACE H.Personality development for life and work[M].Australia;Mason,OH: South-Western Cengage Learning,2011.

[2] WEBER A. Faculty participation in academic governance[M]. Washington D.C.: American Association for Higher Education,1967.

[3] PIERRE B. The logic of practice[M]. Cambridge: Polity Press,1980.

[4]ALAN B, ROBERT B. Analyzing qualitative data[M]. London:

Routledge,2002.

[5]SHABBIR C. Decentralizing governance: emerging concepts and practices[M]. Washington D.C.: Brookings Institution Press,2007.

[6]AARON C, KITSUSE J. The educational decision-makers[M]. Indianapolis: Bobbs-Merrill,1963.

[7]JOHN C. Research design. qualitative, quantitative, and mixed methods approaches(4th ed)[M]. Thousand Oaks: Sage Publications,2013.

[8]KETTL D. Sharing power: public governance and private markets [M]. Washington D.C.: The Brookings Institution,1993.

[9]DURYEA E. The academic corporation: a history of college and university governing boards[M]. New York: Falmer,2000.

[10]ADRIAN F. Personality at work: the role of individual differences in the workplace[M]. New York : Routledge, 1992.

[11]LEWIS J. Academic governance: disciplines and policy[M]. New York: Routledge,2013.

[12]CORSON J. Governance of colleges and universities[M]. New York: McGraw-Hill,1960.

[13] HONIGMANN J. Understanding culture [M]. New York: Harper & Row,1963.

[14]GERBER L. The Rise and decline of faculty governance : professionalization and the modern american university[M]. Baltimore : John Hopkins University Press,2014.

[15]BEVIR M, RHODES R. Rethinking governance: ruling, rationalities and resistance[M]. New York: Routledge,2016.

[16]DOUGLAS M. How institutions think[M]. Syracuse: Syracuse University Press,1986.

[17]RENN O, WALKER K. Global risk governance: convept and practice using the irgc framework[M]. Dordrecht: Springer,2008.

[18]GUY P. Comparative governance : rediscovering the functional dimension of governing[M]. New York : Cambridge University Press, 2016.

[19] STEERS R. Organizational effectiveness: a behavioral view [M]. Santa Monica Calif: Goodyear,1977.

[20]EHRENBERG R.Governing academia[M].Ithaca: Cornell University Press,2004.

[21]PITIRIM S. Social and cultural mobility[M]. Glencoe: Free Press,1959.

(二)期刊类

[1]REMACHE A. Changing university governance paradigms in the Middle East and North Africa: The UAE Example[J]. TEM journal, 2019,8(3):1046-1057.

[2]KEZAR A,ECKEL P.The effect of institutional culture on change strategies in higher education universal principles or culturally responsive concepts? [J].The journal of higher education,2002,73(4):435-460.

[3]TANNER C.Whatever happened to faculty governance? [J].Journal of nursing education ,2006,45(9):339-340.

[4]WILLIAMS D, GORE W. Charles broches and cynthia lostoski: one faculty's perceptions of its governance role[J]. The journal of higher education, 1987,58(6):629-657.

[5]STOKER G.Governance as Theory :five propositions[J].Social science journal ,1998,50(155):17-28.

[6]JONES G, SHANAHAN T, GOYAN P. The Academic senate and university governance in canada[J]. The Canadian journal of higher education,2004,34(2):35-68.

[7]WISE G, DICKINSONA C, KATANB T,etc. Inclusive higher education governance: managing stakeholders, strategy, structure and function[J]. Studies in higher education,2020,45(2):339-352.

[8]DEBOER H. Competing conceptions of academic governance : negotiating the perfect storm[J]. Review of higher education, 2005,29(1): 126-127.

[9]MATROSS H,TANYA P.Who needs a faculty senate? [J]. Academe,2005,91(6):34-36.

[10]PFEFFER J. Beyond management and the worker:the institutional function of management[J]. Academy of management review,1976, 1(2):36-46.

[11]PFEFFER J. The ambiguity of leadership[J]. Academy of management review,1977,2(1):104-112.

[12]SCOTT J. Death by inattention : the strange fate of faculty governance[J]. Academe, 1997,83(6):28-33.

[13]SCOTT J. The critical state of shared governance[J].Academe, 2002,88(4):41-48.

[14]MEYER J, ROWAN B. Institutioanalized organizations: formal structure as myth and ceremony[J]. American journal of sociology,1977, 83(2):340-363.

[15]SMART J,KUH G,TIEMEY W. The roles of institutional cultures and decision approaches in promoting organizational effectiveness in two-year colleges[J]. Journal of higher education,1997,68(3): 256-281.

[16]GEORGE K. Tress without fruit : the problem with research about higher education[J]. Change,1985,17(1):7-10.

[17] GERBER L. Inextricably linked : shared governance and academic freedom[J]. Academe, 2001,87(3):22-24.

[18]PENNOCK L, JONES G,LECLERC J,etc. Assessing the role and structure of academic senates in canadian universities ,2000—2012 [J]. Higher education,2015,70(3):503-518.

[19]MEYER L. Collegial participation in university governance: a case study of institutional change[J]. Studies in higher education,2007,32 (2):225-235.

[20]DAVIS L, PAGE D. Governance review without tears[J]. Academe,2006,92(6):20-26.

[21] ZUCKER L. The role of institutionalization in cultural persistence[J]. American sociological review,1977,42(5):726-743.

[22]MCGUIRE M. Intergovernmental management : a view from the bottom[J]. Public administration review,2006,66(5):677-679.

[23]KUDLA M. Academic freedom as a source of rights' violations : a European perspective[J].Higher education,2021,82(5):1031-1048.

[24]DANIEL N, MICHAEL M, JONATHON M. Organizational performance through staff governance: improving shared governance in

the higher education environment[J]. E journal of organizational learning & leadership, 2010,8(1): 76-85.

[25]ANDREW N. Is Chinese culture distinctive ? a review article [J]. The journal of asian studies, 1993,52(4):923-936.

[26]HAMILTOM N. The academic proffesion's leadership role in shared governance[J].Liberal education,2000,86(3):12-19.

[27]DETERDING N, WATERS M. Flexible coding of in-depth interviews: a twenty-firstcentury approach[J]. Sociological methods & research, 2021,50(2):708-739.

[28]CLAUS O. Governance: an'empty sinifier'[J]. Constellations , 2009,16(4):550-562.

[29]BIRNBAUM R. University governance, academic bargaining , and catastrophe theory[J]. The review of higher eductaion, 1981,4(2): 1-21.

[30]BIRNBAUM R. The cybernetic institution : toward an integration of governance theories[J]. Higher education,1989,18(2):239-253.

[31]BIRNBAUM R. Ready ,fire,aim: the college campus gun fight [J].Change,2013,45(5):6-14.

[32]SUDGEN R. Spontaneous Order[J]. Journal of economic perspective,1989,3(4):85-97.

[33]BRIAN S, TED T. The external pressures on the internal governance of universities[J].Higher education quarterly, 2002,56:245-256.

[34]JOHNSTAN S. Faculty governance and effective academic administrative leadership[J]. New direction for higher education,2003,124(8):57-63.

[35]TENGTENG Z, BAOCUN L. Power landscapes within Chinese universities : a three- dimensional discourse analysis of university statutes [J]. Cambridge journal of education, 2020,50(5):639-656.

[36]ROGER T, SMITH T.Asking sensitive questions: the impact of data collection mode , question format and question context[J]. Public opinion quarterly,1996,60(2):275-304.

[37] JONES W, HUTCHENS N, HULBERT A, etc. Shared

governance among the new majority: non-tenure track faculty eligibility for election to university faculty senates[J].Innovative higher education, 2017,42:505-519.

(三)网络文献类

[1]MIT Faculty Governance. Institute Faculty Meetings[EB/OL]. [2022-03-28].https://facultygovernance.mit.edu/faculty-meetings.

[2]MIT. Final Report of the Career Exploration and Services Committee[EB/OL].[2022-03-28]. https://facultygovernance. mit. edu/sites/default/files/reports/2021-01_Report_of_the_Committee_on_Career_Exploration_and_Services.pdf.

[3] Stanford University. Academic Council Committees of Faculty Senate[EB/OL]. [2022-03-28]. https://facultysenate. stanford. edu/academic-council-committees.

[4]UC Berkeley. Academic Senate[EB/OL]. [2022-03-28]. https://academic-senate.berkeley.edu/.

[5]UC Berkeley. Bylaws of the Berkeley Division of Academic Senate [EB/OL]. [2022-03-28]. https://academic-senate. berkeley. edu/bylaws-berkeley-division.

[6]UC Davis.Davis Division Bylaws of Academic Senate[EB/OL]. [2022-03-28].https://academicsenate.ucdavis.edu/bylaws-regulations/bylaws.

[7]UCSANTACRUZ.SenateStandingCommittees[EB/OL].[2022-03-28].https://senate.ucsc.edu/committees/index.html.

[8] UCSanDDiego. SenateCouncil [EB/OL]. [2022-03-28]. https://senate.ucsd.edu/committees/senate-council/committee-details.

[9]University of California. Assembly of the Academic Senate[EB/OL]. [2022-03-29]. https://senate. universityofcalifornia. edu/assembly/index.html.

[10]University of Michigan. Faculty Senate[EB/OL]. [2022-03-29]. https://facultysenate.umich.edu/.

[11]University of Illinois.Senate of the Urbana-Champaign Campus, University of Illinois [EB/OL]. [2022-03-29]. https://www. senate. illinois.edu/facultypolicyguide.asp.

[12]University of California.General University Policy Regarding Academic Appointees: The Faculty Code of Conduct[EB/OL].[2022-03-29]. https://www. ucop. edu/academic-personnel-programs/_ files/apm/apm-015.pdf.

[13]University of Illinois. University Senates Committee[EB/OL] [2022-03-29].https://www.usc.uillinois.edu/..

[14]UCSF.UCSF Academic Senate[EB/OL]. [2022-03-29].https://senate.ucsf.edu/.

[15] UCSF. Microsoft Word-Educator and Education Space Policy Task Force Report[EB/OL].[2022-03-29].https://senate.ucsf.edu/sites/default/files/2019-01/Educator_and_Education_Space_Policy_Task_Force_Report-4.pdf.

[16]UCSF. A Faculty Handbook For Success Advancement and Promotion at UCSF[EB/OL].[2022-03-29].https://senate.ucsf.edu/sites/default/files/2016-12/FacultyHandbook-UCSF.pdf.

[17]UC Irvine. Council on Academic Personnel Annual Report AY 2020-2021[EB/OL]. [2022-03-29]. https://cpb-us-e2. wpmucdn. com/sites. uci. edu/dist/e/1492/files/2021/10/2020-21-CAP-Annual-Report-10-1-21.pdf.

[18]UC Irvine. Faculty Executive Committees:Academic Senate[EB/OL]. [2022-03-29].https://senate.uci.edu/faculty-executive-committees/.

附　录

附录一　访谈提纲

访谈提纲一：专任教师

1.您的学习经历大致如何？

2.您当时为什么决定到贵院工作？

3.您的职称评审的过程是怎样的？

4.贵院教师招聘需要满足哪些基本条件？需要哪些程序？

5.贵院的其他教师评职称情况如何？

6.贵院有哪些学术道德规范？如何裁决学术纠纷？

7.您对贵院的学术委员会了解吗？（委员构成、会议次数、负责议题、决策效果）

8.您如何评价贵院的学术委员会决策效果？

9.您理想中的学院学术委员会是什么样的？

10.您认为学院学术委员会的委员应该具备哪些素养？

11.您对贵院学术委员会运行效果的改进建议是什么？

12.关于贵院的学术委员会，您是否有其他需要补充的信息？

访谈提纲二：学术委员会委员

1.请介绍您的学习工作经历(求学背景、工作过程)。

2.贵院的发展情况(学院历史、发展现况:师资队伍年龄、职称结构)如何?

3.贵院的学术委员会的成立时间和背景是怎样的?

4.贵院的学术委员会的定位是什么?

5.贵院的学术委员会的组织结构关系(与学校组织机构、与学院内部党政联席会、学位委员会等机构的关系)是怎样的?

6.贵院的学术委员会委员的组成情况是怎样的?

7.贵院的学术委员会委员的产生方式是怎样的?

8.贵院的学术委员会的会议召开次数是怎样的?

9.贵院的学术委员会讨论的议题包括哪些?

10.贵院的学术委员会委员的参与积极性如何?

11.贵院的学术委员会的表决机制是怎样的?

12.贵院的学术委员会运行中哪件事情令您印象最深刻?

13.请谈一下您对贵院学术委员会运行的总体评价。

14.您认为有哪些因素影响贵院学术委员会的运行?

15.您理想中的学院学术委员会应该发挥哪些功能?

16.您认为学院学术委员会委员应该具备哪些素养?

17.您认为应该如何改进贵院学术委员会?

18.关于贵院的学术委员会,您是否有其他需要补充的信息?

访谈提纲三：党政联席会成员

1.您的学习背景、工作经历大致如何?

2.请介绍贵院的历史和学院发展现况(师资队伍年龄、职称结构)。

3.贵院学术委员会的概况是怎样的?

4.贵院的学术委员会包括哪些职责?

5.贵院的党政联席会议和学术委员会之间是什么关系?

6.您如何评价贵院的学术委员会做出的学术性决策?

7.您认为有哪些因素影响贵院学术委员会的功能发挥?

8.您认为理想中的学院学术委员会应该发挥哪些功能？
9.您认为应该如何改进贵院学术委员会？
10.关于贵院的学术委员会，您是否有其他需要补充的信息？

访谈提纲四：党政联席会成员 & 学院学术委员会委员

1.您的学习背景、工作经历大致如何？
2.请介绍贵院的历史、发展现况（师资队伍年龄、职称结构）。
3.贵院的学术委员会概况是怎样的？
4.贵院的学术委员会具体包括哪些职责？
5.贵院的党政联席会议和院学术委员会之间是什么关系？
6.您既是党政联席会成员，也是学术委员会委员，这两种角色如何协调对您有什么影响？
7.您认为有哪些因素影响贵院学术委员会的功能发挥？
8.您理想中的学院学术委员会应该发挥哪些功能？
9.您认为应如何改进贵院的学术委员会？
10.关于贵院的学术委员会，您是否有其他需要补充的信息？

附录二 Nvivo访谈编码手册(Codebook)

编号	编码	索引
RS01	学校明确规定学术委员会的主任不是院长	M01
RS02	投票表决	M01,M02,M04,M06,M07,M08,M09,M13,P07,T02,T03,T07,T08,T10,T11,P&M01,P&M02,P&M04,P&M08,P&M11
RS03	学术委员会投票结果就作为最后的依据	M01,P&M09
RS04	投票次数	M01,M06,M10,M12,P04,P07,T01,T03,P&M06
RS05	申诉制度	M01,M12
RS06	投票选出学术委员会主任	M01,M14
RS07	学术委员会的委员都是由投票产生	M01,M04,M05,T07
RS08	学术委员会换届	M01,P01,P04,P06,T01,P&M04
RS09	规则意识很重要	M01,M06,M10,M13,P&M05
RS10	好的制度建设	M01,T01,T09,P&M06
RS11	一个学院要有制度的基因	M01,P03,T01
RS12	学术委员会少于2/3的委员就开不起来	M01,M03,M06,M10,M11,P04,P&M04,P&M07
RS13	运行规范缺乏	M07,T07
RS14	每一种职称类型都有对应的职称评审条件	M01,M07,M08,M09,M13,P03,T01,T03,T04,T06,T08,P&M11
RS15	学校规定横向课题不起作用,基本上看纵向课题	M01,M10,P04,T01,T03,T05,T07,T08
RS16	评职称需要国外访学经历	M01
RS17	制度在执行环节并不是很好	M06,P02,T09,T03,T11,P&M04
RS18	制定学术政策	M10,M13,P&M08
RS19	学校压下来的政策要合理	M02

续表

编号	编码	索引
RS20	教授都要进教授委员会	M02,M08
RS21	规章制度僵硬	M03,M07,T07,T12,P&M05
RS22	评职称有次数限制	M03,M06
RS23	维护规则	M02,M04,P03,P07
RS24	任何一种制度执行的时候涉及个人	M07,T09,T10,P&M01
RS25	按照指标	M04,T01,P&M12
RS26	没有明确学术标准	M04,T10
RS27	议事规则	M05,M10,M12
RS28	学术委员会有行政比例规定的	M03,M04,M06, P&M04,P&M09,P&M10
RS29	决策结果有的 1/2 通过	M06,M07,M09,M10, M13,P04,T08,P&M07
RS30	职称评审中需要同行评议	M06,M07,M08, M09,P03,P07,T10
RS31	学院教师招聘条件	M07,P03,T01,T04,T08
RS32	招聘公开透明	M07,T03
RS33	学校应该根据制度监管学院	M01,M08
RS34	没有回避制度	M09,T09,P&M04
RS35	有些事情必须通过开会	M02,M05
RS36	规定开会次数	M01,M06,M09,M10,M12
RS37	研究性学院需要先进的制度	M12,P&M02
RS38	制度不完善	M12,P03,P&M04
RS39	没有公示制度	M13
RS40	没有人按照条条框框办事	M11,T03,T11
RS41	3 次不参会就退出	M01,M06
RS42	例会制度	P03
RS43	好的制度激励人	M01,P&M06
RS44	学术委员会章程	P03,P&M03,P&M04, P&M07,P&M10

续表

编号	编码	索引
RS45	群众基础决定能否当选	M01,M08,M14,P04,P07,P&M10
RS46	代表作送审	T01,T10
RS47	好的制度很关键	T03，P&M01
RS48	委员的产生是任命制	M12,P02,T06
RS49	招聘标准需要有博士后经历	M06,T07
RS50	制度留下腾挪空间	T07,P&M09
RS51	量化指标	T01,T08,T12,P&M02
RS52	严格按照制度	T09
RS53	科研奖励	M01,M10
RS54	等额	M04,P&M01,P&M09
RS55	差额	M04,P&M01,P&M09
RS56	制度的相关规定不明确	P&M01
RS57	符合条件可以申报	M06,M07,M09,M10,T03,T08,P&M01
RS58	通过考核	P&M01
RS59	很多制度稍显薄弱	P&M02,P&M12
RS60	不可能有完美的制度	P&M02,P&M05
RS61	制度保障	P&M03
RS62	大学章程	P&M04
RS63	学校制度规定职称评审委员会是独立的	M07,M09,P04,P05,P07,P&M04
RS64	人事处重视 SSCI	M09,P&M04
RS65	高等学校学术委员会规程	P&M04
RS66	加强制度建设	P&M04,P&M05
RS67	制度是为人服务的	P&M05
RS68	学院学术委员会议事条例	M01,P&M05
AS01	党政联席会决策	M01,M13,M14,P01,P02,P06,P07,T03,T09,P&M07,P&M08,P&M10
AS02	行政化管理难以避免	M01,M02,M13

续表

编号	编码	索引
AS03	教授治学是一种理想	M01,M08,P07,P&M01,P&M03
AS04	行政上没有赋予学术委员会这个功能	M01,M05
AS05	权力没有监督和制约的作用	M01,M08
AS06	党政联席会尊重学术委员会	M01,M11,P06
AS07	学校收回人事权	M01,P03
AS08	学术委员会要避免行政干预	M01,M08,T01,T12
AS09	学术委员会排序	M04,T02
AS10	行政的范围	P01,P06,T01,P&M03,P&M06
AS11	学院只有推荐的权力	M04,P03
AS12	权力交给其他人不放心	P&M11
AS13	行政权力很大	M08,M07,M14,P03,T02,T08,T12,P&M11
AS14	学术委员会中是领导拍板	M02,M14
AS15	教师维权机构	M02,P&M03
AS16	行政可以“秒杀”学术委员会	M12
AS17	在学术委员会没有发言权	M02,M03,M12,T02
AS18	学术委员会评审投票	M03,P06
AS19	学术委员会比较正常地行使权力	M03,M07,M10,P&M02
AS20	学术委员会主任就是院长,副主任是副院长	M03,P02
AS21	学术委员会的成员很多是行政人员	M03,T09
AS22	党领导一切	M04,P06,P07
AS23	权力历来都在博弈	M04,M09,T09,T12
AS24	学术委员会完全都是走一些程序	M04,M05
AS25	学术委员会应该发挥更多的作用	M05,M14
AS26	做行政不能做一辈子	M07
AS27	人事处审查学院提交的材料	M07,P03,P&M09,P&M11
AS28	院长向学校争取名额	M07
AS29	委员必须要有学术水平	M01,M07,M08,M11,T06

续表

编号	编码	索引
AS30	院长有导向性的讲话	M03,M04,M08
AS31	民主集中的权力	M08,P03,P&M02
AS32	行政互相运用行政资源	M08
AS33	教授治校很难	M08,P02,P04,P07
AS34	学院中是行政通吃	M09
AS35	校院两级学术委员会属于逐级把关	M10,P&M08
AS36	简单民主是有问题的	M10,P04
AS37	领导决定	M08,M13,P04
AS38	院长说了算	M03,M04,M08,M13,M14,P&M01
AS39	院长名实不符	M14
AS40	学术鉴别力	M11,M14,T01
AS41	能干的党委书记	M14,T05
AS42	剥夺学术委员会权力	M14
AS43	学术权力	P03,T09
AS44	行政能力很重要	P01,P&M02
AS45	党政联席会和学术委员会是分权制	P01,P04,P07
AS46	职称评审需要院长提名	P04,P&M01
AS47	院长是学术权威	P04,P&M02,P&M06
AS48	行政架空学术委员会	M12,P&M01,T12
AS49	必要的时候动用组织力量	P04,P05
AS50	学院改组情绪不合作的学术委员会	P05,T03,T11
AS51	党委会很重要	P06,P&M02,P&M06,P&M08
AS52	投票是简单民主	P07,P&M10
AS53	“票决制”比较公平	P07
AS54	学术委员会应该独立于行政	M05,P07,P&M07
AS55	党政联席会和学术委员会形成权力制衡	P04,P07,T01
AS56	有些教授的学术地位很高	M13,T02,P&M03
AS57	院长很重要	M08,M14,T05,M04,P&M01

续表

编号	编码	索引
AS58	学院需要学术委员会的支撑	M02,M12,T06
AS59	学校统筹职称大盘子	T08,P&M08,P&M12
AS60	学校和学院是上下级	T08,P&M08
AS61	某二级学院的权力很大	T08
AS62	学术委员会主任和院长的关系	M13,P02,T02,T03,T09,T11,P&M03
AS63	院长的学科规划能力	M04,T06
AS64	支持领导工作	M08,M06
AS65	"草包"院长	M14
AS66	教授的权力小于教务处长的权力	P&M01
AS67	学院行政是主导	P&M01
AS68	行政班子选择听话的人当学术委员会主任	P&M01
AS69	院长和学术委员会的关系	T03,T11,P&M01
AS70	学校授意学术委员会通过	M10
AS71	院领导提名学术委员会名单	P&M01
AS72	兼职的院长心思不在这里	P&M01
AS73	被学院领导"按住"	M10
AS74	行政班子"卡人"	P&M01
AS75	学术委员会不"卡"任何人	P&M01,P&M09
AS76	院长分配经费	P&M01
AS77	学术委员会应该独立于院长	P&M01
AS78	"讨好"院长	P&M01
AS79	当委员有一种权力感	P&M01
AS80	当委员相当于当官	P07
AS81	学校不大听学院的意见	P&M01
AS82	学校讲究平衡	T08,P&M01
AS83	行政素养	P02,P&M02,P&M04
AS84	屈从于权力斗争	P&M02

续表

编号	编码	索引
AS85	人事处有自己的决定	P&M04,P&M09
AS86	学院是个局部,学校是一个全体	P&M04,P&M12
AS87	院长在学术委员会中是普通委员	P&M04
AS88	党政联席会是最高权力机关	P&M04,P&M07
AS89	学术、行政二分	T01,P&M04,P&M07
AS90	学术委员会是有发言权的学术团体	P&M05,P&M10
AS91	很多学霸、学阀	M09,P&M05
AS92	院长是为学院服务的	P&M06,P&M12
AS93	学院没有强权	P&M06
AS94	以前学校是权力下沉	P&M09
AS95	学校尊重学院	P&M10
AS96	学术委员会一般会尊重团队的意见	P&M10
AS97	学术和行政不能完全分开	P02,P&M07,P&M11
AS98	真正的放权在中层	P&M11
AS99	赋权就是赋能	P&M11
AS100	教授委员会不能分配经费	P&M01
AS101	学校收回下放给二级学院的权力	P&M09
AS102	学术委员会负责分配部分经费	M01
CS01	人情关系	M01,M11,P03,P05,T03,T11,P&M09,P&M10
CS02	打招呼	M01,M11,P05
CS03	找关系	M08,M13,M14
CS04	尊重学术的本真	M01,M10
CS05	有些学院的领导就是相信教授	M01,M09
CS06	旗帜鲜明的、正确的文化引导和氛围营造	M01,M11
CS07	文化引导和制度规范相辅相成	M01,P&M12
CS08	文化必须先行	M01,P03
CS09	有裙带关系	M04,T08

续表

编号	编码	索引
CS10	有些学院有大老板、小老板、中老板	M04
CS11	不能只是靠关系进人	M06,M10
CS12	互相理解	M06
CS13	考虑方方面面的关系	M08,M12,M13,T12
CS14	服气	M11,T01,P&M06
CS15	坚持真理	M10
CS16	给老师光荣	M11
CS17	学术自由	M12,P03
CS18	关系文化	M12,T08
CS19	学术传统	M11,M12,P&M12
CS20	等级	M13
CS21	辈分	M09,M13,P&M12
CS22	信任教授	M09,M11,P02
CS23	利益驱动	M12,M13,P02,P07,T07,P&M01
CS24	团队很多	P04,P07,T03,T04,T05,T08,P&M05,P&M10
CS25	人治	P07,T12
CS26	文化传承	T03,T04,P&M12
CS27	“传帮带”文化	T03,T05
CS28	评职称的时候还是“八仙过海各显神通”	T07
CS29	“外来户”	M12,T08,P&M10
CS30	同门关系	M12,T08
CS31	学缘关系	T08,P&M02,P&M08
CS32	院士子弟	T03,T11
CS33	院长的亲弟子	T10
CS34	光环	M11,T03
CS35	团队互相帮衬	P&M01
CS36	活分的人	M01

续表

编号	编码	索引
CS37	把每个人都拜访到了	M01
CS38	每个环节都有关系	T03,T11
CS39	拉关系	P&M01,P&M02
CS40	送礼的人	P&M01
CS41	人会在好的文化中看到希望	P&M05
CS42	公共利益	P&M05
CS43	利益偏向	P&M07
CS44	商量	P&M08,P&M12
CS45	论资排辈	P&M09
CS46	圈子文化	P&M05
CS47	教授应该是值得信任的	P&M09
PS01	公平公正	M01,M02,M07,M09,P02,P05,P07,T01,T02,P&M01,P&M02,P&M03
PS02	本真的精神	M01,P&M12
PS03	操盘的能力	M01,M04,P02
PS04	认可	M01,M10
PS05	格局	M01,P04
PS06	履行职责	M01,M06,M10,P01
PS07	知恩图报的心理	M01
PS08	按照原则办事	M01,M10
PS09	委员的使命担当和荣辱感	M01
PS10	匡扶学术正义	M01,M14,T02,P&M03
PS11	谨小慎微	M02
PS12	贡献	M03,M05,P&M09
PS13	委员就是一种责任和担当	M01,M06,T01,P&M04
PS14	正直、没有私心	M05
RS15	独立判断	M06,M09,P07

续表

编号	编码	索引
PS16	人都有感情	M07
PS17	自我与本我的斗争	M08
PS18	个性	M08
PS19	服从心目中对学者的标准	M01,M10,P&M03
PS20	良知	M10
PS21	个人修养	M11,M14,P03,P05,P07
PS22	人格低下	M14
PS23	人品	P05
PS24	主人翁意识	T02
PS25	自觉	T05
PS26	道德不好	P&M01
PS27	人格独立	P&M06,P&M011

注:编号中 AS 代表“权力系统”;RS 代表“制度系统”;CS 代表“文化系统”;PS 代表“人格系统”。M01—M14 代表研究对象中学术委员会委员的编号;T01—T12 代表研究对象中专任教师的编号;P01—P07 代表研究对象中党政联席会成员的编号;P&M01—P&M12 代表研究对象中兼具学术委员会委员和党政联席会成员双重身份的编号。